D1230299

Comment fleurir et aménager fenêtres, balcons et terrasses

CHRISTIAN PESSEY

Comment fleurir et aménager fenêtres, balcons et terrasses

Bordas

DANS LA MÊME COLLECTION :

Comment soigner vos plantes d'intérieur
Comment créer et entretenir vos bonsai

Réalisation : HOGGAR, 41 rue de la Chine, 75020 PARIS
Anne Laurence, Jean-Marie Louis, Renée Meunier
Photographies : Guy Casas, P.-Y. Le Gall, Meilland, Georges Papot, Christian Pessey, Yves-André Robic
Delbard, p. 99 B 1
Wardlock, pp. 23 et 175
Document SIRÈNE / système hidroself, pp. 16 et 17
Serre CHROMALLOY, pp. 41 à 44.

ISBN 2-04-015345-4
Dépôt légal avril 1987
Achevé d'imprimer en mars 1987 par :
Imprimerie BREPOLS, Turnhout, Belgique.

SOMMAIRE

LES CONDITIONS DE CULTURE

LA TERRE

Chaque espèce a des exigences spécifiques en ce qui concerne la terre de culture (le compost) mais aussi l'exposition. Il faut donc savoir préparer un mélange terreux qui lui convienne.

La terre que l'on utilise sur un balcon est généralement achetée en petit conditionnement (de 1 à 25 kg) et reçoit l'appellation de terreau. Elle résulte d'une véritable production spécifique et n'a donc rien à voir avec la terre végétale prélevée à la campagne.

Le terreau résulte d'une décomposition végétale accélérée et s'apparente à l'humus que l'on trouve dans les sous-bois. C'est, de fait, très souvent un terreau de feuilles, dont la décomposition est obtenue dans des bacs à compost, par arrosage d'une solution de sulfate d'ammoniaque. Le terreau ainsi obtenu est désinfecté et stérilisé, ce qui constitue une garantie pour la réussite de vos cultures.

Selon le type de déchets végétaux utilisé, on obtient un terreau plus ou moins acide (pH supérieur ou inférieur à 7). La terre de bruyère, obtenue par décomposition de feuilles et de débris ligneux (brindilles), est très acide. C'est un terreau généralement additionné d'une certaine proportion de sable. Elle convient à certaines plantes (azalée, rhododendron, etc.) En serre, on mélange souvent une certaine quantité de terre de bruyère au terreau normal, car elle a la propriété de bien retenir l'eau.

Ci-dessus : un bon terreau peut être préparé dans le bac à compost de la maison de campagne.

Ci-contre : le terreau est un milieu de culture parfait, bien équilibré, désinfecté et débarrassé des semences indésirables.

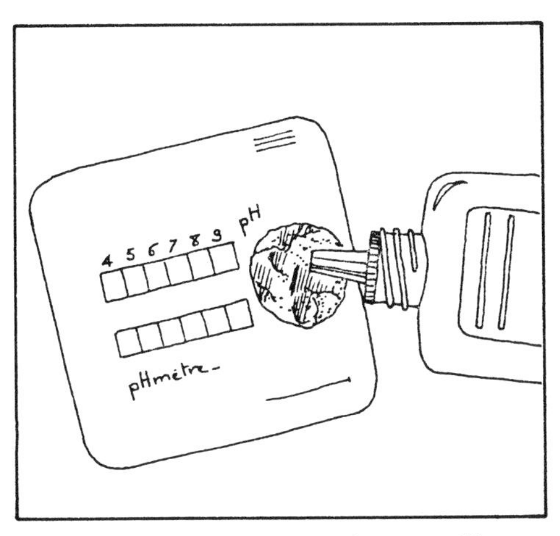

Placez la terre dans le logement prévu, et mouillez avec le liquide fourni.

Une grande quantité de terreau peut être livrée par camion pour un prix intéressant.

En général, il est déconseillé d'utiliser sur un balcon ou sur une terrasse de la terre végétale rapportée de la campagne. Il n'est d'ailleurs pas inutile de souligner ici qu'il est interdit de prélever de la terre sans l'autorisation du propriétaire du terrain. En forêt, il est tentant de recueillir de l'humus — qui est en fait du terreau à l'état pur. Là encore, soyez attentif au problème juridique, car de nombreuses forêts font partie des Domaines et il ne faudrait pas moins que l'accord de l'Office national des forêts pour en récolter : autant y renoncer tout de suite ! N'oubliez pas que la terre ou le terreau prélevés dans la nature contiennent de nombreuses graines, des champignons microscopiques, des larves et des œufs d'insectes : autant d'éléments qui risquent de perturber vos cultures...
Si vous disposez d'une maison à la campagne, vous pouvez produire vous-même votre terreau. Il vous suffit pour cela d'un bac spécial, maçonné ou constitué d'éléments préfabriqués (grillage, plaques métalliques, matière plastique...), à l'intérieur duquel vous collecterez les déchets végétaux du jardin (fanes et feuilles, résidus de taille, feuilles mortes ramassées à l'automne, épluchures, etc.). Leur décomposition sera accélérée soit à l'aide de produits du commerce (activateur de compost à base de sulfate d'ammoniaque), soit avec de la bière. Prenez patience, car plusieurs années sont nécessaires à une décomposition suffisante. Il faudra ensuite passer le terreau, et surtout le désinfecter soit à la flamme, soit avec du formol. Si le terreau constitue l'essentiel du substrat que l'on est conduit à utiliser sur un balcon, n'oubliez pas qu'il faudra aussi prévoir une certaine quantité de sable et de gravier pour le drainage des bacs et des pots. Un sac de tourbe sera également utile pour l'allégement du terreau, nécessaire pour certaines cultures.

L'exposition

C'est un élément très important, dont il faut tenir le plus grand compte.
Sauf situation exceptionnelle, un balcon ne bénéficie pas d'un aussi bon éclairement qu'une terrasse. La culture de la grande majorité des plantes n'y sera possible que s'il est bien exposé (S.-E. ou S.-O.). Sinon, il faudra être attentif au choix des espèces et des variétés, pour ne retenir que celles qui se satisfont d'un ensoleillement limité. A l'inverse, un balcon ou une terrasse exposés plein sud peuvent poser le problème d'un ensoleillement trop violent. On devra installer des ombrages (claies, stores) et, surtout, veiller à l'arrosage, la déshydratation de la terre étant ici très rapide compte tenu du volume forcément limité des contenants.
Afin de contrôler le degré d'humidité des pots, vous pouvez faire l'acquisition d'une sonde hygrométrique. Ce petit appareil n'est pas d'un coût très élevé.

La tourbe blonde ou brune donne de la légèreté au milieu de culture ; mélangée au terreau, elle permet de mieux conserver l'humidité.

Faites le mélange des divers éléments (terreau, tourbe et sable) constituant le milieu de culture dans un récipient.

Pour la plupart des cultures florales, utilisez directement le terreau conditionné en sac pour les pots et les jardinières.

LES PROBLÈMES D'ARROSAGE

C'est sans aucun doute l'un des problèmes majeurs pour toute culture sur balcon ou terrasse. Les besoins en eau des plantes — bien que différents suivant les espèces, les saisons et l'exposition — sont importants, surtout durant les périodes de végétation active.

Un arrosage régulier et bien dosé est la condition indispensable pour obtenir une belle floraison. Mais on a souvent tendance à trop arroser. Un peu d'expérience permet de trouver la bonne périodicité. Sur les balcons, le petit arrosoir est le plus souvent la meilleure solution.

Le type et la taille du végétal cultivé déterminent la quantité d'eau nécessaire à son développement. Il va de soi qu'un arbre ou un arbuste « consommeront » davantage d'eau qu'une jardinière de pétunias ! Le développement des racines imposera également un volume de terre plus important. Avant d'entreprendre l'aménagement d'une terrasse ou même simplement d'un grand balcon, il faut être conscient de ce besoin en eau des plantes. Sachez qu'un conifère de 1,5 à 2 mètres en bac réclamera une vingtaine de litres d'eau par jour en période estivale et qu'il faudra arroser les cultures en jardinière tous les jours. Les allées et venues arrosoir à la main se transforment vite en une corvée harassante, et la moindre absence prolongée (pendant les

L'arrosoir permet d'arroser au goulot (au pied de la plante). C'est indispensable pour certains feuillages qui ne supportent pas d'être mouillés.

vacances, par exemple) pose un véritable problème.
Dans tous les cas, qu'il s'agisse d'un simple balcon ou d'une terrasse, la première des choses est de s'assurer de l'imperméabilité du sol, généralement en béton. En cas de fissures, il faut procéder à leur colmatage avec du mastic d'étanchéité et, éventuellement, à l'application d'une peinture spéciale pour béton, qui rendra également plus faciles les opérations de nettoyage.
Une plante cultivée sur une terrasse ou sur un balcon ne bénéficie pas des conditions d'arrosage naturelles de la pleine terre. En terrasse de dernier étage ou de plain-pied, l'eau de pluie participe à l'arrosage des plantes cultivées en bac et en pot, mais la surface de terre étant limitée, la quantité d'eau reçue par la plante ne saurait être comparée à celle qu'elle aurait reçue dans la nature. De plus, le volume de terre contenu dans les bacs et pots ne permet pas une rétention d'eau importante, susceptible de satisfaire aux besoins de la plante en eau pendant une longue période. Les cultures en balcons et terrasses posent donc un problème spécifique d'arrosage, souvent délicat à résoudre. D'une façon générale, on peut considérer que la fréquence de l'arrosage est conditionnée par la taille du contenant, et donc par le volume de terre : plus il est faible, plus il faut arroser. Il existe des « trucs » pour limiter l'évaporation et pour favoriser la rétention de l'eau. Une bonne proportion de tourbe dans le compost permet de mieux conserver l'humidité. On peut aussi incorporer des petites boules de terre cuite (et pailler pendant l'été).

Une petite lance d'arrosage est très pratique sur les grands balcons. Elle permet de bassiner le feuillage des plantes (et de nettoyer !).

L'arrosage manuel

L'arrosoir à main

C'est bien sûr la solution la plus simple, mais aussi la plus contraignante, puisqu'elle impose une présence sinon continuelle, du moins fréquente. On utilise classiquement l'arrosoir à main, d'une contenance adaptée au nombre de pots et bacs à arroser. S'agissant d'une fenêtre, on optera pour un arrosoir de faible volume, plus facile à porter et à utiliser. L'arrosage se fait au goulot, la pomme n'étant pas utilisable, sauf sur les terrasses où les surfaces cultivées sont importantes.
L'arrosoir à main présente l'avantage de permettre un dosage précis des quantités d'engrais à apporter, le plus souvent sous forme liquide. Il permet, par ailleurs, d'obtenir une saturation en eau du volume de terre contenu dans le pot ou le bac.

Le brumisateur

Surtout utile à l'intérieur, le brumisateur trouve cependant son intérêt à l'extérieur pour le bassinage des plantes à feuilles larges, l'aspersion des boutures et des jeunes plants issus de semis, enfin pour les traitements lorsqu'on ne dispose pas d'un vrai pulvérisateur à pression préalable ou entretenue.
Le bassinage de la plante doit être suspendu pendant la floraison pour ne pas abîmer les fleurs. On l'effectuera de préférence le soir et, en tout état de cause, jamais en plein soleil. Les fines gouttes d'eau déposées sur les feuilles formeraient sinon loupe, risquant de brûler profondément le végétal.

Tuyau et lance

A partir d'un certain nombre de plantes, l'utilisation de l'arrosoir n'est plus possible, le temps nécessaire pour l'arrosage devenant considérable, même avec un arrosoir de jardin de grande contenance.
Il faut alors recourir à l'utilisation d'un tuyau. Sur une terrasse découverte, on procédera donc à l'installation d'un point d'eau à partir duquel on raccordera un tuyau de jardin. Le cas est différent sur un simple balcon où il est plus difficile d'installer un robinet. La place y étant comptée, il est peu envisageable d'y stocker un tuyau de jardin et son dévidoir. On aura recours ici à un tuyau plat en cassette facile à dérouler et à enrouler après l'utilisation. Si la salle de bains ou la cuisine ne sont pas trop éloignées du balcon, on se raccordera direc-

Un petit arrosoir d'appartement en cuivre convient dans les petites serres.

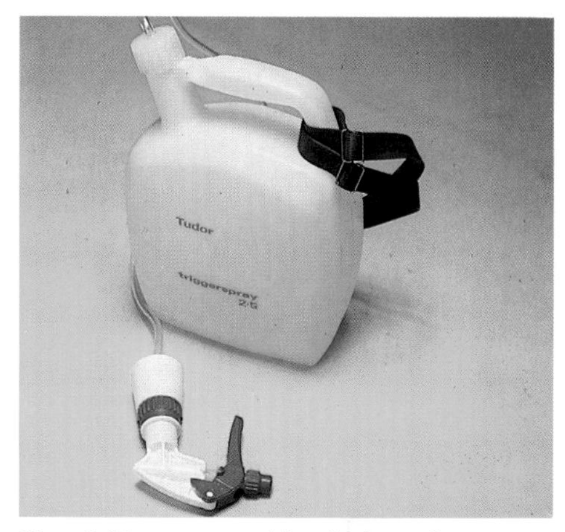

Un pulvérisateur manuel à poignée revolver est tout à fait suffisant pour les balcons.

Le brumisateur manuel en métal ou en matière plastique est utilisé pour humecter les semis récents sans risque de bouleverser la terrine.

Avant de poser le gazon synthétique, dégraissez le sol à l'aide de trychloréthylène.

Le gazon synthétique spécial pour extérieur se découpe avec une bonne paire de ciseaux.

En fin de pose, effectuez les arasements et les coupes particulières avec le cutter.

Avant de peindre, mettez en place une bande adhésive sur tout le périmètre pour obtenir une bordure droite.

Appliquez la peinture pour sols extérieurs. Retirez ensuite la bande quand la peinture est sèche au toucher, mais n'attendez pas trop (3 ou 4 heures).

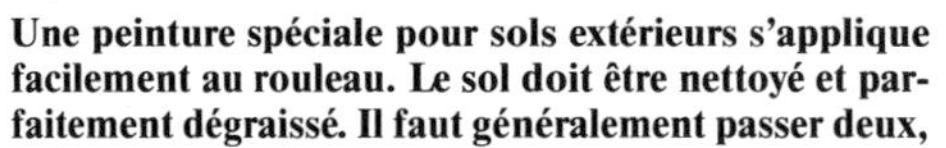

Une peinture spéciale pour sols extérieurs s'applique facilement au rouleau. Le sol doit être nettoyé et parfaitement dégraissé. Il faut généralement passer deux, ou même trois couches. Très résistante, la peinture facilite l'écoulement de l'eau, et met en valeur les feuillages et les fleurs.

tement sur un robinet ; sinon, il faudra installer une prise d'eau sur le balcon, en prenant soin de placer une vanne au niveau de la dérivation.
Le tuyau sera associé à un « jet » traditionnel ou à une lance d'arrosage. Celle-ci présente l'avantage de permettre une distribution d'engrais ou de produits de traitement présentés en pastilles. Celles-ci peuvent être placées dans un petit boîtier, la dissolution de l'engrais ou du produit de traitement se faisant par circulation de l'eau à l'intérieur du boîtier. Pour les arbres et arbustes, une sonde d'arrosage direct des racines peut être plantée dans la motte, assurant son arrosage en profondeur.

L'arrosage automatique

Quel que soit le moyen utilisé, l'arrosage reste une opération fastidieuse, qui prend beaucoup de temps lorsqu'on possède de nombreuses plantes, dont certaines (les arbres en bac, par exemple) doivent chacune être arrosées pendant plusieurs minutes. De plus, les périodes d'absence posent un important problème : celui de la disponibilité d'un voisin complaisant acceptant d'arroser vos plantes pendant que vous n'êtes pas là.

Les bacs à réserve d'eau
Ils constituent une bonne solution pour limiter la fréquence des arrosages, puisqu'il suffit de remplir périodiquement les bacs. On sait cependant qu'il ne s'agit pas d'une solution idéale, certaines plantes y poussant mal par excès d'eau. De plus l'investissement impliqué par l'achat des bacs est important. Enfin la matière plastique ne résiste pas toujours parfaitement à l'extérieur, les variations de température et l'exposition prolongée au soleil entraînant des déformations et une décoloration. Ajoutons enfin que les rempotages ultérieurs sont rendus parfois difficiles par l'enchevêtrement des racines dans la grille de séparation entre motte et réserve d'eau.

Les bacs à réserve d'eau sont pratiques : les racines des plantes y puisent l'eau qui leur est nécessaire, ce qui est surtout appréciable quand on est absent.

Les sondes par capillarité
C'est le moyen classique utilisé pour arroser les plantes d'appartement lorsqu'on part en vacances. Différents systèmes sont proposés, qui peuvent être utilisés sur un balcon ou sur une terrasse. Ils ne constituent cependant qu'un palliatif pendant une période d'absence assez courte. Les modèles les plus performants comprennent un cône en terre cuite destiné à être placé dans la terre, relié à une réserve d'eau par un tube capillaire qui assure la liaison entre ces deux éléments. L'appel d'eau se fait au fur et à mesure du dessèchement de la terre de la motte. Un autre système utilise des mèches capillaires. Une méthode de fortune pour assurer l'arrosage consiste à se servir de bouteilles (de préférence en matière plastique, de 1,5 litre) qui, après remplissage, seront placées goulot vers le bas, légèrement enfoncé dans la terre. Là encore, le transfert s'effectue par capillarité. Ce système simple, mais peu esthétique, donne de bons résultats et présente l'avantage de ne rien coûter.

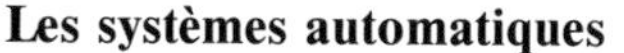

Les systèmes automatiques
Différents fabricants proposent aujourd'hui des systèmes d'arrosage automatiques, conçus à l'origine pour les serres, mais qui trouvent leur application sur les terrasses et balcons.
Tous imposent de disposer d'une alimentation sous pression, d'où la nécessité d'installer un robinet sur la terrasse ou le balcon. On aura recours à une canalisation en cuivre ou en PVC rigide, raccordée à l'alimentation en eau froide de la salle de bains ou de la cuisine.
La section de la canalisation n'a pas besoin d'être importante, un tube de 8/10 mm étant généralement suffisant. Si l'on utilise du cuivre, le plus simple est de prendre de la barre écrouie et des raccords vissants (bicônes ou à rondelles), plus commodes à utiliser que des manchons à braser. Ces

Le raccord à rondelles permet de joindre sans soudure les canalisations de cuivre d'alimentation.

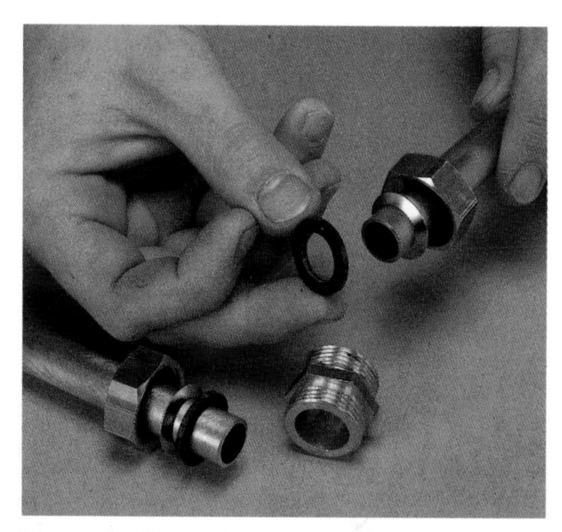

Placez les différents éléments du raccord sur les extrémités des deux tubes (dans le bon ordre !).

Serrez à fond à l'aide de deux clés. Les rondelles mordent le cuivre et assurent l'étanchéité. Ce raccord est pratique pour brancher un arrosage automatique.

raccords, trop onéreux pour réaliser une installation de plomberie complète, conviennent ici parfaitement. Faciles à installer, ils assurent une étanchéité parfaite et demandent un minimum d'outillage. Le raccordement sur la canalisation d'alimentation peut également être effectué avec un raccord vissant en T, après coupe de cette canalisation avec une scie à métaux. Prenez soin, évidemment, de fermer l'eau au compteur avant cette intervention !
La canalisation d'amenée d'eau sur le balcon ou la terrasse suivra les plinthes, sur lesquelles elle sera fixée par des colliers de type Atlas.
Une installation en PVC rigide se fait de façon tout à fait comparable, les tubes étant reliés par des raccords vissants.
On installera à l'extérieur un simple robinet dit « de puisage », à nez fileté pour permettre le branchement de raccords universels. Veillez à lui réserver un emplacement aussi protégé que possible pour limiter les risques de gel. Comme pour toute installation d'eau à l'extérieur, prévoyez une purge avant le robinet lui-même, et une vanne d'arrêt après la dérivation. Pour simplifier l'installation, vous pouvez utiliser un robinet autotaraudeur servant ordinairement à l'alimentation des machines à laver.

Minutage et programmation
Le système d'arrosage d'une terrasse ou d'un balcon (qui sera étudié dans les pages qui suivent) peut être associé à un minuteur ou à un programmateur. Dans le premier cas — le plus simple —, la commande d'arrosage se fait manuellement, mais la limitation de sa durée est automatique. Associé à un dispositif de répartition de l'eau, le minuteur permet un gain de temps, puisque l'arrosage se fait tout seul : il permet ainsi un dosage de la quantité d'eau à distribuer, évitant les classiques débordements d'un arrosage manuel. Le minuteur ne dispense cependant pas d'une commande manuelle, qui impose d'être là ou d'obtenir la venue complaisante d'un voisin ou d'un ami.
Le programmateur est bien plus performant, puisqu'il permet un déclenchement de l'arrosage et un minutage automatiques. Il s'agissait autrefois d'un matériel très onéreux, réservé aux professionnels ou aux particuliers fortunés possédant un arrosage automatique de la pelouse. Les progrès en matière d'électronique mettent désormais ce type d'accessoire à la portée

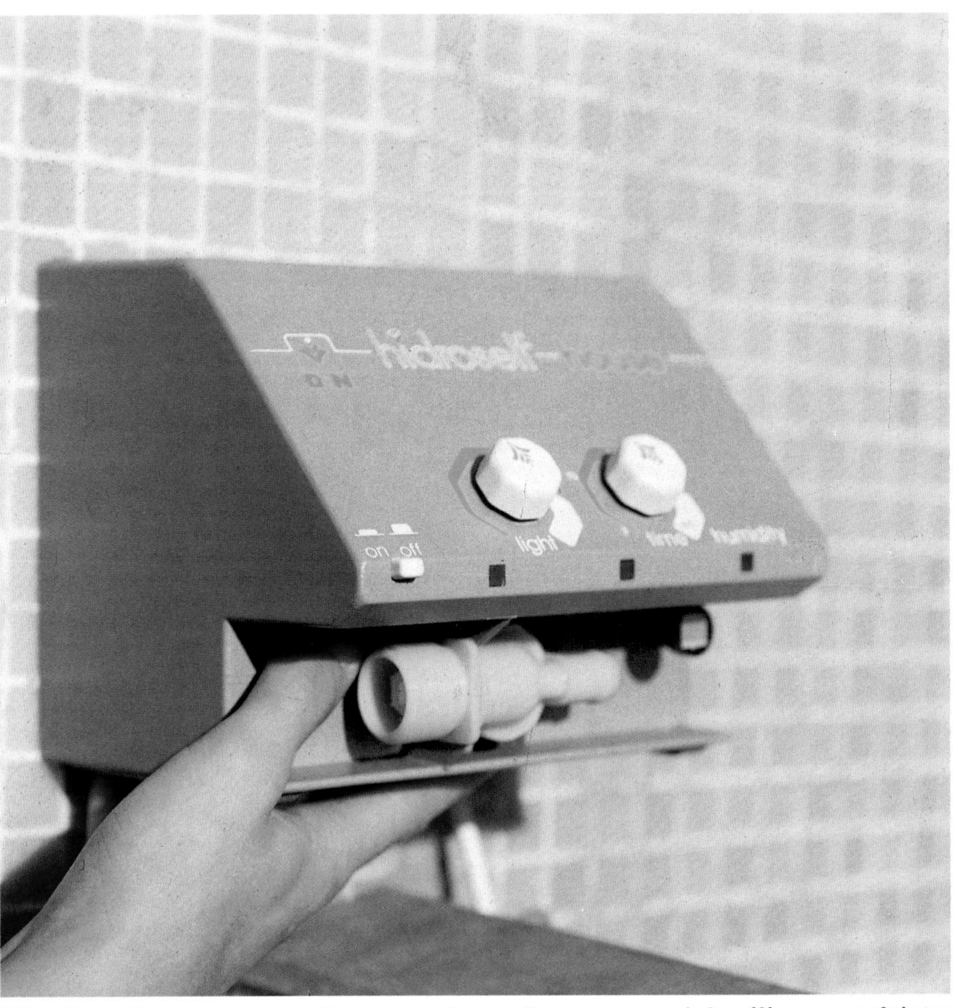

L'installation d'un arrosage automatique est contrôlée par une centrale qui est généralement placée en applique sur une paroi, de préférence sous abri et en raccordant les divers éléments d'irrigation.

La centrale commande le déclenchement de goutteurs et de pulvérisateurs dont on peut régler le débit par simple vissage. Ces éléments sont déclenchés par une sonde de luminosité (arrosage le matin et le soir) ou par une sonde d'humidité qui règle l'apport d'eau en fonction de l'humidité du compost.

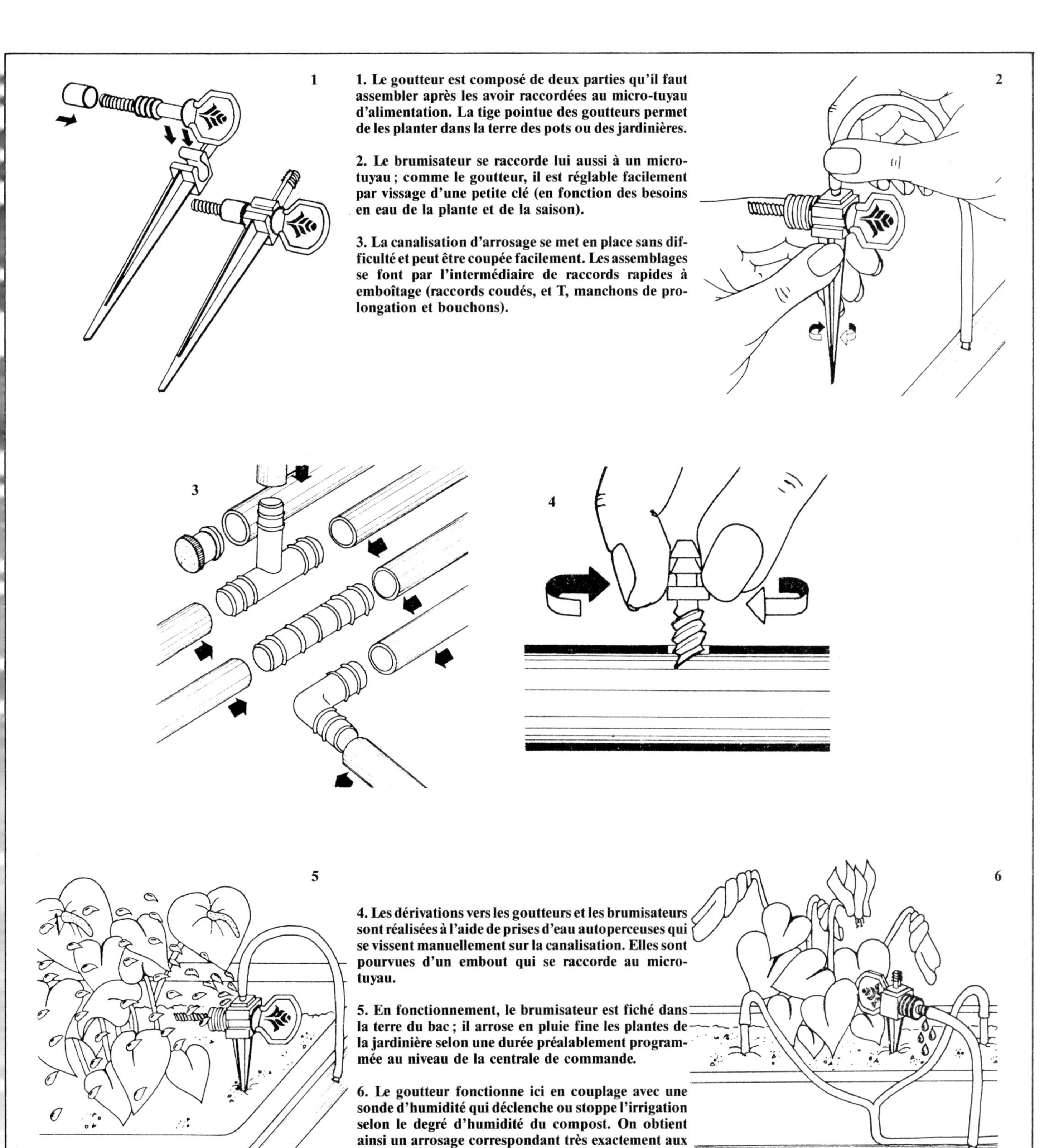

1. Le goutteur est composé de deux parties qu'il faut assembler après les avoir raccordées au micro-tuyau d'alimentation. La tige pointue des goutteurs permet de les planter dans la terre des pots ou des jardinières.

2. Le brumisateur se raccorde lui aussi à un micro-tuyau ; comme le goutteur, il est réglable facilement par vissage d'une petite clé (en fonction des besoins en eau de la plante et de la saison).

3. La canalisation d'arrosage se met en place sans difficulté et peut être coupée facilement. Les assemblages se font par l'intermédiaire de raccords rapides à emboîtage (raccords coudés, et T, manchons de prolongation et bouchons).

4. Les dérivations vers les goutteurs et les brumisateurs sont réalisées à l'aide de prises d'eau autoperceuses qui se vissent manuellement sur la canalisation. Elles sont pourvues d'un embout qui se raccorde au micro-tuyau.

5. En fonctionnement, le brumisateur est fiché dans la terre du bac ; il arrose en pluie fine les plantes de la jardinière selon une durée préalablement programmée au niveau de la centrale de commande.

6. Le goutteur fonctionne ici en couplage avec une sonde d'humidité qui déclenche ou stoppe l'irrigation selon le degré d'humidité du compost. On obtient ainsi un arrosage correspondant très exactement aux besoins des plantes.

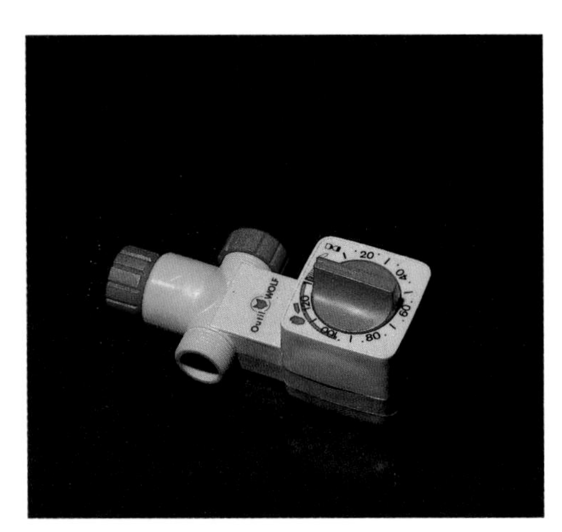

La minuterie d'arrosage a l'avantage d'interrompre automatiquement l'apport d'eau.

Le programmateur d'arrosage le plus simple est à piles ; il se place directement sur le robinet.

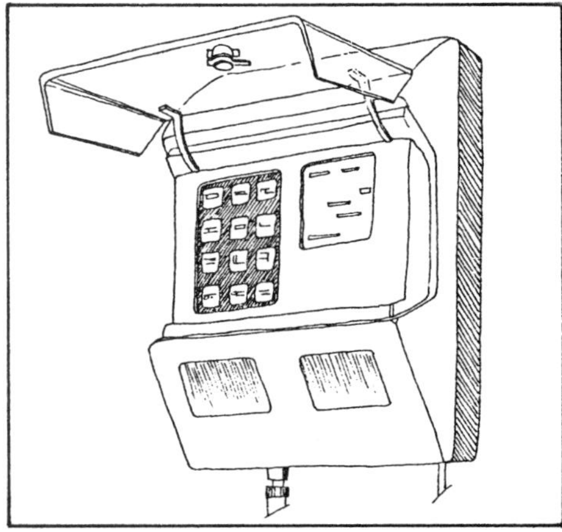

Le programmeur (ici à microprocesseurs) représente l'appareil le plus complet d'arrosage automatique. Il permet une programmation de longue durée.

de toutes les bourses. Il s'agit d'un petit boîtier à commande digitale et numérique, fonctionnant sur piles, et qui permet au moins une programmation quotidienne sur des plages hebdomadaires reconductibles automatiquement. Un tel système assure donc sans problème l'arrosage en votre absence, et vous dispense même de toute intervention lorsque vous êtes présent, un simple coup d'œil vous permettant de contrôler le bon fonctionnement de l'installation. Certains programmateurs de ce type peuvent être couplés à une sonde d'humidité qui suspend l'arrosage par temps de pluie. Cette option n'est valable que pour les terrasses de dernier étage ou de plain-pied.

La dernière génération de matériel d'arrosage automatique est représentée par un « programmateur » associé à une sonde de luminosité (c'est-à-dire une photocellule) qui réagit en fonction de la quantité de lumière reçue par la centrale. Celle-ci commande ainsi l'arrosage, pour une durée prédéterminée, à l'aube et au crépuscule, moments de la journée, on le sait, favorables à l'arrosage. Ce type de matériel, très sophistiqué mais pourtant abordable financièrement, peut, comme le programmateur électronique, être couplé à une sonde d'humidité. La centrale, alimentée cette fois électriquement sur le secteur, doit être disposée de façon à recevoir correctement les informations de luminosité qui sont à la base de son fonctionnement. En d'autres termes, elle ne doit pas être placée, par exemple, derrière un bac ou une rangée de pots ou même derrière une plante à feuillage abondant. Le fait qu'elle soit alimentée par le secteur implique soit d'installer à l'extérieur une prise étanche assurant toutes les conditions de sécurité, soit de raccorder sa fiche sur une prise située à l'intérieur. Un raccordement à la terre n'est pas nécessaire, la centrale bénéficiant d'une parfaite isolation.

Goutteurs, nébulisateurs et atomiseurs

Minuterie, programmateur ou centrale ne sont qu'un élément du dispositif d'arrosage. Celui-ci comprend également les appareils d'arrosage.

Les premiers assurent, comme leur nom l'indique, un arrosage goutte à goutte, à raison de moins de 5 litres d'eau à l'heure. La consommation des nébulisateurs est un peu supérieure (une dizaine de litres à l'heure), la nébulisation couvrant un rayon de 1 m, sur 30°. Les atomiseurs ne concernent que rarement la terrasse, puisqu'ils aspergent de façon circulaire ou mi-circulaire sur un rayon de 2 m, à raison de 40 à 70 litres à l'heure.

Ce genre d'installation ne demande qu'un minimum d'outils. Un fort couteau suffit généralement pour sectionner les tuyaux en polyéthylène (matière plastique noire semi-rigide) ; quant aux dérivations à partir de la canalisation principale, elles seront réalisées par simple perforation, généralement à l'aide d'un outil fourni dans le kit d'installation. Goutteurs et asperseurs seront simplement plantés dans la terre du pot ou du bac.

Les plantes suspendues

L'arrosage est le principal problème de la culture des plantes suspendues. En effet, très exposées aux courants d'air, elles ont tendance à se déshydrater plus vite que les plantes cultivées au sol. De plus, leur emplacement parfois hors du regard fait qu'on les oublie souvent. Lors de votre « tournée » d'arrosage, commencez donc toujours par ces plantes.

Seuls les paniers suspendus peuvent être arrosés directement, sans décrochage (attention, cependant, à l'écoulement de l'eau !). Dans la plupart des cas, il est préférable de décrocher la suspension ou de sortir le pot qu'elle contient. Pour certains chaudrons ou certaines marmites de grandes dimensions, il est parfois nécessaire de prévoir un dispositif de cordes et de poulies pour la descente jusqu'au sol.

Les évacuations

La culture des plantes en pot ou en bac suppose un excellent drainage du compost ; ce qui implique un écoulement et une évacuation de l'excédent d'eau d'arrosage. Faute d'évacuer cette eau, on s'expose à des risques de pourriture des racines et au développement de maladies cryptogamiques.

Dans les immeubles récents, les balcons et terrasses possèdent une évacuation propre, généralement sous la forme de simples tuyaux dégageant la chute de l'eau de la façade de l'immeuble ou de l'aplomb des barres d'appui de balcon.

Ces évacuations sont cependant conçues pour l'évacuation de la pluie ou pour celle des eaux de lavage ; elles se révèlent souvent insuffisantes lorsqu'on possède un grand

Sur les terrasses, il peut être nécessaire d'installer des canalisations d'évacuation en PVC (enterrées).

Des grilles de type « pas canadien » sont ici placées sur le caniveau.

Dans la plupart des cas, les canalisations d'évacuation doivent être raccordées au tout-à-l'égout.

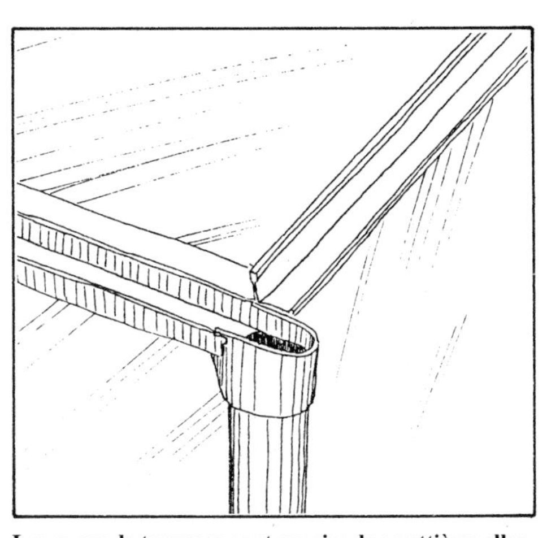

Les serres de terrasses sont munies de gouttières elles-mêmes raccordées au système d'évacuation.

nombre de plantes. Une bonne solution consistera à concevoir un système de collecte des eaux par l'intermédiaire d'une gouttière cheminant au pied des bacs, et dans laquelle se déversera l'excédent d'eau d'arrosage, laquelle sera ensuite évacuée soit par les tuyaux de dégagement, soit par collecte vers une descente générale de gouttière. Pour les terrasses de toit ou celles de plain-pied, l'installation d'un regard à siphon est parfois nécessaire, avec raccordement aux descentes d'eau usées domestiques. Dans les deux cas, une pente sera ménagée pour diriger l'eau vers le regard. Aujourd'hui, il est relativement facile à un amateur de réaliser une évacuation d'eau grâce aux canalisations en PVC : on les coupe aisément à la scie à métaux, et on les assemble par collage avec une colle adaptée.

Pour les terrasses surélevées, le système d'évacuation est souvent en PVC. Les coupes se font aisément à la scie à métaux. On trouve des éléments de raccordement en coude, en T et des manchons. L'assemblage se fait avec une colle spéciale, après ébarbage à la lime et ponçage des parties qui seront en contact.

OUTILS ET MATÉRIEL

Les fleurs cultivées en balcon et terrasse ont besoin de soins semblables à celles venant en pleine terre. Il faut donc utiliser des outils de même type, mais plus petits. Les fabricants proposent des outils de petite taille spécialement conçus pour ce type de culture. Le matériel d'arrosage est lui aussi spécifique.

Les outils

A moins de disposer d'une très grande terrasse, les outils doivent être adaptés à l'exiguïté du lieu et des contenants. Vous trouverez dans le commerce des gammes très complètes d'outils à main de petite taille, à manche court; choisissez-les légers, fonctionnels, à emmanchement solide.
Les principaux outils dont vous avez besoin sont les suivants :
— un transplantoir, sorte de petite pelle, utile à la fois pour les plantations (comme son nom l'indique) et pour le transport de la terre lors du remplissage des bacs et des pots ;
— deux plantoirs, l'un pointu pour les repiquages, l'autre cylindrique pour la plantation des bulbes ;
— une binette, indispensable pour rompre la croûte se formant à la surface de la terre et qui, par capillarité, accélère l'évaporation ;
— une griffe, dont la fonction est identique à celle de la binette, mais dont l'emploi est recommandé au pied des arbustes pour éviter de blesser les racines ;
— un sarcloir, nécessaire pour désherber les grands bacs ;
— un râteau, pour égaliser la terre, l'émietter et la damer.
Pour couper les fleurs fanées et tailler les branches des arbustes, vous aurez besoin également d'un sécateur. Si vous prenez un modèle à lames frottantes, celles-ci doivent être démontables pour que vous puissiez éventuellement les remplacer. Vous pouvez

Les outils de balcon sont la réplique en miniature de ceux du jardinier. Le transplantoir est polyvalent, il sert à mettre les plantes en place, mais aussi à remuer la terre et à remplir les récipients. Avec la petite serfouette à pointes on peut biner la terre, ameublir ou aérer le sol.

Un bon sécateur est indispensable pour la taille des arbustes et pour couper les fleurs fanées.

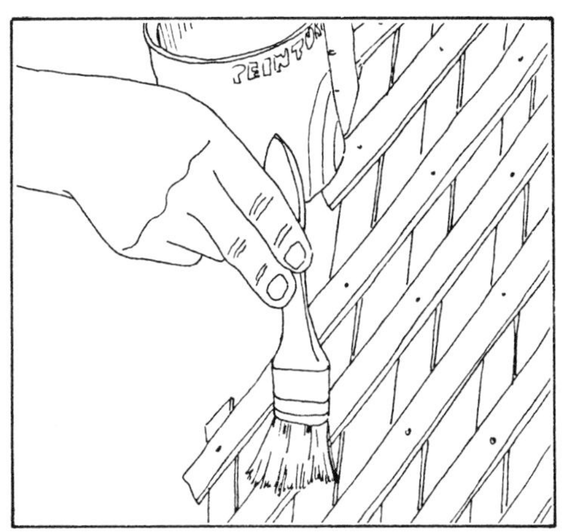

Le treillage se coupe avec une scie égoïne. Vous devez ensuite le vernir ou le peindre.

Le treillage permet aux grimpantes de s'accrocher ; il constitue aussi, par lui-même, un décor intéressant.

également choisir un modèle à enclume, dont l'utilisation est plus facile (pas de sens de coupe).

Tuteurs, treillages et liens

De nombreuses plantes ont besoin d'être tuteurées. Vous trouverez dans le commerce des tuteurs en bambou ou en matière plastique. Les premiers sont certainement plus durables que les seconds, la matière plastique ne vieillissant pas toujours très bien. Le bambou est cependant moins discret que la matière plastique verte, qui se fond dans le feuillage.

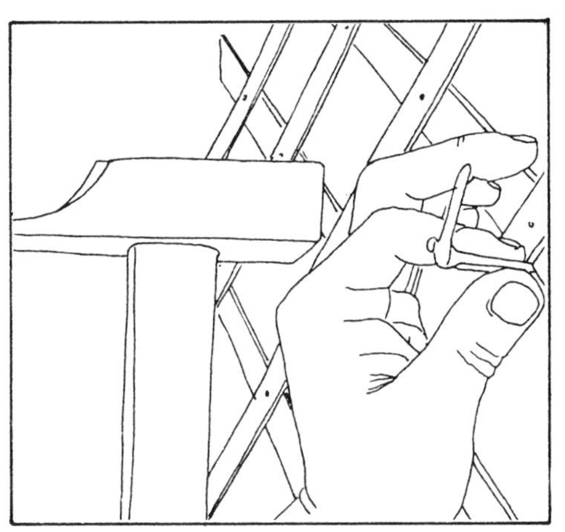

Le treillage se fixe sur le mur à l'aide de quelques pitons après chevillage des trous.

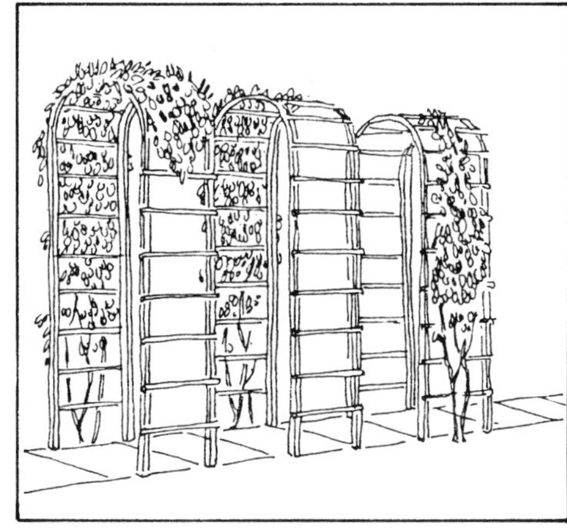

Faite d'une suite de portiques supportant des grimpantes, une pergola est très décorative en terrasse.

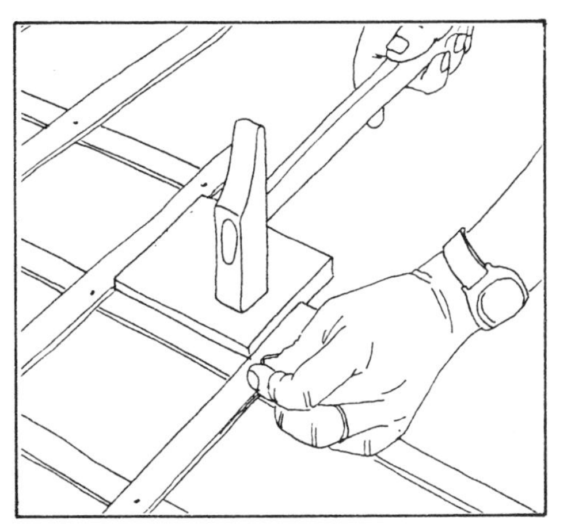

Pour fabriquer vous-même un treillage, utilisez des lattes de Red Cedar et clouez avec des pointes galvanisées (sur une surface plane et dure).

Des grimpantes comme les rosiers doivent être palissées sur le treillage ; utilisez du raphia de préférence (il se trouve en écheveau ou dans un dévidoir).

Les colliers de palissage en matière plastique sont pratiques et faciles à mettre en place, il en existe de plusieurs tailles.

Les liens traditionnels en raphia sont solides et discrets, mais il n'est pas toujours facile d'en trouver.

Les treillages sont également en bois, l'idéal étant d'en trouver en Red Cedar, bois pratiquement imputrescible et qui n'a même pas besoin d'être peint.
Pour le tuteurage comme pour le treillage, vous aurez besoin de liens. On utilisait naguère le raphia ou l'osier, matériaux naturels qu'il est bien difficile de trouver aujourd'hui et remplacés par des liens à armature métallique recouverte de matière plastique. Très efficaces car imputrescibles, ces liens ont pour principal défaut d'être précisément trop résistants, blessant la plante lorsqu'elle grossit et qu'on n'y prend pas garde. On trouve aussi des liens ayant la forme de colliers : en matière plastique non armée, ils risquent moins de blesser la plante mais sont en revanche assez onéreux.

Ce pulvérisateur original permet de se raccorder directement sur un robinet d'alimentation.

En passant dans l'appareil, l'eau dissout la capsule d'engrais qui y est logée.

Les produits

Le faible volume de substrat dans lequel se développent les plantes cultivées en bac, en pot ou en jardinière rend nécessaire l'apport régulier de substances nutritives : les engrais. Ils se présentent le plus généralement en poudre, mais on trouve aussi des engrais liquides à ajouter à l'eau d'arrosage, ce qui rend leur utilisation, leur dosage et leur assimilation plus rapides. Les engrais pour bacs à réserve d'eau sont également présentés sous forme liquide.
Le dosage des différents composants d'un engrais dépend spécifiquement de la plante à laquelle il est destiné. Vous trouverez dans le commerce des « lignes » d'engrais correspondant aux différentes cultures.

Ces engrais contiennent dans des proportions variées de l'azote, de l'acide phosphorique et de la potasse. On y trouve aussi un certain nombre d'oligo-éléments indispensables à la durée de vie des plantes.
Insecticides et fongicides peuvent être généralement appliqués par pulvérisation : vous aurez donc intérêt à acquérir un pulvérisateur à réserve de pression. Si les dimensions de votre balcon ou de votre terrasse sont faibles et les plantes peu nombreuses, vous pourrez vous limiter à l'achat d'insecticides en bombe aérosol. Pour le traitement des maladies, vous utiliserez une poudre polyvalente (type C).
Si vous souhaitez bouturer vos plantes, achetez plusieurs sachets d'hormones de bouturage, qui favorisent la reprise.

Poudreuse à manivelle permettant de répandre des produits insecticides et fongicides sur les plantations (pour grandes terrasses).

LES RÉCIPIENTS DE CULTURE

LES POTS ET CACHE-POT

Les pots et cache-pot doivent donner toutes garanties de réussite des cultures ; et en même temps être décoratifs (et discrets !).

Les plantes de balcon et de serre sont depuis toujours cultivées en pots de terre cuite. Cette technique reste très employée car elle donne d'excellents résultats. Sur les grands balcons et les terrasses, il est possible d'utiliser des récipients de plus grandes dimensions : très gros pots ou vasques, toujours en terre cuite, mais aussi bacs en bois ou en béton.
Les pots de terre cuite étant assez peu décoratifs, on peut utiliser différents moyens pour les « habiller ». Les suspensions offrent un double avantage : elles cachent les pots et permettent une décoration végétale en hauteur. Il convient de les utiliser à bon escient avec des plantes retombantes.
Les jardinières, très utilisées sur les garde-corps des fenêtres et des balcons, permettent de disposer d'une surface de culture assez importante et de réaliser ainsi de belles touches de couleurs et de verdure.
Plus modernes, les bacs à réserve d'eau permettent de cultiver les plantes sans difficulté : l'arrosage se fait tout seul.

La terre cuite

Ce matériau présente un très grand intérêt : sa porosité. Celle-ci permet à la plante de respirer, et à la terre de demeurer saine (dans un compost placé dans un récipient aux parois imperméables, les moisissures se développent plus rapidement).
Les pots de terre cuite ont en outre l'avantage d'être peu onéreux ; cela compense leur relative fragilité. En forme de cône tronqué, ils comportent un trou d'écoulement permettant le drainage. Leur rebord épais les préserve de l'ébréchage et, surtout, permet leur accrochage.
Les tailles sont variées. Les plus petits pots s'emploient comme godets pour les semis, ou pour la culture de plantes de petites dimensions telles que les cactus. Les plus grands peuvent contenir des arbustes. Les pots le plus couramment utilisés ont de 16 à 22 cm de diamètre : ils permettent de cultiver la plupart des plantes de balcon et d'intérieur.

En bois, en terre cuite, les bacs et jardinières doivent être décoratifs, mais pas trop voyants afin de mettre en valeur feuillages et fleurs.

Les pots de terre cuite ne sont guère décoratifs. Néanmoins, ils s'intègrent très bien à un décor champêtre, sur une terrasse, ou à d'autres éléments en terre cuite (murets et jardinières de briques, claustra). Ils conviennent aussi pour les décors modernes ; ils produisent par exemple un bel effet de contraste sur une terrasse carrelée en blanc. Si vous souhaitez les dissimuler, il faut utiliser un cache-pot : beaucoup de récipients se prêtent à cet usage. Il y en a en matière plastique, en paille tressée, en bois, en terre cuite peinte. Une vieille marmite en cuivre, diverses poteries, des récipients en verre... peuvent servir de cache-pot.

Utilisation d'un pot de terre cuite

Avant de remplir les pots, placez-les pendant quelques heures dans l'eau : la terre cuite absorbera l'humidité au lieu de pomper l'eau du compost dont vous la remplirez. Si le pot que vous désirez utiliser a déjà servi, il est prudent de le désinfecter, afin d'éviter la transmission des maladies cryptogamiques ou à virus. Pour cela, immergez-le dans de l'eau bouillante ou dans une solution d'eau de javel ; dans ce dernier cas, rincez ensuite abondamment. La plupart des plantes ne supportent pas l'humidité stagnante. Aussi, pour faciliter le drainage, placez dans le fond du récipient des fragments de terre cuite ou de verre, ou bien une couche de 2 ou 3 cm de gravier. Après l'arrosage, les eaux doivent pouvoir s'écouler librement. Si vous désirez placer une soucoupe sous le pot pour éviter que l'eau ne détériore le support ou ne s'écoule à l'extérieur, surélevez le pot afin que l'eau ne remonte pas par capillarité, ce qui entraînerait une stagnation de l'humidité. Pour cela, intercalez une couche de gravier ou des cales de bois entre le pot et la soucoupe. Cela est valable également avec les cache-pot, surtout lorsqu'ils sont étanches. Lorsque, en cours de culture, la terre vous paraît particulièrement desséchée, il est conseillé d'immerger le pot dans une bassine d'eau de façon que la terre cuite elle aussi soit imbibée. D'une façon générale, les pots ne doivent pas être complètement remplis de terre, cela afin d'éviter les débordements lors de l'arrosage.

Mise en place des pots

Il existe toute une gamme de supports et d'étagères pour disposer les pots à fleurs. Certains supports en fer forgé sont constitués d'un élément sur pieds pouvant accueillir trois ou quatre pots. On les utilise parfois pour constituer une sorte de séparation sur une terrasse. Des étagères en gradins, en bois ou métalliques, peuvent recevoir de dix à vingt pots. Certaines sont droites, d'autres en demi-cercle, et il existe également des modèles en angle. Certaines étagères sont munies de cercles de métal dans lesquels on place les pots, qui sont ainsi parfaitement immobilisés. Pour qu'un pot contenant une plante assez haute (un petit arbuste, par exemple) ne risque pas de se renverser sous la poussée du vent, il est recommandé de le lester en plaçant dans le fond quelques lourdes pierres qui, en même temps, assureront le drainage. Vous pouvez également le stabiliser en l'appuyant contre un mur.

Les récipients traditionnels en terre cuite ont des formes très variées, souvent inspirées de vases antiques, et les tons chauds des poteries s'accordent avec tous les styles.

Le rempotage

Une plante ne peut pas rester très longtemps dans un même pot. Il est nécessaire de procéder au rempotage tous les ans ou tous les deux ans selon les espèces, afin de renouveler le terreau et de permettre aux racines de se développer normalement. Bien entendu, vous prendrez chaque fois un pot légèrement plus grand. Il sera ainsi proportionné aux dimensions de la plante. On s'aperçoit qu'une plante a besoin d'être rempotée lorsque l'eau d'arrosage ressort trop rapidement du pot. En effet, cela signifie que les racines ont envahi presque tout l'espace et qu'il ne reste pratiquement plus de terre. Le rempotage doit être effectué en automne ou au début du printemps, lorsque la croissance de la plante est ralentie.

Lors du rempotage d'une plante, utilisez un pot de deux tailles supérieures à l'ancien.

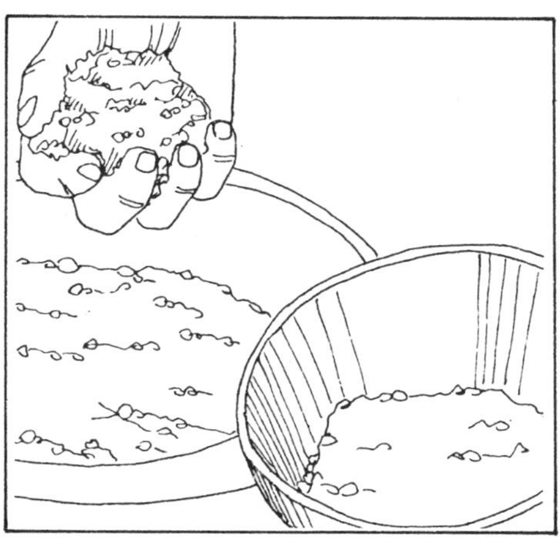

Remplissez le récipient jusqu'à un tiers environ de sa hauteur afin de pouvoir y placer la motte.

Les vasques

Ces récipients peu profonds et évasés en forme de coupe apportent une note décorative particulière, qu'ils soient utilisés isolément ou associés à une fontaine ou à un bassin.
Il en existe de dimensions modestes en terre cuite et de beaucoup plus vastes en amiante-ciment, pourvues de trous d'irrigation. Ces dernières présentent l'avantage de pouvoir recevoir une couche de peinture ordinaire pour extérieur.
Sur une terrasse ou un balcon, tenez toujours compte du surcroît de charge après remplissage des vasques.

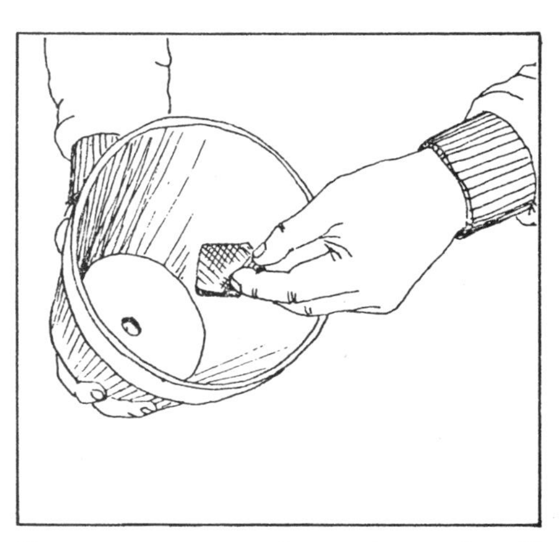

Placez un tesson ou une pierre sur le trou afin qu'il ne soit pas bouché par de la terre.

Grattez un peu la motte avec les doigts pour permettre un meilleur redémarrage de l'enracinement.

Les larges vasques sur pieds conviennent bien aux terrasses ; plantez-les d'espèces retombantes.

La terre de culture est obtenue en mélangeant du terreau avec une proportion plus ou moins grande de sable et de tourbe (et parfois de terre de jardin).

Tassez la terre (le niveau doit être à 2 cm du bord) ; arrosez immédiatement après la plantation (sans engrais) afin que la terre adhère aux racines.

Les terres cuites naturelles et émaillées sont décoratives par elles-mêmes et leurs teintes discrètes, leur atout majeur.

Du fait de sa faible profondeur, la vasque ne convient pas pour les végétaux exigeant une grande quantité de terre pour développer leurs racines. En revanche, elle se révèle particulièrement bien adaptée à la culture de tous les petits bulbes. Vous pourrez, par exemple, obtenir une jolie floraison printanière en associant narcisses, jacinthes et crocus. Vous mettrez ensuite en végétation, dans la même vasque, des bulbes fleurissant en automne : colchiques, crocus tardifs...

Les suspensions

Elles constituent une excellente solution pour la décoration des terrasses ou des balcons sur lesquels on ne souhaite pas cultiver des plantes volumineuses telles que des arbustes. Elles permettent en effet de remplir l'espace en hauteur.

Sur un balcon, les plantes peuvent être accrochées de part et d'autre d'une porte-fenêtre ; leur feuillage ou leur floraison, en retombant, couvriront le mur autour de l'huisserie. Au-dessus de celle-ci, vous pourrez disposer des plantes non retombantes. Sur une terrasse, les plantes pourront être également suspendues contre le mur, mais les suspensions prendront tout leur intérêt si la terrasse est dotée d'une pergola. Utilisez alors des paniers en macramé, à l'intérieur desquels vous disposerez les pots en terre cuite. Beaucoup d'autres objets permettent de réaliser des suspensions : des marmites en fonte, des chaudrons en cuivre, etc.

Que les suspensions soient accrochées au mur ou à la structure d'une pergola, il va de soi que leur fixation doit être particulièrement solide, et en rapport avec le poids de la plante et celui de l'objet utilisé pour la soutenir.

Contre un mur, il est indispensable de fixer les crochets à vis après chevillage. Pour cela, il faut percer la maçonnerie avec un tamponnoir à main ou, mieux, avec une perceuse à percussion équipée d'un foret spécial (à mise rapportée au carbure de tungstène).

Sur une pergola, assurez-vous d'abord que sa structure est suffisamment solide pour supporter le poids des suspensions. N'utilisez que les poutres principales, les chevrons, tasseaux ou voliges n'ayant souvent qu'une fonction décorative. Pour les suspensions légères (paniers en macramé contenant des pots de petites dimensions, par exemple), vissez des crochets dans le bois. Placez-les horizontalement, dans le chant des poutres, et non sous celles-ci, les crochets risquant alors de s'arracher. Pour les suspensions plus lourdes, utilisez de petites chaînes, de préférence en acier inoxydable. Vous pourrez alors effectuer une boucle autour de la poutre, que vous fermerez avec une manille vissante, ce qui permet de décrocher facilement les suspensions, tout en garantissant une solidité de fixation parfaite.

Les anciennes marmites en cuivre font de belles suspensions, mais il faut solidement les accrocher.

Une suspension peut être tout simplement faite d'un plateau sur lequel on pose un pot en terre cuite.

Pour un bon effet décoratif, veillez à placer les suspensions à des hauteurs variées.

Le garde-corps du balcon ou de la terrasse constitue également un support intéressant pour les pots et les jardinières. On utilise ici de simples supports, une armature métallique formant arceaux pour l'accrochage, un plateau rond ou rectangulaire assurant la stabilité du pot ou de la jardinière et servant en même temps de réceptacle pour l'eau d'arrosage.

Il ne faut pas perdre de vue que ces dispositifs d'accrochage servent davantage à décorer le garde-corps que la terrasse ou le balcon, les plantes étant généralement disposées en dehors de ceux-ci. Veillez à la solidité de la fixation.

Les associations florales que vous pourrez entreprendre sont multiples. Elles dépendent du niveau auquel les plantes seront suspendues. Au-dessus de 2 m, vous pourrez utiliser la plupart des plantes grimpantes ou volubiles. Leur croissance est souvent très rapide : suspendues, et donc dépourvues de palissage, elles retombent harmonieusement. Vous pourrez ainsi utiliser toutes les variétés de lierre, et en particulier celles à petites feuilles, le jasmin odorant, le campsis, la passiflore, la bignone, le géranium-lierre, toujours très décoratif, ou faire une association de plantes à fleurs et de plantes à feuillage décoratif : par exemple, des bégonias avec un lierre.

On peut également cultiver des plantes suspendues à même un panier d'osier. Pour cela, commencez par vernir l'osier avec un vernis très résistant de type polyuréthanne (vernis à bateau). Placez au fond du panier une couche de mousse, ou plus simplement une feuille de matière plastique percée de trous pour le drainage de l'eau d'arrosage. La toile de jute convient également mais, à la longue, elle risque de pourrir. Remplissez le panier de terreau. Ce type de contenant convient surtout pour les potées fleuries qui demandent peu de terreau.

UNE SUSPENSION ORIGINALE

Pour réaliser une belle suspension amusante, utilisez un vieux panier à salade. Accrochez-le avec quatre morceaux de fils de fer fin ou de petites chaînettes. Tapissez l'intérieur avec de la mousse, celle-ci dirigée vers l'extérieur du panier. Remplissez de compost et plantez des fleurs annuelles suffisamment développées. Vous pouvez aussi semer, par exemple, des graines de capucine dans la mousse ; les tiges sortiront par les interstices du panier. Cette suspension sera tout à fait à sa place à la fenêtre d'une cuisine, par exemple.

LES CAISSES

Destinées à la culture des arbustes et des vivaces à grand développement, les caisses sont en bois peint ou verni. De grande taille, elles peuvent même accueillir de véritables petits arbres.

Les contenants doivent être en rapport avec la quantité de terre nécessaire à la croissance d'une plante. Les arbustes ne peuvent se développer que si leurs racines ont la possibilité de croître suffisamment pour assurer la stabilité du tronc, des branches et du feuillage. D'autre part, les besoins en eau et en matières nutritives ne peuvent être satisfaits que si la quantité de terre est suffisante. On utilise donc pour ce faire des caisses, de forme cubique ou parallélépipédique. Elles sont en bois traité contre les insectes et les moisissures puis peint ou verni. Généralement pourvues de pieds, elles sont dotées de poignées métalliques permettant leur transport (indispensable pour les plantes d'orangerie, qui doivent être rentrées à la mauvaise saison). Les plus grandes caisses ont des guides métalliques latéraux permettant le passage de brancards pour le transport (c'est le cas, par exemple, pour les caisses où l'on fait pousser de véritables arbres exotiques comme les palmiers).
Vous trouverez ces caisses traditionnelles chez les commerçants spécialisés, mais vous pouvez aussi les construire vous-même, en bois ou en contre-plaqué, à condition d'utiliser dans ce cas une qualité résistant à l'humidité (CTB-X).
Les assemblages seront réalisés par collage et vissage (exclusivement avec des vis en acier inoxydable).
L'intérieur des caisses en bois est soumis en permanence à l'humidité du terreau et aux attaques des bactéries qui s'y trouvent. Il est donc impératif de le protéger efficacement. Les produits de traitement du commerce, suffisants pour les parties extérieures de la caisse, sont ici peu efficaces. On procédait traditionnellement par brûlage de la surface du bois : celui-ci doit

Les caisses en bois traité et verni comportent généralement des poignées pour le transport.

être enduit de paraffine, que l'on enflamme avec une lampe à souder. Lorsque le bois commence à noircir, il suffit de couvrir la caisse pour éteindre le feu. Une autre solution consiste à doubler l'intérieur de la caisse avec du zinc de faible épaisseur, mais il faut posséder un chalumeau et savoir souder le zinc. L'eau devant pouvoir s'écouler du bac, on prévoit des orifices reliés à des morceaux de tuyau en matière plastique, ce qui évite tout contact du bois avec l'eau.
Remplissez la caisse avec un compost adapté à l'arbuste mis en culture. N'oubliez pas le drainage : placez une couche de pierres et de graviers dans le fond et laissez quelques centimètres entre la surface du sol et le bord afin de faciliter l'arrosage.
Il est parfois possible de disposer des plantes de petite taille au pied d'un arbuste en bac.
On peut ainsi mettre des bulbes en végétation en automne afin d'obtenir une floraison printanière, repiquer des fleurs annuelles, etc.
Si vous désirez cultiver un arbuste de grande taille, il faut prévoir dès le départ une caisse assez spacieuse pour ménager une place suffisante à ses racines, la transplantation dans un bac plus grand, opération peu aisée, étant déjà tout à fait déconseillée pour certaines espèces. Vous apporterez périodiquement de la nourriture à la plante au moyen d'engrais (en solution avec les arrosages).
Presque toutes les espèces d'arbres et d'arbustes peuvent être cultivées en caisse où elles atteignent cependant un développement beaucoup moins important qu'en pleine terre.
Il faut pouvoir déplacer facilement les caisses, aussi bien pour rentrer celles qui contiennent des espèces gélives que tout simplement pour faire le ménage. Le soulèvement au moyen des poignées imposant toujours un effort important, dotez plutôt vos bacs de roulettes. Il en existe en forme de boule pivotante à support vissable. Une autre solution consiste à fabriquer un plateau roulant en aggloméré épais. Il doit être aussi bas que possible afin que le chargement des caisses se fasse sans difficulté.
De nombreux autres récipients peuvent servir de bacs à plantes d'un très bon effet. Vous trouverez dans le commerce des bacs circulaires en bois de bonne qualité (chêne massif verni) avec un cerclage métallique noir et des poignées. Ces bacs, d'un prix nettement plus élevé que les caisses ordinaires, sont aussi beaucoup plus décoratifs sur une terrasse.
Un vieux tonneau, après traitement spécial contre l'humidité, peut convenir aussi, à condition de percer des trous de drainage et parfois de renforcer le fond. Le tonneau

loit être verni, et le cerclage soigneusement peint avec une peinture antirouille. Cela donne un récipient original et très décoratif. Vous pourrez également percer quelques trous de grand diamètre (avec une scie cloche en accessoire de perceuse) pour cultiver des bulbes ou des plantes annuelles ; semez, par exemple, quelques graines de capucines. Il existe de nombreuses autres possibilités : utilisation de grandes jarres et de poteries diverses, de vieilles marmites en cuivre ou en fonte, de lessiveuses peintes et décorées, de baquets ou seaux en bois, nettoyés et vernis. Avec un peu d'idée et un souci d'originalité, vous pourrez récupérer les objets les plus inattendus : une ancienne brouette, nettoyée, repeinte ou vernie accueillera des fleurs variées. Un vieux poële (brasero) trouvera ainsi une seconde vie (après traitement antirouille).

Il faut toujours percer un ou plusieurs trous pour l'écoulement des eaux. Si c'est impossible (comme dans certaines poteries), constituez une importante couche de terre et de graviers, et arrosez par petites quantités d'eau pour éviter toute humidité stagnante, qui fait pourrir les racines et périr les plantes.

En période de sécheresse, les plantes en caisse souffrent davantage de la chaleur que les végétaux installés en pleine terre. Il faut donc arroser très régulièrement et ombrer si possible. Un paillage au pied de la plante pendant les mois d'été permet de limiter notablement l'évaporation.

La culture en caisse demande un bon terreau horticole ; le fond doit être recouvert d'une bonne couche de graviers pour le drainage. Des apports réguliers d'engrais sont indispensables, mais évitez les excès.

A l'intérieur comme à l'extérieur de la caisse, le bois doit être traité avec un produit de protection contre les insectes et l'humidité (deux couches).

Le laurier-rose est placé avec sa motte au milieu du bac, qui est ensuite rempli de terreau. Cet arbuste doit être rentré en hiver, sous le climat de Paris.

Pour l'été, disposez des fleurs annuelles au pied de l'arbuste. Choisissez des plantes ayant les mêmes exigences, aux coloris qui s'accordent.

LES JARDINIÈRES

De forme généralement allongée, les jardinières sont les récipients les plus adaptés à la décoration des fenêtres et des balcons. Lorsqu'elles sont placées à l'extérieur du garde-corps de la fenêtre, il faut veiller à les pourvoir d'un système d'accrochage solide et fiable.

Les jardinières, de forme rectangulaire, permettent de cultiver des plantes variées et de réaliser des ensembles harmonieux. Les plus répandues sont les jardinières de fenêtre qui s'accrochent à l'appui par deux crochets. Elles peuvent aussi prendre place sur la balustrade d'un balcon.
Ces jardinières, bien que de taille réduite, sont plus intéressantes que les pots pour certaines cultures : elles permettent de créer des touffes de plantes variées.
Il faut savoir quelles plantes placer dans la jardinière en fonction de la saison et de l'exposition. Au printemps, vous pouvez, par exemple, cultiver des plantes à bulbe (jacinthes, crocus) en choisissant soigneusement les couleurs. Pour obtenir une jolie floraison dans un coin peu ensoleillé, utilisez des capucines grimpantes : elles feront beaucoup d'effet en retombant. Associez-leur des pavots d'Islande et une fougère. Ne multipliez pas les couleurs. Cherchez plutôt à garder une dominante : le bleu, par exemple, avec quelques taches roses ou rouges. Si vous disposez d'une serre, vos jardinières de balcon, de fenêtre ou de terrasse pourront être fleuries du printemps à l'automne grâce à des plantes cultivées sous abri. Une mini-serre placée sur un balcon ou sur une terrasse (ou même dans un appartement) permet d'obtenir de bons résultats.

Les dimensions des jardinières sont très diverses ; les modèles en amiante-ciment sont solides et conviennent particulièrement à un décor moderne.

Formes

Les jardinières sont le plus souvent de forme rectangulaire. Les modèles les plus répandus mesurent environ 60 cm de long et 20 cm de large et de haut.
Mais il existe des jardinières beaucoup plus grandes, destinées plus spécialement aux terrasses ou aux balcons.
Vous pouvez bien sûr fabriquer vous-même une jardinière en fonction de la disposition des lieux et lui donner la forme que vous voulez : très allongée, elle pourra couvrir toute la longueur du balcon ; carrée, elle prendra place au milieu de la terrasse. Afin de créer un décor de terrasse raffiné, vous pouvez donner aux jardinières, qu'elles soient en bois, en contre-plaqué ou en maçonnerie, des formes particulières : hexagone, cercle... Rassemblées et disposées harmonieusement, elles constitueront, en elles-mêmes, un élément de décoration.

Les jardinières en matière plastique sont peu onéreuses ; évitez toutefois les couleurs trop vives.

La solidité du support est essentielle ; si la jardinière est à l'extérieur de la barre d'appui, il est sage de fixer le support avec du fil de fer.

L'utilisation de jardinières sur les garde-corps des fenêtres et des balcons permet de transformer complètement l'aspect de la façade d'une maison pour lui donner un air joyeux et accueillant. Cette belle profusion de fleurs n'est pas difficile à obtenir : il suffit de savoir bouturer les géraniums (pélargoniums), ou même d'effectuer des semis si vous avez une miniserre. Choisissez des teintes harmonieuses et des camaïeux.

Les jardinières en pierres reconstituées sont élégantes, mais assez lourdes : fixez-les solidement.

Sur une terrasse carrelée, les bacs en pierres reconstituées sont particulièrement décoratifs.

Un ensemble de grandes jardinières en béton sur une grande terrasse permet de cultiver une véritable haie ; choisissez des espèces persistantes qui assurent l'intimité pendant toute l'année. Le treillage sert ici en même temps de clôture, et permet la culture de grimpantes à fleurs pendant l'été.

Il existe aujourd'hui des jardinières linéaires qui s'adaptent exactement aux dimensions d'une terrasse ou d'un balcon. Une jardinière peut aussi « courir » sur tout le périmètre d'une terrasse.

Certaines jardinières proposées par les fabricants ont une ligne inattendue : en pierre reconstituée, elles reproduisent, par exemple, la forme d'une base de colonne. Ces modèles conviennent à un style de décoration très particulier.

Matériaux

Les jardinières traditionnelles sont en terre cuite. Elles ont l'avantage d'être poreuses à l'air et à l'eau, ce qui a cependant moins d'importance que pour les pots, compte tenu de la masse de terre. Assez fragiles, elles doivent être manipulées avec précaution. Si elles doivent prendre place sur une balustrade de balcon, fixez-les très solidement. On trouve peu de variétés dans les formes.

Le bois convient aussi très bien. Décoratif et léger, il est très durable, s'il est correctement traité contre l'humidité et les parasites, régulièrement verni ou peint.

Les jardinières en polystyrène expansé ont pour principal avantage leur grande légèreté. Elles donnent de bons résultats pour la culture, car elles conservent bien la chaleur. La gamme des couleurs est assez réduite, le blanc étant le plus classique. Il en existe de nombreuses formes.

Très répandues, les jardinières en fibrociment ou en amiante-ciment sont assez lourdes, mais peu onéreuses. Sur le plan esthétique, elles s'accordent mieux avec un décor moderne. Il existe des modèles à réserve d'eau.

La matière plastique, beaucoup utilisée, donne de bons résultats pour la culture et les modèles sont nombreux. Les couleurs sont parfois vives. Attention aux fautes de goût : un rouge vif ne met pas en valeur le vert, ni les couleurs de plantes ! La plupart de ces jardinières peuvent être associées à des plateaux permettant de recueillir l'eau d'arrosage.

Les jardinières maçonnées conviennent surtout pour les grandes terrasses, en particulier celles de plain-pied ; vous pouvez utiliser des briques ou des pierres. Ce type de jardinière a pour principal intérêt la liberté de choix dans la forme et les dimensions. De plus, il s'intègre bien à un décor champêtre.

Sur toutes les terrasses qui ne sont pas de plain-pied, il faut prendre en compte les problèmes de poids : la terrasse doit être assez solide pour supporter la charge des pierres et de la terre. Dans une construction récente, vous pouvez vous informer auprès de l'architecte. Dans une maison ancienne, prenez conseil auprès d'un maçon. Sur une terrasse de plain-pied à sol non maçonné, vous pouvez creuser de petites fondations. Une autre solution consiste à ne pas faire le fond à la jardinière maçonnée. Un arbuste mis en culture peut ainsi enfoncer ses racines profondément dans la terre. Si vous maçonnez vos jardinières, utilisez un matériau en harmonie avec votre maison : briques, ardoises, dalles de pierre ou même béton peint. Vous pouvez encore intégrer les jardinières dans des éléments maçonnés : bancs, tables, barbecue, etc.

Faire soi-même une jardinière

Nombreuses sont les possibilités de fabriquer soi-même une jardinière. Le bois et le contre-plaqué sont bien sûr les matériaux

DES RÉCIPIENTS ORIGINAUX, AMUSANTS OU « KITSCH »

Vous pouvez récupérer toutes sortes de récipients pour y cultiver des fleurs.
Les bocaux de verre (bocaux de pharmacie, grands bocaux à bonbons) sont très décoratifs. Il est difficile d'y percer des trous (sauf avec une perceuse, utilisée à faible vitesse). Aussi emplissez-les d'une couche épaisse de cailloux choisis avec soin puisqu'ils restent visibles.
Les ustensiles en faïence sont également très décoratifs : soupière, saladier ou grande tasse à déjeuner. Vous pouvez même récupérer d'anciens lavabos ou éviers : ils ont l'avantage de comporter un trou de vidange. Dans un décor champêtre, utilisez des bûches ou des troncs d'arbre creux. Très décoratifs, ils dureront longtemps si vous avez pris la précaution de les protéger contre le pourrissement avec un produit adapté.
Si vous en avez le goût, « chinez » des objets qui vous plaisent chez les brocanteurs ou aux « puces ». Vous pourrez utiliser des vieux pots de cheminée, divers vases, des cuvettes émaillées, des seaux en cuivre, des pots à lait, de grands coquillages... Chez les antiquaires, vous trouverez des jardinières ou des paniers suspendus anciens, aux formes souvent extravagantes (fin XIXe), notamment des jardinières en bambou ou de style hellénique.

Découpez les éléments devant constituer les côtés de la jardinière, et abattez les arêtes au rabot.

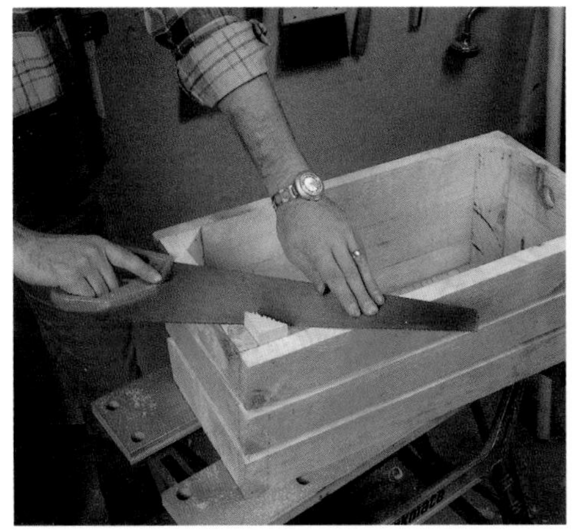

Avec une scie égoïne, arasez les tasseaux d'angle dans chacun des coins de la jardinière.

L'assemblage est effectué avec des pointes inoxydables sur un tasseau d'angle à section triangulaire.

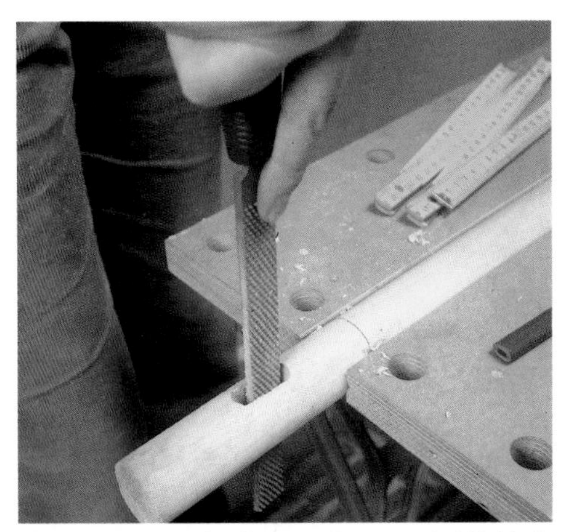

Ouvrez une mortaise dans une barre ronde à l'aide du ciseau à bois, puis de la râpe.

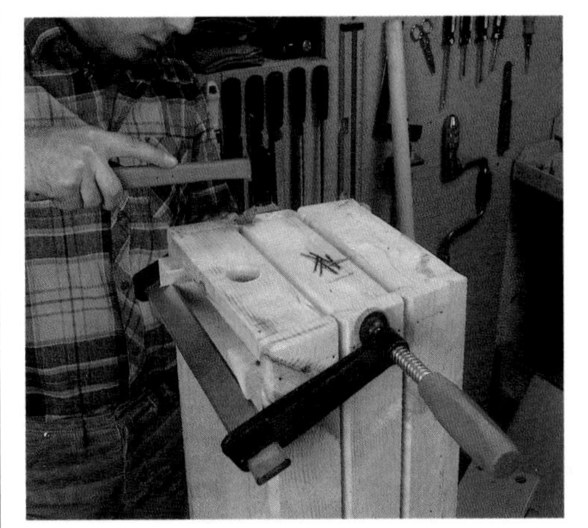

Clouez ensuite les autres côtés de la jardinière ; l'assemblage collé et cloué est maintenu en position à l'aide d'un serre-joint.

La barre ronde est destinée à maintenir les pieds de la jardinière par un assemblage à clé, enfoncée au maillet dans la mortaise.

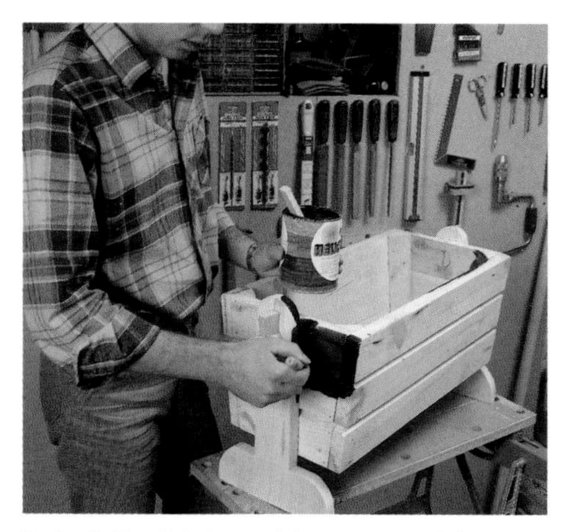

La jardinière doit être traitée avec un produit protecteur, le plus souvent teintant.

Un produit de protection pour bois doit imprégner le matériau. Renouvelez l'application chaque année.

Associez plusieurs jardinières en amiante-ciment en les plaçant sur une planche découpée et traitée.

les plus utilisés. Tout comme pour la réalisation des caisses, nous vous rappelons qu'il est essentiel d'utiliser du bois traité (vous appliquerez d'ailleurs une couche supplémentaire de produit de protection), ou du contre-plaqué résistant à l'humidité (CTB-X). Bien qu'il existe également du panneau de particules (aggloméré) de même qualité (CTB-H), nous vous déconseillons de l'utiliser dans le cas présent, ce type de matériau, composé, comme son nom l'indique, de multiples particules, finissant malgré tout par se désagréger sous l'effet d'une humidité constante. Les assemblages doivent être réalisés avec des pointes ou des vis en acier inoxydable ou en cuivre après collage avec une colle vinylique, insensible à l'eau.

Pour prévenir les risques de pourrissement du bois ou du contre-plaqué, vous pouvez tapisser les parois internes de la jardinière d'une feuille de matière plastique, à condition d'y percer des trous en regard de ceux déjà pratiqués dans le fond de la jardinière.

Les boisseaux utilisés en maçonnerie pour la réalisation de conduits peuvent être utilisés pour fabriquer des jardinières modulaires. Les boisseaux en fibrociment, faciles à couper, conviennent aussi très bien. Ils permettent de réaliser des ensembles cloisonnés de hauteurs variées. Une jardinière plus traditionnelle peut être maçonnée en briques sur une terrasse (à condition bien sûr que l'architecture s'y prête). Utilisez des briques décoratives. Il faut prévoir des orifices au fond et sur les côtés pour permettre l'écoulement. Le jointoiement est effectué au mortier bâtard.

L'association de plusieurs jardinières permet de cultiver côte à côte des plantes ayant des exigences contradictoires (plantes calcifuges et calcicoles). Pour que le décor soit réussi, évitez les contrastes de coloris trop violents. Associez des plantes en touffes à des espèces dressées et retombantes.

LES BACS À RÉSERVE D'EAU

Conçus pour rendre moins contraignante la corvée d'arrosage, les bacs à réserve d'eau sont maintenant très au point. Leurs formes sont généralement modernes, et bien adaptées à la culture sur balcon.

Forme moderne des caisses et des jardinières, ces bacs ont rapidement pris une place très importante, surtout en appartement. Ils ont des avantages non négligeables, mais aussi quelques inconvénients. Permettant avant tout de limiter la fréquence des arrosages, ils s'avèrent donc très utiles pendant les vacances ou toute période d'absence.

Principe de fonctionnement : ces bacs sont le plus souvent en matière plastique, parfois en fibrociment. La partie supérieure est constituée par le bac de culture, de volume variable. En dessous se trouve le bac à réserve d'eau. Une mèche assure la remontée de l'eau par capillarité. Une conduite placée dans un angle du bac permet d'alimenter le réservoir en eau. Un dispositif maintient en permanence un matelas d'air entre le réservoir d'eau et la terre de culture. Cette couche d'air est indispensable pour assurer une remontée de l'eau mesurée et une humidité modérée. Elle permet l'oxygénation des racines et évite le pourrissement. Une jauge ou un voyant permettent de contrôler le niveau de l'eau dans le réservoir. Un trop-plein évacue les excès d'eau apportés.

Les inconvénients du système tiennent au manque de souplesse du dispositif de remontée d'eau. Quels que soient les besoins de l'espèce, la terre est maintenue légèrement humide en permanence. Cela convient tout à fait à de nombreuses variétés qui ont un grand besoin d'eau. En revanche, les espèces qui préfèrent les sols secs se développent mal. La remontée d'eau par capillarité entraîne une répartition assez inégale de l'humidité dans la terre.

Par ailleurs, l'évaporation ne peut s'effectuer qu'à la surface de la terre, du fait de l'imperméabilité des parois du bac. D'où la formation de dépôts de sels minéraux qui donnent à la terre un aspect assez sale mais qui disparaissent par griffage ou par arrosage direct lorsque la réserve est vide.

Les bacs à culture hydroponique sont fondés sur un principe très différent : les racines assurent directement la remontée d'eau dans la plante en plongeant dans le réservoir d'eau. Dans ce cas, les plantes sont cultivées dans un support neutre (sable, graviers ou boules de liège ou de polystyrène) ; les racines passent par les trous du bac de culture pour plonger dans l'eau. Tout ce dont la plante a besoin est donc apporté par voie liquide : cela implique donc d'ajouter tous les éléments nécessaires à l'eau d'arrosage. La culture hydroponique convient à de très nombreuses espèces végétales. Elle reste encore assez peu répandue à l'heure actuelle ; mais ses nombreux avantages doivent permettre de la développer.

Les bacs à réserve d'eau sont commercialisés aujourd'hui dans les formes et dimensions les plus variées. Ils sont assez esthétiques ; choisissez-les de préférence très clairs, blancs ou beiges, pour des fleurs ; noirs si vous voulez mettre en valeur une plante à feuillage décoratif. Les bacs de qualité ont une durée de vie assez longue.

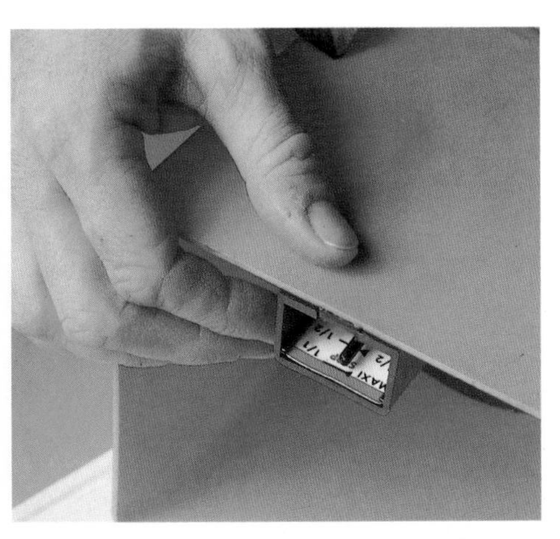

La hauteur de l'eau dans la réserve est indiquée ici par une tige qui monte et qui descend le long d'une échelle graduée placée dans l'orifice.

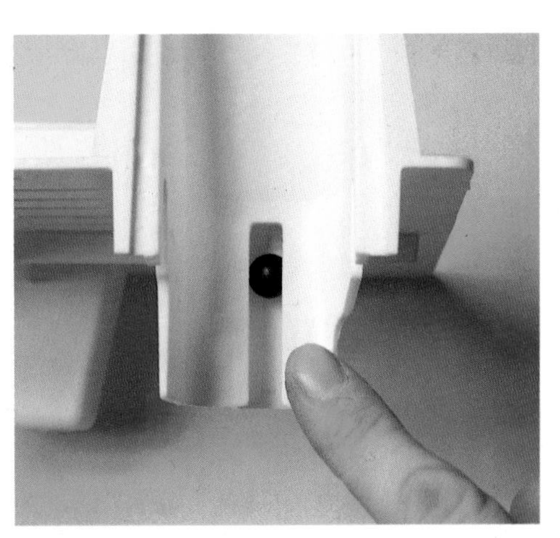

La petite boule noire indique ici le niveau de l'eau (la jardinière est vue en coupe). Ce système est pratique car facilement lisible.

Une petite fenêtre pratiquée dans la réserve d'eau permet de voir directement le niveau. Ne dépassez pas le maximum pour éviter l'excès d'humidité.

LES SERRES

CHOIX

Une serre sur une terrasse est très attrayante pour le jardinier car elle ouvre de larges possibilités de culture (c'est aussi un investissement assez important). Elle ne doit pas contrarier le style architectural de la maison.

L'installation d'une serre sur une terrasse, qu'elle soit de plain-pied ou en étage, présente de nombreux avantages.
Adossée contre un mur devant une porte-fenêtre, elle permet de créer une pièce supplémentaire : pièce agréable, pleine de verdure et de fleurs, où l'on peut se tenir toute l'année. Mais la serre a pour fonction première de permettre la culture de plantes fragiles, souvent très décoratives, qui ne supportent pas le climat de nos régions. Elle donne aussi la possibilité de réaliser des semis tôt dans la saison, pour un repiquage au jardin, et de conserver des plantes à mettre en pleine terre pendant l'été, mais qui ont besoin d'abri durant la mauvaise saison.
La décision de construire une serre ne doit pas être prise à la légère. Un modèle moderne adossé à un bâtiment ancien peut donner un très mauvais résultat. Il convient donc de bien réfléchir afin de ne pas commettre de faute de goût.

Une serre montée sur un balcon constitue un agréable jardin d'hiver. Il faut évidemment qu'elle soit adaptée au style du bâtiment.

La véranda sur la terrasse est toujours très décorative. Il faut généralement la monter « sur mesures ».

Si l'on prend la réglementation à la lettre, un permis de construire est obligatoire. Dans la pratique, les pouvoirs publics ne font aucune difficulté si l'on s'en passe. Attention cependant aux sites classés ou à proximité d'un monument historique ! Il vaut mieux se renseigner auprès de la mairie avant d'entreprendre des travaux.
Les serres (en particulier les modèles prêts à monter) sont très légères. Les terrasses peuvent donc les supporter sans problème, même lorsqu'il s'agit de simples dallages. Les vérandas, plus lourdes, comportant des parties maçonnées, doivent prendre place sur des fondations solides. Le problème de la charge doit être envisagé. Bois ou métal, dans la large gamme de serres prêtes à monter (kit) proposée par les fabricants, vous trouverez certainement le modèle qui vous convient. Les charpentes en bois (sapin rouge, pitchpin ou red cedar) donnent de bons résultats. Elles conviennent bien pour les terrasses des maisons traditionnelles, aux formes souvent irrégulières, où il faut parfois adapter le bâti de la serre à la construction. Mais il est de plus en plus courant d'utiliser les charpentes en métal (aluminium ou acier galvanisé) : légères et faciles à monter, elles ne demandent pratiquement aucun entretien. Le choix entre bois et métal dépend surtout de critères esthétiques.
Compte tenu de la place disponible, il est parfois difficile de mettre en place une serre prête à monter. Dans ce cas, vous pourrez être amené à construire vous-même une charpente (en bois) adaptée au lieu.
L'implantation d'une serre pose des problèmes d'écoulement : eaux provenant des gouttières et des arrosages. Il faut donc prendre des précautions et prévoir le raccordement au système d'évacuation général avant d'entreprendre la construction. Cela revêt toute son importance pour les serres installées en étage, où il faut éviter tout risque de stagnation des eaux ou de surcharge des canalisations d'évacuation.

La serre sur le balcon constitue une véritable pièce supplémentaire, agréable en été aussi bien qu'en hiver, largement ouverte sur la verdure.

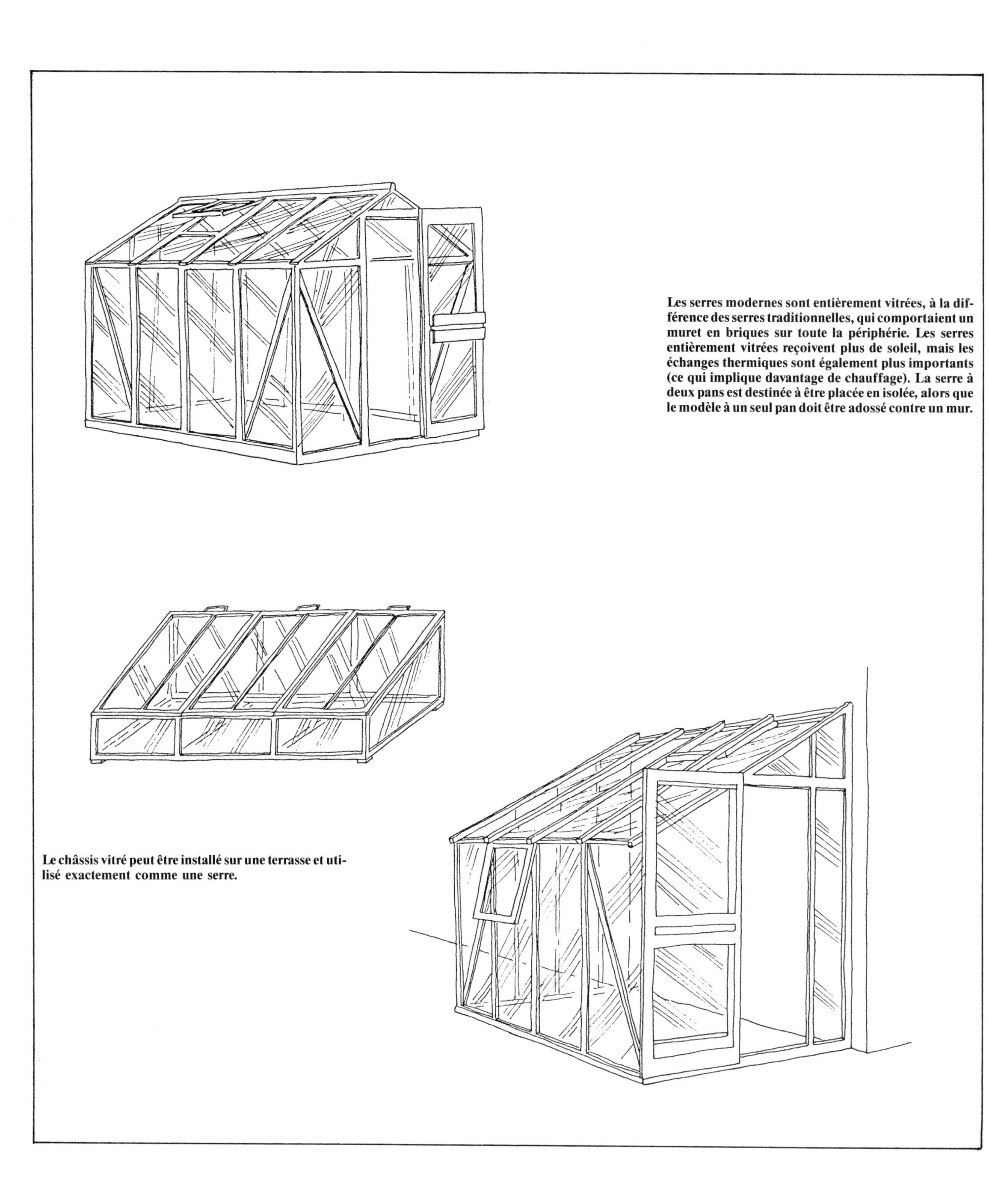

Les serres modernes sont entièrement vitrées, à la différence des serres traditionnelles, qui comportaient un muret en briques sur toute la périphérie. Les serres entièrement vitrées reçoivent plus de soleil, mais les échanges thermiques sont également plus importants (ce qui implique davantage de chauffage). La serre à deux pans est destinée à être placée en isolée, alors que le modèle à un seul pan doit être adossé contre un mur.

Le châssis vitré peut être installé sur une terrasse et utilisé exactement comme une serre.

La serre adossée à un mur bien exposé occupe une place discrète dans le jardin.

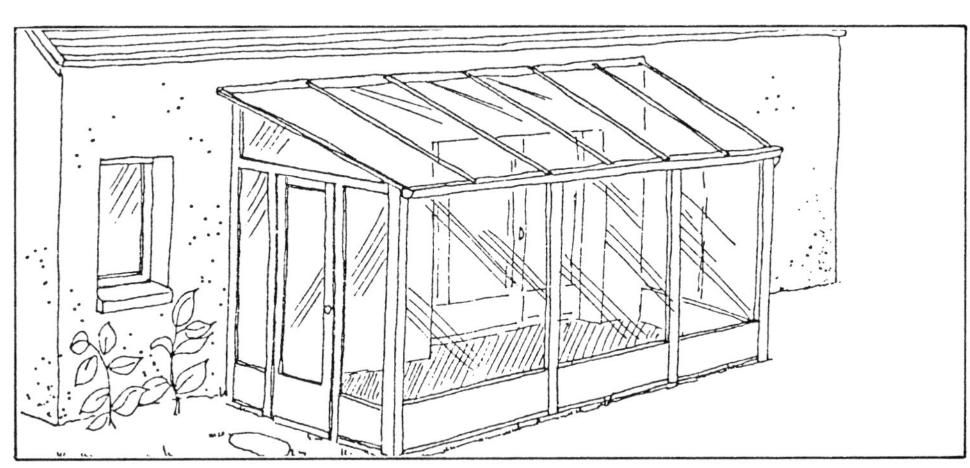

La serre adossée moderne est en aluminium anodisé et en verre. Facile à monter, elle constitue une véranda pour la maison. Ce type de serre peut être raccordé à l'installation de chauffage central.

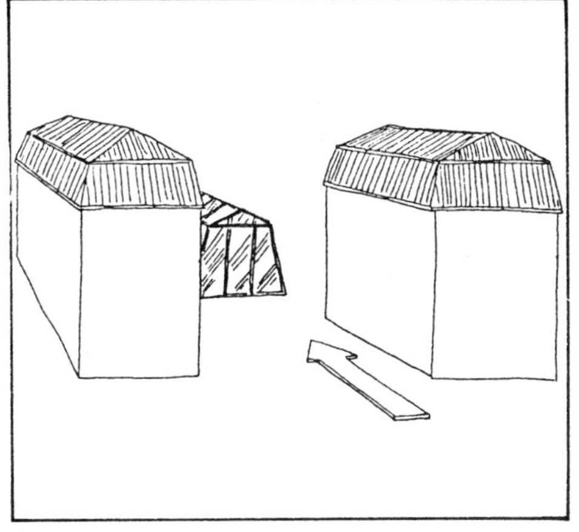

Évitez de placer la serre dans un endroit très exposé aux vents froids (entre deux bâtiments).

La serre à deux pans classique avec dormants maçonnés offre un volume de culture important (mais attention, son poids est aussi plus important).

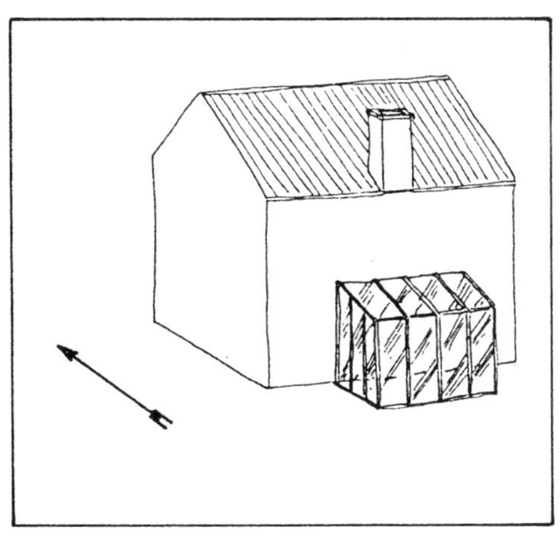

La serre adossée contre un mur exposé au sud est en position favorable pour la culture ; il faut prévoir un bon ombrage pour l'été.

Si vous faites construire un pavillon, vous pouvez prévoir la terrasse en fonction de l'implantation d'une serre. D'une manière générale, il vaut mieux que la terrasse ait une surface nettement plus grande que celle occupée par la serre ; cela permet de mieux s'arranger et de profiter au maximum, hiver comme été, des possibilités de la terrasse.

Si vous avez le choix entre plusieurs murs pour adosser la serre, tenez compte de l'orientation. L'idéal est de pouvoir l'orienter plein sud : l'ensoleillement maximum profite aux plantes même en hiver et réduit les frais de chauffage. Une orientation à l'ouest et à l'est reste acceptable.

Seule l'exposition au nord est à déconseiller : avec un ensoleillement très faible, la croissance des végétaux s'en ressentirait.

Si la serre est adossée, les pertes thermiques sont moindres, puisque la serre ne comporte pas de surface vitrée au nord. De plus, le mur emmagasine des calories pendant les heures d'ensoleillement et les restitue pendant la nuit. Si la serre est adossée à un mur dépourvu de porte-fenêtre, il peut être intéressant d'en ouvrir une : la communication avec la pièce permettra de chauffer la serre. Mais, pour profiter au maximum de l'agrément décoratif de la serre, il est préférable de la placer devant une grande ouverture, la baie vitrée d'un salon, par exemple. Dans la mesure du possible, évitez la proximité de grands arbres ou de bâtiments élevés : leur ombre réduirait les possibilités de culture.

CONSTRUCTION

Les serres en kit ont permis un grand développement de ces constructions, auparavant réservées aux jardins de luxe. La construction de telles serres est à la portée de tous les bricoleurs. Il s'agit généralement de structures en aluminium assemblées par boulonnage.

Si le sol de la terrasse présente une surface plane et en bon état, cela constitue un bon support pour la structure de la serre adossée. Mais sur un dallage irrégulier, il faut disposer au sol une rangée de briques (ou des planches) afin d'assurer la stabilité de l'installation.

Choisissez une serre dont les proportions sont en rapport avec la taille de la maison, ne voyez pas trop grand ! Certains fabricants proposent des serres « extensibles », composées d'éléments qui permettent de les agrandir à volonté. Si les dimensions standards ne conviennent pas à votre cas particulier, adressez-vous à un fabricant de vérandas sur mesure.

Si le mur de soutien comporte des descentes de gouttière ou des canalisations électriques en saillie, il faudra les dévier avant d'entreprendre les travaux.

La jonction mur-serre est importante. Sur un mur droit, elle ne pose pas de problème. Un joint d'étanchéité accompagne certains prêt-à-monter. La serre pourra être ancrée au mur par scellement. Si le mur n'est pas d'équerre, la meilleure solution consistera à fabriquer un cadre en bois sur lequel viennent se fixer les profilés d'aluminium. Si le mur présente une surface irrégulière (maison en meulière, par exemple), il faudra réaliser une bande plane au mortier de ciment avant d'accoter la serre.

Il est possible de moduler la hauteur de la serre et de la surélever en réalisant une base en parpaings. Cette surélévation doit cependant rester limitée ; la hauteur d'une porte comportant un petit escalier de deux ou trois marches peut l'imposer. Dans la majorité des cas, l'embase métallique suffit.

La serre traditionnelle hollandaise est à deux pans et repose sur des murets maçonnés en briques.

Il faudra maintenir une séparation entre la maison et la serre : ne démontez donc jamais la porte d'accès. La meilleure solution consiste à mettre en place une baie vitrée, qui assure une séparation tout en gardant son aspect décoratif au jardin d'hiver. En effet, la température de la serre doit être plus basse que celle de la pièce de séjour. La serre s'emploie en règle générale à température moyenne (de 12°C à 15°C environ). Une température plus importante (serre chaude) reste réservée à certaines cultures bien particulières, celle des plantes tropicales fragiles, les orchidées, par exemple. Une serre chaude doit avoir une température constante de 24°C à 27°C environ. Cela demande des frais de chauffage élevés, compte tenu des pertes de calories importantes dues à la grande surface vitrée.

Montage d'une serre en kit

Les modèles de serres en kit diffèrent par la forme et les dimensions ; ils sont le plus souvent constitués d'un cadre en aluminium rigide, très résistant, et de vitrage découpés à des dimensions standards.

On trouve également des kits à cadre en bois (en « western red cedar » le plus souvent). Les cadres en aluminium sont généralement plus simples à monter ; après le montage, ils ne demandent aucun entretien et durent longtemps sans se déformer ni s'abîmer.

Il existe des serres en kit à deux versants à monter en isolée, et des serres à un seul versant, à adosser contre le mur du jardin ou de la maison.

Au moment de l'achat

Faites votre choix en fonction de vos goûts et de vos besoins. Certaines précautions s'imposent :

• Le bâti en aluminium doit être solide, garanti à l'épreuve de l'oxydation. A prix égal, choisissez plutôt un modèle sur lequel s'adaptent des extensions, qui permettent d'agrandir la serre à volonté. Cadre d'aluminium et vitrage doivent être faciles à monter ; étudiez la notice de montage fournie par le fabricant.

• La serre doit pouvoir recevoir une gamme complète d'accessoires : on peut choisir de les acheter avec le kit ou de les acquérir par la suite au fur et à mesure des besoins ou des possibilités.

• Le choix du vitrage ne doit pas être négligé. La qualité et l'épaisseur des vitres ont une grande importance. Des vitres épaisses diminuent les pertes thermiques de façon très appréciable (la surface vitrée d'une serre est très grande). Elles résistent mieux aux chocs et aux intempéries : les violentes chutes de grêle causent parfois d'importants dommages ; dans les pays à fortes chutes de neige, le poids supporté par le vitrage est très lourd. Le verre étiré d'épaisseur simple (2,4 mm) n'est employé que pour les petites surfaces ; pour les vitres de plus de 60 × 50 cm, on emploie du verre demi-double (3,2 mm), ou double (3,8 mm).

• Les dimensions proposées par les fabricants sont très variées ; choisissez-les en fonction de vos besoins et de la grandeur de votre jardin. Une petite serre (2 m de long et 1,40 m de large) est suffisante pour un jardin de dimension moyenne situé autour de la maison : l'espace de la serre bien organisé permet de faire beaucoup de semis et de cultiver les plants en nombre suffisant. Une serre plus grande est plus habitable ; elle vous donne la possibilité de cultiver des plantes rares qui ne sont jamais sorties, et de conserver pendant l'hiver les plantes peu rustiques qui sont mises au jardin à la belle saison. Il faudra pouvoir la chauffer en conséquence. La hauteur du faîte doit être suffisante : vous devez pouvoir vous tenir à l'aise dans la serre sans vous cogner aux parois (2,20 m de hauteur de faîte en général).

A la livraison

Si votre serre en kit vous est livrée à domicile, elle est, normalement, soigneusement emballée dans des cartons. A l'aide de la liste des composants du « prêt-à-porter » fournie par le fabricant, vérifiez que rien ne manque et que tous les éléments d'assemblage sont là. Contrôlez le bon état des profilés en aluminium. S'ils sont fournis avec ceux-ci, les verres sont généralement emballés selon les normes ; vérifiez qu'il n'y a pas eu de bris pendant le transport. Si le transporteur ne vous laisse pas le temps de contrôler, émettez des réserves sur le bon de livraison.

L'implantation de la serre

L'emplacement de votre serre doit être déterminé avec soin en tenant compte d'un certain nombre d'impératifs. Elle doit être placée dans un endroit du jardin où elle n'est pas atteinte par l'ombre de grands arbres ou de bâtiments élevés. L'extension des ombres doit être observée en hiver, époque à laquelle elle est la plus grande, et non en été. En outre, une serre placée près des arbres risquerait d'être endommagée par la chute de branches par grand vent.

Pour éviter les déperditions de chaleur, ne placez pas la serre dans un endroit froid, exposé aux courants d'air.

L'orientation est importante pour obtenir de bons résultats dans les cultures entreprises. Dans les régions à climat plutôt froid, les serres à deux versants sont de préférence orientées est-ouest, afin qu'elles profitent d'un ensoleillement maximum. Dans les régions chaudes et très ensoleillées, l'orientation est-ouest a l'inconvénient de produire une trop grande chaleur pendant la saison chaude ; on lui préfère l'orientation nord-sud (la porte étant située au sud) qui assure un éclairement uniforme de chaque côté. Une serre adossée est placée de préférence contre un mur exposé au sud, au sud-est ou au sud-ouest (mais l'exposition sud impose un bon ombrage d'été).

L'assise

Construite en aluminium et en verre, la serre n'est pas un bâtiment très lourd. Il lui faut cependant une assise stable. Certaines serres ont besoin d'une base maçonnée ; pour d'autres un simple cadre en aluminium sert de base (dalles, fondations, lit de briques). Il est possible aussi de monter la serre sur des madriers en bois. En cas d'humidité stagnante, creusez un trou de 20 ou 30 cm de profondeur sur toute la surface et comblez avec du sable et du gravier ; ce drainage permet l'écoulement des eaux de pluie et d'arrosage.

L'ancrage de la serre au sol est réalisé le plus souvent par un scellement au béton aux quatre angles de la serre (le bâti en aluminium est prévu pour cela). Au moment de la réalisation des scellements, prévoyez le raccordement de la serre au système d'écoulement des eaux, s'il existe.

Le montage des côtés

Lorsque le socle est mis en place et scellé (attendre le séchage du béton), on procède au montage des côtés. Le plus simple est de monter chaque côté au sol, à plat avant de faire l'assemblage. Commencez par les petits côtés. Les profilés d'aluminium sont assemblés par des boulons spéciaux en acier inoxydable. Il faut suivre exactement la notice d'installation du fabricant. L'équerrage correct est capital pour arriver à un montage bien fait. Utilisez une équerre métallique et faites des vérifications fréquentes.

Passez ensuite à l'assemblage des quatre côtés. Il est nécessaire d'utiliser un niveau à bulle ou un fil à plomb pour contrôler la verticale. Les quatre côtés sont en général assemblés par boulonnage sur la base.

1. Lors de la réception de la serre en kit, déballez tous les éléments. Contrôlez en comparant avec la fiche descriptive que le kit est complet et en bon état.

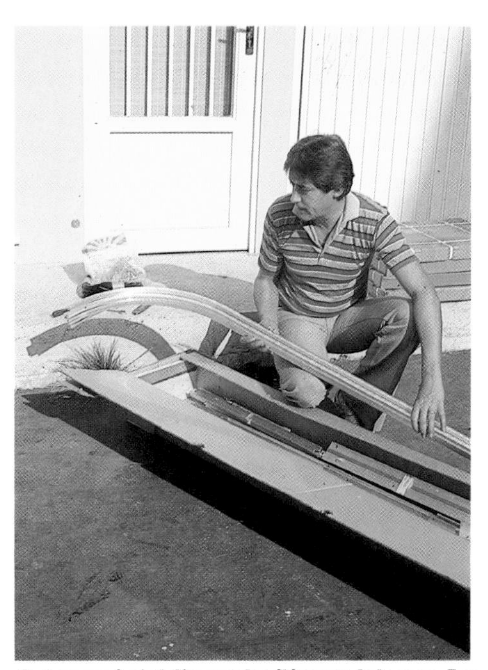

2. Amenez à pied d'œuvre les éléments de la serre. Les fondations sont constituées par une semelle maçonnée sur tout le périmètre.

3. Disposez à terre les éléments du grand côté et effectuez un montage « à blanc ».

4. A l'aide de la clé fournie avec le kit, fixez les montants du côté sur la traverse de base.

5. Boulonnez sur les montants les deux profilés de renforcement diagonaux. Ne bloquez pas pour l'instant les assemblages.

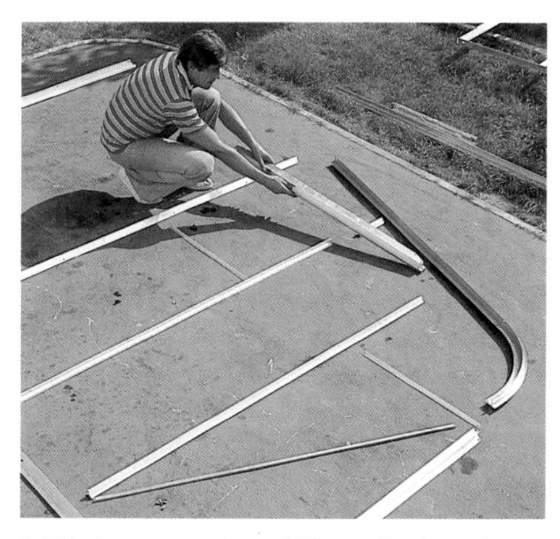

6. Effectuez un montage « à blanc » des deux pignons et boulonnez à l'aide de la clé.

7. Les profilés d'aluminium sont pourvus d'une rainure qui permet de glisser la tête des boulons.

8. Procédez ensuite à l'assemblage des deux pignons à l'aide de la traverse faîtière. Bloquez ensuite solidement les assemblages.

9. Assemblez le grand côté sur les deux pignons par boulonnage en haut et en bas.

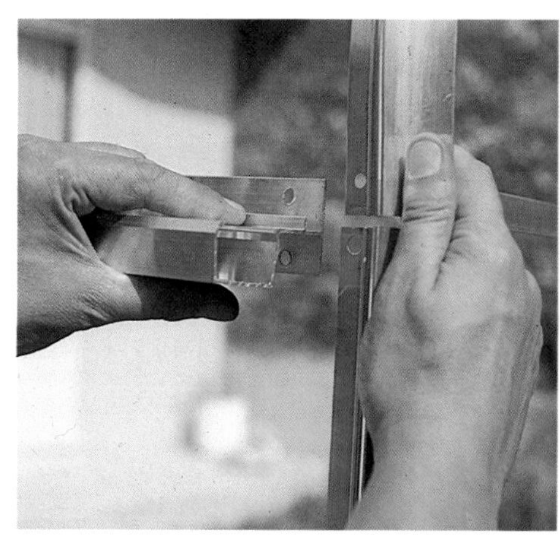

10. Le boulonnage des traverses sur les pignons est possible grâce aux trous prévus sur les profilés.

11. Boulonnez la traverse du toit sur les pignons, côté opposé au mur d'appui (l'autre extrémité reposant provisoirement sur l'escabeau).

12. Au sol, effectuez le montage « à blanc » du toit puis boulonnez et mettez en place.

13. Suspendez la porte au chemin de roulement supérieur ; elle doit glisser sans heurt dans son logement.

14. Le cadre de base de la serre est fait de larges profilés d'aluminium sur lesquels s'adapte le bas de la serre. Préparez les boulons de cette embase.

15. Assemblez le grand côté de l'embase sur les deux petits côtés et serrez les boulons.

16. Posez l'embase au sol afin de la glisser sur les traverses inférieures de la construction.

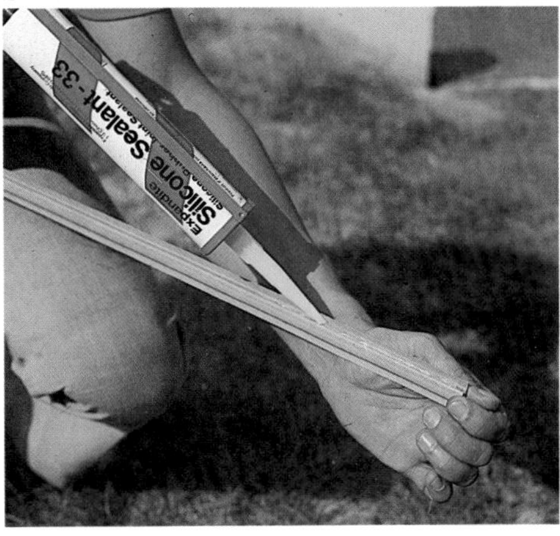

17. Les joints d'étanchéité sont souvent réalisés avec du mastic silicone. Utilisez un pistolet extrudeur afin d'appliquer un joint très régulier.

18. Le bourrelet pour vitrage en chlorure de polyvinyle est engagé dans les gorges prévues sur les profilés.

19. Commencez la pose du vitrage par le toit. Les vitres sont maintenues par des clips métalliques.

20. Mettez en place les plaques transparentes cintrables pour l'arrondi du toit. Elles se fixent, elles aussi, au moyen de clips.

21. Boulonnez définitivement l'embase sur la serre. Vérifiez les équerrages et serrez les boulons.

22. Placez l'auvent de la serre dans la gorge du profilé ; vérifiez que l'ouverture se fasse normalement.

23. Le joint d'étanchéité est engagé dans la gorge du montant du cadre de la porte. Cela évite toute entrée d'air par des interstices.

L'assemblage du faîte et du toit

Le faîte est assemblé par boulonnage aux deux petits côtés. Il comprend en général une rainure qui empêche les infiltrations d'eau. Le faîte est un élément important de la construction ; il assure la cohésion et joue un rôle capital dans la solidité ; il comprend un emplacement pour recevoir la charnière de la fenêtre (ou des fenêtres) de toit. Mettez en place les chevrons par boulonnage et la fenêtre de toit.

La mise en place du vitrage

Les vitres reposent sur des joints en PVC imputrescibles qui éliminent les infiltrations d'eau et d'air. Mettez les joints en place par pression et fixez les vitres avec les précautions d'usage à l'aide des clips en acier inoxydable fournis par le fabricant. Si le bâti d'aluminium a été bien monté et si l'équerrage est correct, la pose du vitrage ne présente pas de difficulté.

La finition de l'installation

Montez la porte coulissante et mettez-la en place. Le cadre d'aluminium de cette porte se monte comme le bâti, par boulonnage. Elle glisse sur des roulements le long d'un rail d'aluminium. Un boudin souple qui se fixe par pression assure une fermeture étanche. Il reste ensuite à monter les gouttières si la serre en comporte. Ces gouttières sont, le plus souvent, des profilés en aluminium qui se fixent par-dessus les vitres de côté et empêchent les infiltrations. Elles sont parfois raccordées à un tuyau de descente des eaux qui permet d'assurer l'évacuation vers l'égout, ou de recueillir les eaux de pluie pour l'arrosage des cultures.

Le montage de la serre doit être complété par un aménagement des abords immédiats. Une allée de graviers ou de sable tout autour de la serre favorise l'évacuation des eaux ; elle met en outre la serre en valeur en éliminant la végétation qui risquerait de la masquer.

Ce châssis est idéal pour élever des jeunes plants sur une terrasse, ou au jardin, en vue d'alimenter les balcons. Il est en bois traité contre l'humidité, avec deux châssis vitrés à ouverture réglable.

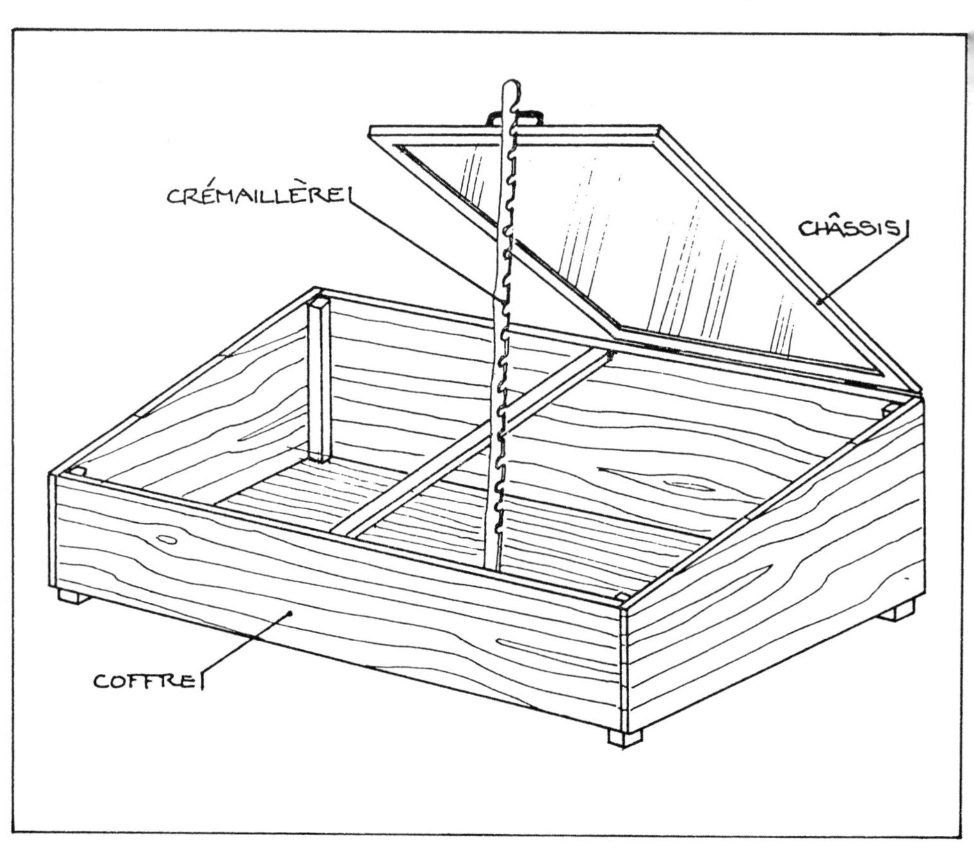

LES ÉQUIPEMENTS

Les fabricants proposent, le plus souvent en option, des équipements nombreux et divers qui permettent de réaliser un aménagement intérieur facilitant la culture.

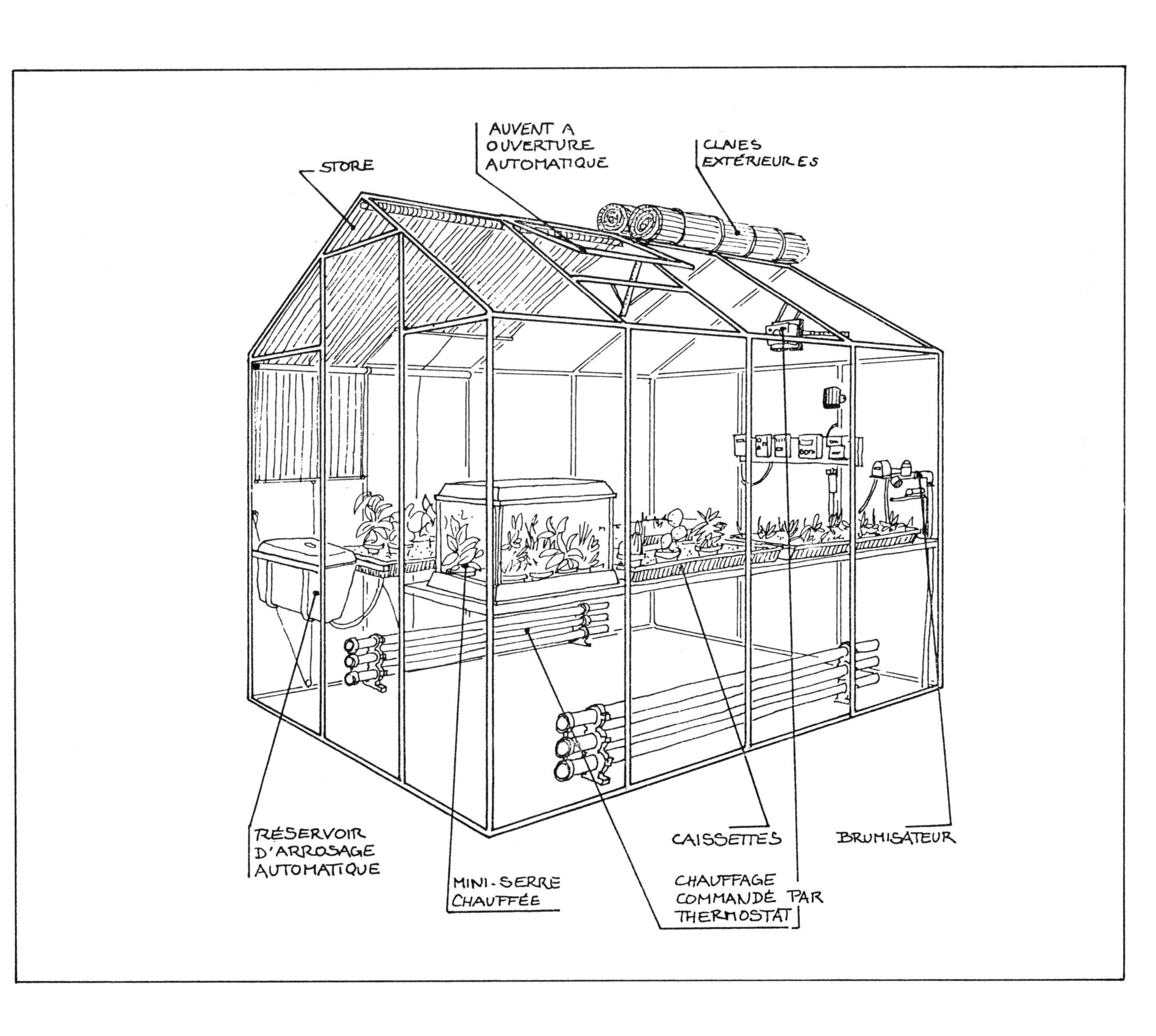

Un robinet thermostatique est placé sur ce radiateur raccordé au chauffage central.

Le convecteur électrique soufflant sert de chauffage d'appoint mais aussi de ventilateur de sol. Il intègre un thermomètre souvent couplé à un thermostat : la température est ainsi contrôlée en permanence.

Le chauffage

L'un des grands avantages de la serre adossée par rapport à la serre isolée réside dans la facilité de chauffage. Les pertes thermiques sont moindres puisqu'il n'y a pas de vitrage au nord. En outre, l'existence d'une communication entre la maison et la serre assure une température minimale sous le vitrage sans chauffage supplémentaire. Il est même possible d'installer dans la porte ou dans le mur des bouches de chaleur. Ce dispositif permet d'utiliser seulement un chauffage auxiliaire dans la serre et de ne le mettre en marche que lorsque la saison devient très froide. Dans certaines régions au climat doux, il est même possible de se passer de chauffage dans la serre si la communication avec la maison est importante : porte, par exemple, remplacée alors par un rideau. Le moyen le plus simple pour chauffer la serre consiste à la raccorder au système général de chauffage de la maison en installant un radiateur supplémentaire sous le vitrage. Il faut alors équiper ce radiateur d'un robinet thermostatique afin de maintenir dans le local une température constante convenant à la culture.
N'oubliez pas de placer des bacs humidificateurs sur les radiateurs.
Si la maison est équipée d'un chauffage électrique, installez des radiateurs tubulaires (prévus en prêt-à-poser pour les serres par les fabricants). Ces radiateurs se composent de tubes d'aluminium renfermant une résistance électrique. Ils se fixent sur le bâti de la serre, à la base de la paroi latérale. Étant reliés à un thermostat, ils assurent une température constante et régulière dans l'ensemble du volume de la serre. Le chauffage électrique présente un réel intérêt dans une serre, car il permet une grande précision de réglage.
Comme chauffage auxiliaire, utilisez un radiateur soufflant qui se pose au sol. Ce radiateur suffit dans les régions au climat très doux : Midi méditerranéen ou certaines régions de l'Ouest. Commandé par un thermostat de grande précision, il se met en marche uniquement en cas de baisse de température (au cours de la nuit, par exemple). Outre sa souplesse d'utilisation dans sa fonction de chauffage, il présente l'avantage de pouvoir jouer le rôle de ventilateur. Il assure alors une circulation d'air dans le volume de la serre, ce qui favorise la croissance des végétaux tout en s'opposant au développement des maladies cryptogamiques, fréquentes dans une atmosphère confinée. En été, il peut être utilisé comme ventilateur (sans chauffage) afin d'assurer le brassage de l'air. Les radiateurs soufflants conçus pour une serre présentent toutes les garanties de sécurité (bonne isolation). Cependant, il faut éviter de les mettre en contact avec l'eau d'arrosage. L'utilisation d'appareils électriques (radiateurs, lampes) dans la serre peut poser des problèmes. En effet, les plantes ont besoin d'humidité, ce qui implique des arrosages fréquents. Il faut donc réaliser une installation avec du matériel électrique spécialement conçu pour milieu humide, répondant aux normes d'étanchéité en vigueur (les radiateurs tubulaires de serres présentent toutes les garanties nécessaires).

Modèle de convecteur de serre à pulsion d'air chaud (pouvant être utilisé comme ventilateur).

Le radiateur à gaz : une solution intéressante pour la serre car cet appareil n'assèche pas l'air.

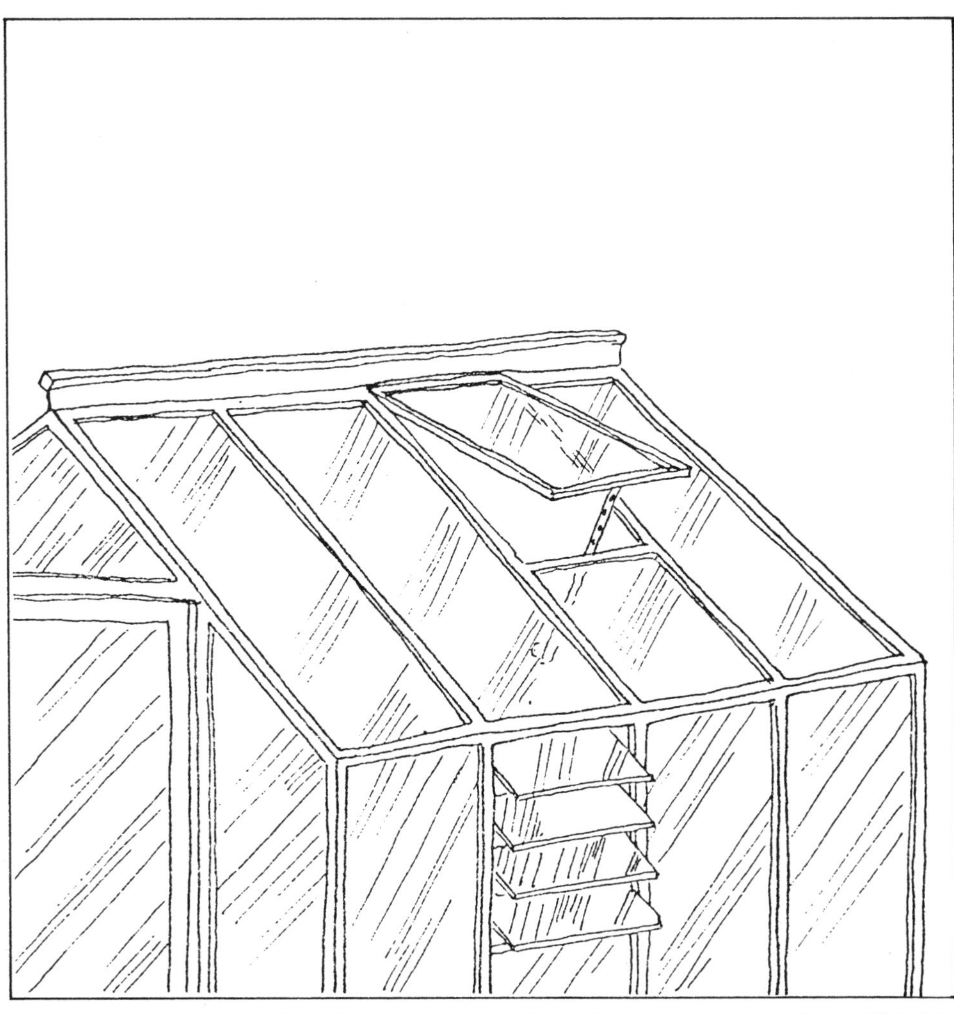

Dans une serre, l'aération se fait par l'auvent du toit et par les ouvertures à lamelles réglables. On peut, en quelques minutes, renouveler complètement l'air de la serre en ouvrant au maximum.

L'aération

Le renouvellement de l'air d'une serre est indispensable au développement et à la vie des plantes. Dans les serres adossées, il faut prêter une attention particulière à ce problème puisque celles-ci ne peuvent être aérées que sur un seul côté. Il faut aérer largement, longtemps si la saison le permet ; même en hiver, le renouvellement de l'air s'impose deux fois par jour, même pendant un temps assez court s'il fait très froid.

L'aération s'effectue par ouverture de la porte et du vasistas fournis avec la serre. Il est possible de monter d'autres vasistas sur les travées du toit, en particulier avec un agrandissement de la serre (pour les prêt-à-monter extensibles).

La pose de châssis ouvrants à lamelles complète l'action des vasistas. Cet aérateur (jalousie), réglable, doit être fixé vers le bas du côté latéral ou d'un pignon.

L'aération régulière de la serre pose parfois des problèmes. Lorsque vous vous absentez plusieurs jours, les plantes restent dans une atmosphère confinée, qui favorise leur étiolement ainsi que le développement de maladies cryptogamiques. Il existe des dispositifs automatiques d'aération pour châssis de toit ou jalousies fonctionnant sans électricité. Un liquide spécial se dilate sous l'effet de la chaleur et pousse un piston qui ouvre le vasistas ; l'ouverture se ferme quand la température baisse. La température de déclenchement et l'amplitude de l'ouverture se règlent au préalable.

L'auvent à ouverture réglable assure la ventilation haute de la serre, tandis que les claies apportent l'ombrage indispensable pendant les chaleurs.

Ventilateur assurant le brassage de l'air ; à fixer en haut du pignon de la serre (face à la porte).

Un radiateur soufflant posé sur le sol, au milieu de la serre, permet d'améliorer l'aération en été.

Installation des claies d'ombrage extérieures. Fixées au faîte, elles se tirent par des cordons.

Ombrage de la serre par stores intérieurs, montés sur rouleaux à ressort (comme des stores d'appartement).

Le moyen d'ombrage traditionnel est le blanc d'Espagne dont on badigeonne toute la surface du vitrage. On le laisse pendant tout l'été.

Une grimpante caduque comme la vigne est très décorative. En été, elle entretient la fraîcheur et apporte l'ombrage indispensable.

La ventilation

L'hiver, l'aération par les châssis ne peut se faire que brièvement pour ne pas faire chuter la température ambiante. Le fonctionnement du chauffage, lorsque toutes les ouvertures sont closes, aboutit à la création de zones de températures différentes dans le volume de la serre. L'utilisation d'un brasseur d'air (ventilateur électrique) permet d'y remédier ; cet appareil s'installe en haut du pignon opposé à la porte. Un autre avantage est la réduction appréciable de la condensation sur le vitrage. En été, il améliore l'aération de la serre lorsque les châssis sont ouverts. Vous pouvez le raccorder à un thermostat d'ambiance, il se met alors en marche lorsque la température devient trop élevée dans le haut de la serre, où s'accumule l'air chaud. L'installation d'un radiateur soufflant (voir plus haut) assure aussi le brassage de l'air, donc la ventilation.

L'ombrage

En été, le rayonnement du soleil peut faire monter la température intérieure de la véranda de façon importante, et ce malgré l'aération. Il devient impossible de rester sous le vitrage ; les plantes souffrent rapidement de cette chaleur. Pour rendre la véranda habitable, il faut l'ombrer. Cela peut se faire de manière naturelle, par plantation de plantes grimpantes, à la fois décoratives et génératrices d'ombre.

Au cours des grosses chaleurs, il s'avère nécessaire d'utiliser des claies à ombrer. Celles-ci se fixent à l'extérieur de la serre, sur le faîte ; un système de cordelettes et de poulies les commande. Ce dispositif donne de très bons résultats et réduit de 60 % l'intensité lumineuse. Déroulées la nuit au cours de l'hiver, ces claies servent alors à ralentir le refroidissement de la serre. A cet effet peuvent aussi être utilisés des stores intérieurs en toile lavable, qui se fixent et se tendent très facilement ; ces stores conviennent aux serres utilisées en vérandas.

Le blanchiment consiste à appliquer un produit blanc à ombrer sur les vitres. Cette technique est à déconseiller dans les vérandas, tout simplement pour des raisons esthétiques. Un moyen moderne et original d'ombrer et de rafraîchir consiste à utiliser un dispositif de ruissellement d'eau (en circuit) sur les parois vitrées de la serre.

L'arrosage par capillarité peut également vous rendre de grands services si vous devez vous absenter. Le réservoir est d'assez grande capacité. Avant de placer vos plantes, arrosez copieusement.

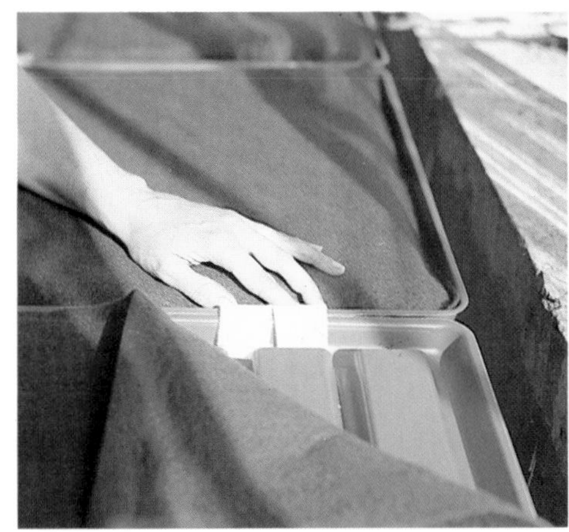

Des mèches posées entre les bacs permettent la circulation de l'eau entre les tablettes.

L'arrosage

Les plantes cultivées en serre ont besoin d'un arrosage très régulier. Il s'agit en effet souvent d'espèces tropicales aux besoins en eau très importants. Vous pouvez bien sûr arroser à la main avec un arrosoir et un pulvérisateur, mais cela peut poser des problèmes en cas d'absence prolongée ou dans une véranda assez grande. Les dispositifs d'arrosage automatique sont nombreux et très perfectionnés.

L'arrosage au goutte-à-goutte, procédé simple et peu onéreux, permet d'alimenter en eau des bacs et des pots de fleurs grâce à un long tuyau muni à intervalles réguliers de petits tubes qui se fixent dans les pots. Ce tuyau peut être relié à un réservoir (l'arrosage s'effectue alors par simple gravité) ou directement raccordé à un robinet. Le goutte-à-goutte a pour avantage de ne pas mouiller le feuillage, ce qui a son importance en hiver, lorsque l'aération est faible et que les moisissures ont tendance à se développer.
Il existe d'autres systèmes d'arrosage au goutte-à-goutte : le réservoir se remplit alors plus ou moins rapidement (réglage du robinet d'alimentation) et se déverse automatiquement dans le tuyau de distribution.

L'arrosage par capillarité reste destiné aux plantes ayant des besoins en eau assez importants. Il consiste à placer les pots sur une couche absorbante toujours saturée en eau et reliée à un réservoir. L'eau remonte dans les pots suivant le principe de capillarité : la terre sèche en surface aspire l'humidité des couches profondes. Il n'existe bien sûr aucun moyen de régler ce type d'arrosage.

L'arrosage par brumisation, beaucoup utilisé en été, consiste à pulvériser l'eau en gouttelettes très fines (brouillard) qui reproduisent à l'intérieur de la serre les conditions d'une pluie naturelle.
Le tuyau de distribution se fixe généralement aux parois de la serre. L'arrosage par brumisation mouille le feuillage des plantes, leur permettant de supporter des températures élevées et de croître plus rapidement. Destiné plus particulièrement aux nombreuses espèces originaires des régions tropicales humides, qui ont besoin d'un fort degré hygrométrique, il permet en outre de bien réussir les semis et les repiquages, qui demandent beaucoup d'humidité.
Le brumisateur doit être associé à un autre type d'arrosage : goutte-à-goutte ou capillarité. Il ne peut s'employer qu'au printemps et en été, lorsque la véranda bénéficiera d'une large aération. En hiver, un fort degré hygrométrique entraînerait le développement des maladies cryptogamiques.
Il est possible d'utiliser des dispositifs automatiques d'arrosage programmables. En effet, l'absence prolongée du propriétaire d'une serre peut avoir des conséquences fatales pour de nombreuses plantes ; l'automatisme intégral résout le problème. Des programmateurs électroniques, ali-

Les tablettes et les étagères permettent d'occuper l'espace de la serre de manière rationnelle.

Tablette d'irrigation par capillarité ; les pots sont placés sur des nappes de feutre imbibées d'eau.

Les tréteaux constituent un bon moyen de supporter les étagères (ici avec arrosage par capillarité).

mentés en basse tension pour des raisons de sécurité, permettent de régler précisément l'heure et le volume des arrosages. Certains dispositifs fonctionnent à partir du degré hygrométrique de la serre. Ces différents systèmes commandent un arrosage au goutte-à-goutte ou un brumisateur (et quelque fois les deux en association).
De nombreuses espèces tropicales ou des régions tempérées tolèrent mal l'eau, souvent très calcaire, du réseau distributeur. Il vaut donc mieux recueillir l'eau qui descend des gouttières (en particulier celle de la serre) dans une cuve ou dans un fût.

Tablettes et étagères

Une disposition rationnelle des plantes dans la serre ne se limite pas à leur mise en place sur le sol. Le recours à des tablettes et étagères permet d'utiliser au mieux l'espace intérieur. Cependant, dans une véranda, il faut veiller à ne pas encombrer tout l'espace afin que la pièce reste habitable : y prennent place, en général, quelques sièges et une petite table. Selon la grandeur de la véranda, installez quelques tablettes pour les semis, les repiquages et pour poser des pots de fleurs. Utilisez au mieux le mur d'appui en posant des étagères et en faisant grimper des plantes (treillages). Pour obtenir une belle décoration, cultivez quelques arbustes à fleurs ou à feuillage décoratif et posez-les à terre. Des plantes aimant le soleil peuvent être placées sur les étagères en été. Elles assurent ainsi un ombrage léger à la serre.

Le sol de la serre permet de conserver des plantes pendant l'hiver. Les pots sont posés sur caillebotis.

Les étagères ne doivent pas être trop larges, si vous cultivez au sol, afin de ne pas apporter trop d'ombre.

Étagère de serre. Sa conception permet de ranger en dessous des outils, ou même des pots de fleurs afin de les ombrer pendant les chaleurs estivales.

Les caillebotis sont placés sur une couche de sable qui les isole de la terre et ainsi les protège de l'humidité ambiante.

LE MATÉRIEL DE MÉTÉOROLOGIE

Le jardinier, qu'il cultive sur un balcon ou dans un potager, est tributaire des conditions météorologiques. Quelques appareils simples permettent de mieux prévoir l'évolution du temps.

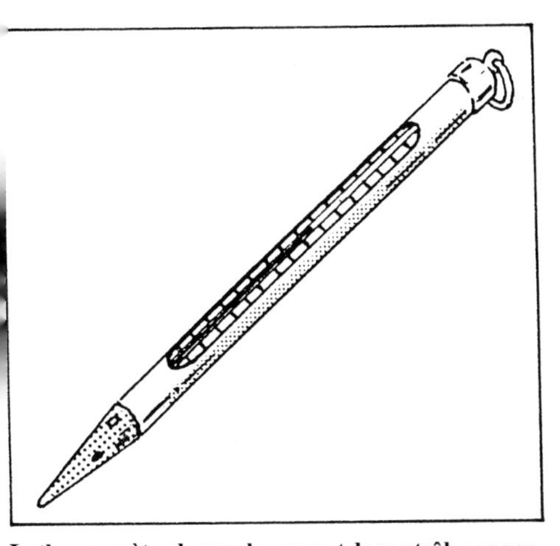

Le thermomètre de couche permet de contrôler en permanence la température des couches chaudes.

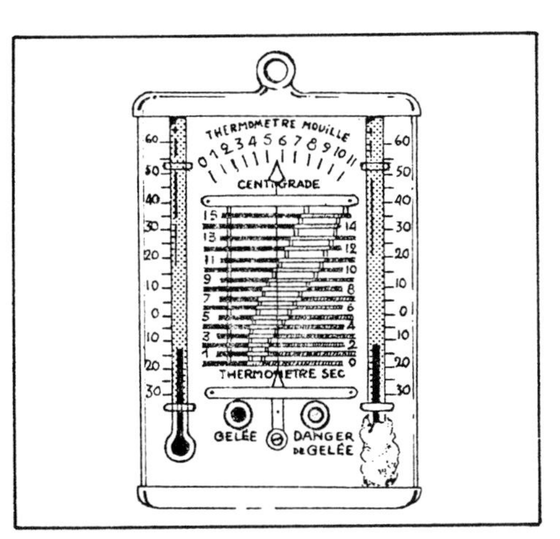

Le thermomètre « mouillé », à placer à l'extérieur, permet de prévoir assez exactement les risques de gelées (il complète les informations « météo »).

Les plantes cultivées en pots, en jardinière ou en caisse sont particulièrement sensibles aux variations de température ; en effet, les racines ne sont pas protégées par une épaisse couche de terre : le froid ou la chaleur passent au travers des parois du récipient. En outre, les végétaux cultivés sur les terrasses sont parfois peu rustiques et doivent être rentrés sous abri à la première alerte hivernale.
L'écoute des bulletins météorologiques est indispensable pour éviter les mauvaises surprises. Mais le jardinier avisé doit avoir sur son balcon une petite « station » météorologique constituée d'appareils simples qui le renseignent sur les modifications climatiques ainsi que sur le régime des pluies.
Un thermomètre courant (à mercure) permet d'observer les variations de la température. Plus pratique, mais aussi plus onéreux, le thermomètre à minima-maxima donne chaque jour les écarts de température entre la nuit et le jour. Le thermomètre mouillé est un appareil utilisé depuis longtemps par les jardiniers. Il permet de prévoir avec beaucoup d'exactitude les risques de gelées (dans les 24 heures). Le thermomètre de couche est destiné à mesurer la chaleur de la terre et est donc adapté à la culture sous abri et sur couche tiède ou chaude.
La mesure de la pression atmosphérique (à l'aide d'un baromètre classique ou enregistreur) permet de prévoir les forts coups de vent, les pluies ou la sécheresse. Le pluviomètre est un instrument simple qui permet de calculer la quantité d'eau reçue pour une période donnée.

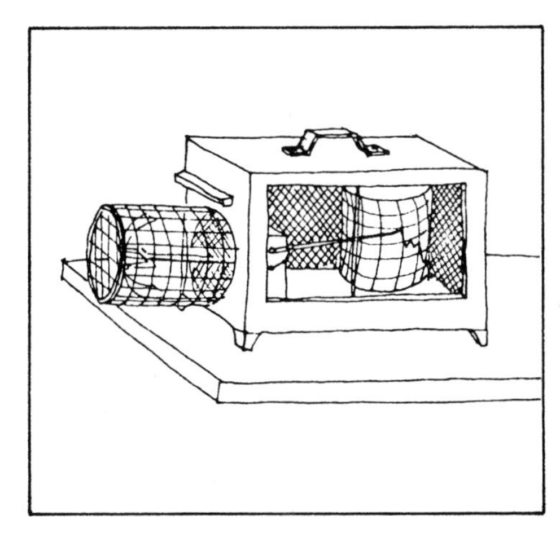

Le baromètre enregistreur permet d'observer les variations de pression et de prévoir les gelées.

Le pluviomètre est nécessaire sur les balcons et terrasses pour évaluer l'eau reçue par les plantes, et pour doser les arrosages à effectuer.

LE MATÉRIEL DE PRODUCTION

MINI-SERRES

Placée sur un balcon, sur une terrasse ou même dans une serre, la mini-serre est un accessoire idéal pour réussir les semis et les boutures, et pour élever précocement les plants à repiquer.

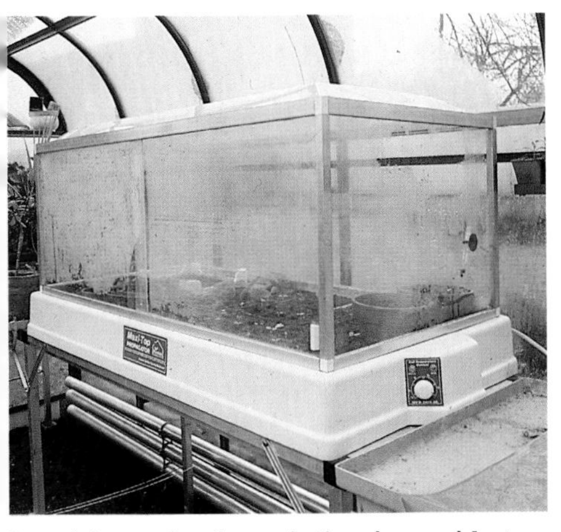

Les mini-serres les plus perfectionnées possèdent un système indépendant de chauffage et de ventilation.

On trouve une large gamme d'appareils de culture classés sous le nom de mini-serres ; il peut s'agir de simples bacs couverts d'une cloche en matière plastique, de bacs chauffants à couverture vitrée ou de véritables serres miniatures destinées à être placées dans une grande serre ou dans un appartement. Ces dernières permettent de cultiver des plantes avec chaleur de fond et dans une atmosphère chauffée, à un degré hygrométrique contrôlé. Les mini-serres peuvent être utilisées à l'intérieur d'une serre adossée ou directement placées sur une terrasse ou un balcon. Elles présentent des avantages multiples. Dans une véranda, elles permettront la levée de semis dans de très bonnes conditions (avant le repiquage en terrine) et faciliteront la reprise des boutures. Elles peuvent également servir à la culture de plantes ayant besoin de conditions particulières de chaleur et d'humidité : elles permettent, notamment à l'amateur d'orchidées, de se livrer à la culture de nombreuses espèces et d'obtenir de très bons résultats.

Sur un balcon ou sur une terrasse, cet équipement sert également pour la préparation de plants destinés au jardin d'agrément ou au potager, ainsi que pour la reproduction par boutures. Il est parfois difficile de réussir les boutures en pleine terre, car elles ont besoin de beaucoup de chaleur et d'humidité : la mini-serre constitue donc le milieu idéal. Utilisée de façon rationnelle, elle permet de produire des plants en quantité suffisante pour un potager de petites dimensions. Les semis sont échelonnés et les jeunes pousses retirées de la mini-serre pour prendre place sous un châssis ou être mises en place dès leur enracinement ; elles font alors place à d'autres semis. Utilisée sur un balcon, la mini-serre permet la production de plantes à fleurs pendant toute l'année ainsi que le forçage des bulbes et des plantes pendant l'hiver, ce qui permet de fleurir l'appartement en permanence. Enfin, installée dans une véranda ou sur un balcon, une mini-serre est décorative par elle-même : c'est un véritable « vivarium à fleurs ».

La mini-serre comporte une base en matière plastique surmontée d'une structure vitrée sur cornières en aluminium. Le fond de la mini-serre est tapissé d'une couche de sable contenant des résistances électriques. Leur consommation en énergie est faible. Dans la partie supérieure de l'appareil se trouve un dispositif permettant de chauffer l'air intérieur, assurant ventilation permanente et renouvellement constant.

La température du sol peut être réglée jusqu'à 18° C environ. La chaleur de fond est très importante pour la réussite des semis. Un simple bouton de réglage permet de commander la température de l'air intérieur. Celle-ci peut être maintenue aux envi-

Mini-serre décorative : destinée à être placée en appartement, elle est décorée de plantes très ornementales (et joue un peu le rôle d'un aquarium).

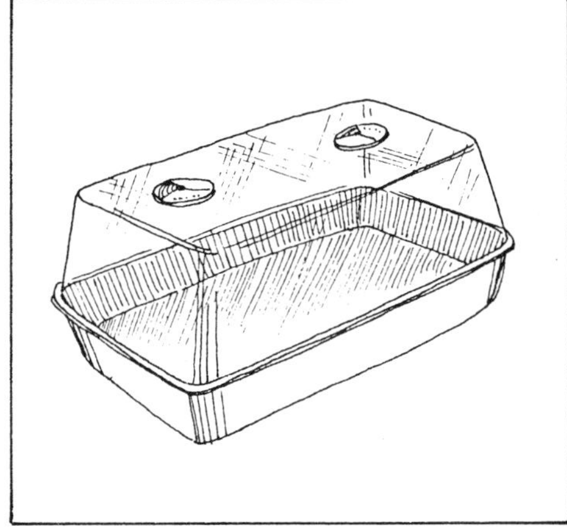

Mini-serre très simple, constituée d'un bac en matière plastique et d'un couvercle ; des orifices réglables permettent de moduler la ventilation.

La culture des orchidées demande beaucoup de soin et une chaleur élevée. Il existe des serres spécifiques pour cette culture délicate. Elles sont généralement très décoratives.

La mini-serre peut servir au forçage des bulbes à floraison printanière. Il est préférable d'acheter des bulbes spécialement préparés pour le forçage, et de les faire d'abord s'enraciner dans un endroit frais et sombre (une cave, par exemple).
Au bout d'un mois environ, placez les pots dans la mini-serre, avec chaleur de fond. La tige apparaît rapidement et les fleurs éclosent. Vous pouvez ainsi produire des potées fleuries pendant toute la mauvaise saison pour décorer votre habitation.
La mini-serre est un instrument précieux pour réussir les boutures les plus délicates, par exemple les boutures de feuilles de bégonia Rex, de cyperus ou de violettes du Cap (voir le détail de l'opération page 69). On peut également l'utiliser pour bouturer les rameaux herbacés au printemps, ou même les rameaux semi-aoûtés. Pour tous vos bouturages, utilisez des hormones de reproduction en poudre afin d'obtenir un bon coefficient de réussite. L'apport de la chaleur de fond accélère notablement l'apparition des radicelles. Dès que la bouture vous semble enracinée, vous pouvez l'enlever de la mini-serre afin de libérer de la place ; il faut cependant la laisser dans un endroit assez chaud.

rons de 25° C, ce qui convient par exemple pour la culture des orchidées. Le dispositif de ventilation, qui peut s'utiliser sans chauffage pendant l'été, assure alors le renouvellement de l'air. La vérification du bon fonctionnement de la serre s'effectue au moyen d'un thermomètre de sol, qui contrôle en permanence la température de culture. Des portes en verre coulissantes permettent d'avoir accès très facilement à la serre et de soigner les plantes. Les pots se placent directement sur le sable.
Les mini-serres peuvent être plus ou moins perfectionnées ; certaines ne comportent pas de dispositifs de chauffage et de ventilation de l'air. L'atmosphère y reste cependant chaude parce qu'elle reçoit les calories du sol. Une simple feuille de PVC souple et transparent, maintenue par un cadre métallique, assure la protection des plantes. Ces modèles ont l'avantage d'être moins onéreux. Ils permettent de réussir les semis et de cultiver de nombreuses plantes à fleurs. Il existe également des terrines spéciales, munies d'un couvercle en matière plastique, qui se placent directement sur la couche de sable de la base de la mini-serre. Cette technique permet de retirer la terrine, pour la remplacer par une autre dès que les plantules ont atteint un développement suffisant. Lorsque la mini-serre ne comporte pas de dispositif d'aération, il faut renouveler l'air en ouvrant les portes ou en relevant la feuille de PVC afin d'éviter le développement de maladies cryptogamiques. Les couvercles pour terrines comportent des ouvertures réglables pour l'aération.

La plupart des mini-serres comportent un système d'aération (une trop forte humidité risque d'entraîner de la moisissure).

TERRINES ET GODETS

Les semis d'annuelles, de vivaces, et les premiers repiquages nécessitent l'utilisation d'un matériel spécifique : les terrines et les godets. Les plants y sont élevés jusqu'au repiquage dans les jardinières.

Que la culture se fasse en pots, en jardinières ou en caisses, il vaut mieux ne pas semer directement, pour les plantes annuelles comme pour les vivaces. L'utilisation de terrines et de godets permet de semer et de repiquer facilement, dans un espace réduit. Ces récipients peuvent prendre place dans une véranda, dans une serre, ou même dans un coin lumineux de l'appartement (près d'une fenêtre, par exemple). Les godets de matière plastique, ronds ou carrés, s'emploient beaucoup.
Pour les plantes supportant mal la transplantation, utilisez des godets en tourbe pressée. L'avantage de ces godets est qu'ils peuvent être mis directement en terre sans dépotage : les racines traversent la tourbe qui se mêle à la terre : aucun risque alors d'endommager les racines de la plante.
Ces godets en tourbe très pratiques pour le jardinier permettent un gain de temps appréciable. Ils offrent en outre la garantie d'obtenir de belles plantes (la transplantation ralentit toujours la croissance). Ces godets, vendus le plus souvent en plaques de douze, peuvent être fragmentés et utilisés un par un, ou placés ainsi dans des bacs en plastique. Il faut les remplir du mélange de culture (variable selon la plante) et arroser. La tourbe doit constamment être maintenue humide. Lorsque les radicelles la traversent, le godet peut être mis directement en terre.
Il existe aussi des godets en plastique ajouré. Ils ont la forme et la dimension d'un godet ordinaire mais comportent un grand nombre de trous. Les racines peuvent ainsi s'allonger sans qu'il soit nécessaire de retirer le godet, ce qui permet de replanter directement avec la motte. Ces godets, surtout employés au jardin pour les tomates ou les melons, sont également très utiles pour de nombreuses plantes à fleurs annuelles. En revanche, ils doivent être proscrits pour les plantes d'appartement et les vivaces, car les racines ne peuvent se développer de façon suffisante au bout de quelques années.
Plus simple et moins onéreux, le godet en plastique souple rend de grands services. Il

Les godets de tourbe sont les plus pratiques : ils facilitent grandement la transplantation.

Percez la coquille d'œuf pour permettre l'évacuation de l'eau d'arrosage.

Les coquilles d'œuf sont remplies de terre : on les utilise exactement comme des godets de tourbe ; en se développant, les racines traversent la paroi.

Le premier repiquage de la plante est effectué dans des godets de matière plastique, placés dans des bacs.

Les godets de terre cuite restent sans doute les meilleurs récipients d'élevage des jeunes plantules.

Pour faciliter la croissance d'une jeune plante, il faut la placer sous cloche afin de diminuer la transpiration et de maintenir un fort niveau d'humidité ; une bouteille d'eau minérale coupée en deux constitue une excellente cloche de fortune (soulevez-la de temps en temps pour aérer).

s'agit tout simplement d'un petit sac de plastique rempli de terre. Il faut percer un ou deux trous au fond à l'aide d'une pointe afin de permettre l'évacuation de l'eau. Il est très facile d'extraire la motte du sac au moment de la mise en place. Ce procédé s'emploie pour toutes les plantes à fleurs, les œillets ou les bégonias notamment.

Il est très courant aussi d'utiliser des récipients de récupération : pots de yaourt en matière plastique, différents emballages du commerce. Tous ces pots font d'excellents godets. Il suffit de percer un trou dans le fond en le chauffant avec la flamme d'un briquet ou à l'aide d'un instrument pointu. Les plantes viennent aussi bien que dans les godets en terre cuite. L'air ne traverse pas les parois du godet, mais cela n'a aucune incidence en début de culture, les racines étant à ce moment très peu développées (or les plantes séjournent peu de temps en godet).

Les jardiniers utilisent aussi depuis fort longtemps des coquilles d'œuf (consommés à la coque). Ces coquilles reçoivent le mélange de culture (terreau) pour les semis après que leur base a été percée. Elles sont placées à touche-touche dans une caissette sous la véranda, en germoir (mini-serre) ou dans un endroit éclairé de l'appartement. Dès l'apparition des trois ou quatre premières feuilles, les coquilles peuvent prendre place dans la terre de culture (les racines les traverseront).

Pour faciliter la germination en godets, vous pouvez utiliser des bouteilles en matière plastique (eau minérale). Après les avoir coupées en deux, coiffez-en le godet. Cela reproduit les conditions d'une mini-serre froide ; il faut retirer la bouteille de temps en temps pour assurer l'aération.

Les terrines, autrefois en terre cuite, sont aujourd'hui en matière plastique. Si le récipient a déjà été utilisé, il faut le nettoyer très soigneusement afin d'éviter tout risque de propagation de parasites (vous pouvez même utiliser un peu d'eau de Javel, à condition de bien rincer ensuite).

Dans la véranda, les terrines et les godets doivent prendre place sur les étagères et les tablettes. Afin de favoriser la levée des graines en terrine, on peut également utiliser des sacs en plastique : il suffit d'y enfermer les terrines.

Cependant, il faut enlever fréquemment ces sacs au cours de la levée, pour aérer la terrine et éviter le développement de maladies cryptogamiques.

COUCHES ÉLECTRIQUES

La culture de nombreuses espèces demande une chaleur de fond, en particulier pour les semis. On crée aujourd'hui des couches chaudes avec un matériel moderne : des câbles électriques chauffants spécialement isolés.

Sur terrasse ou sous véranda, il est possible d'améliorer les conditions de culture en utilisant une chaleur de fond artificielle. Les producteurs de fleurs et de légumes en serre utilisent beaucoup cette technique. Sur terrasse, elle permet de bien réussir des semis, de faire croître et d'amener à maturité une plante fragile (par exemple, une plante ayant besoin de chaleur dans un endroit ombreux et mal exposé). Sous véranda, la chaleur de fond sert aux semis et au bouturage ; elle permet aussi le forçage des bulbes et de différentes plantes à fleurs.

Un câble chauffant permet d'obtenir une chaleur de fond. Ce câble renferme une résistance électrique et présente toutes les garanties de sécurité pour l'isolation : en cas d'incident, par exemple si vous portez un coup violent avec un outil tranchant, un dispositif assure l'interruption automatique du courant.

Le câble chauffant existe en plusieurs longueurs (il est impossible de le sectionner pour le raccourcir). Un câble d'alimentation le relie au secteur ; le raccordement présente toutes les garanties d'isolation (boîte en PVC). Une fois le câble mis en place, vous pouvez sans crainte arroser et effectuer tous les travaux nécessaires.

Sous véranda, le câble se place d'ordinaire dans une caisse en bois, assez grande, de 30 cm de hauteur. Le câble doit être disposé sur le fond, en serpentin afin que la chaleur soit convenablement répartie. Recouvrez-le d'une couche de 5 centimètres de sable fin pour assurer une bonne diffusion de la chaleur. Étalez ensuite une couche de terreau pour la culture. Posez les plantes en pot directement sur la couche de sable. Utilisez de la terre ou du sable pour combler les vides entre les pots : la chaleur pénètre ainsi non seulement par le fond du pot, mais aussi le long de ses parois sur toute la hauteur, ce qui diminue les pertes thermiques. La même technique peut être utilisée en plein air sur terrasse : il faut alors disposer le câble en serpentin directement sur la pierre ou sur une couche de 2 ou 3 centimè-

Le câble électrique chauffant constitue le moyen moderne de réaliser une couche chaude. Il doit être disposé en serpentin sur une couche de graviers ou de liège. Le boîtier de commande intègre un thermostat pour régler exactement la chaleur en fonction du type de culture.

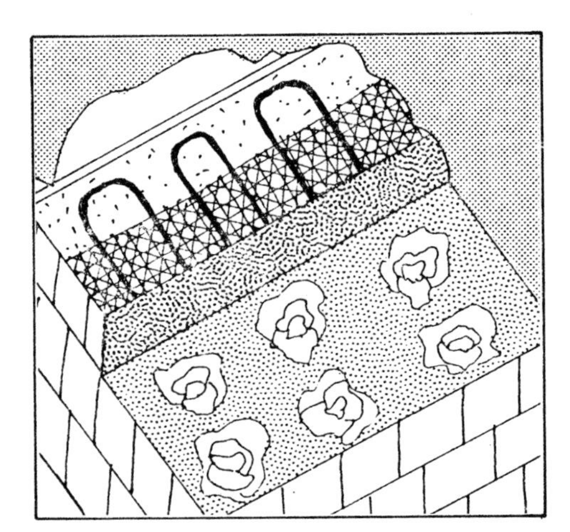

Un câble chauffant peut très bien être installé dans le fond d'un bac maçonné, sur une terrasse.

tres de sable, placer les pots au-dessus, puis remplir les intervalles. Il est possible de disposer une couche d'une quinzaine de centimètres de terreau sur le sable pour une culture directe. Le câble peut ainsi être utilisé au fond de grandes jardinières ou sur des plates-bandes aménagées directement sur la terrasse (s'il existe un écoulement d'eau). Le câble chauffant peut être utilisé avec un thermostat spécial pour sol, qui, en maintenant la température désirée, évite les gaspillages d'électricité. Ce thermostat se constitue d'une boîte isolante en matière plastique et comprend deux témoins lumineux qui indiquent s'il se trouve sous tension et si le câble fonctionne. Le raccordement au câble se fait très simplement : une tige métallique pénètre dans le sol et sonde la température. La sonde doit se trouver à 5 cm du câble chauffant.

Le chauffage du sol est peu onéreux, surtout si un thermostat en assure le contrôle. Un câble de 6 m, qui convient parfaitement pour les semis sous véranda, a une puissance de 75 watts ; la puissance atteint 150 watts pour 12 m et 300 watts pour 24 m. Il existe aussi des câbles de 48 m et de 80 m, destinés aux grandes serres ou aux plates-bandes du jardin.

Sous véranda, avec un coffre en bois, le câble peut servir à réaliser une mini-serre. Il suffit de placer un couvercle (feuille de matière plastique transparente souple sur cadre métallique) et de laisser une partie du câble à l'extérieur : il peut ainsi chauffer l'air. Il est possible d'utiliser deux câbles : un pour le sol, l'autre pour l'air.

Pour la plupart des semis, il faut maintenir le sol à une température de 15° C (environ). Pour l'enracinement des boutures, pour la mise en végétation de bulbes et de tubercules, une température de 18° C à 20° C donne les meilleurs résultats.

En outre, la chaleur de fond permet de semer ou de repiquer les plantes à fleurs beaucoup plus tôt dans la saison (de trois à six semaines). Au printemps, l'apport de chaleur peut être interrompu pendant la journée si le temps le permet. Il s'avère utile surtout au cours de la nuit pour protéger la plante contre le refroidissement. La jardinière ou la plate-bande peuvent être recouvertes d'une feuille de plastique ; mais il ne faut pas oublier de l'ôter pendant la journée pour aérer les végétaux.

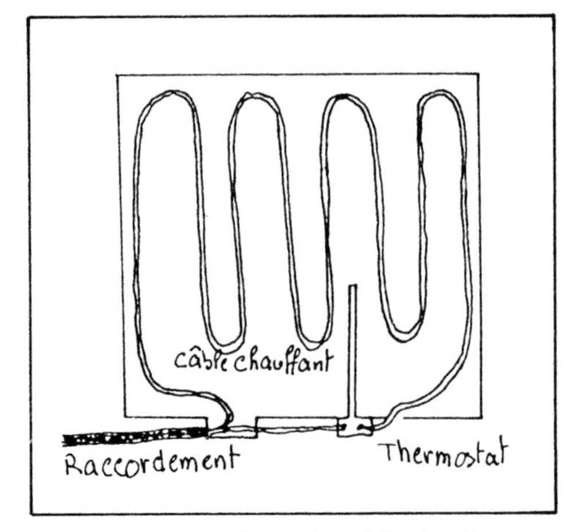

Schéma de la disposition d'un câble chauffant avec son thermostat dans un bac ou un châssis.

Un exemple d'utilisation de la couche électrique : la culture des œillets de fleuriste. Ces plantes vivaces sont très appréciées sur une terrasse en raison de leur aspect très décoratif. D'une manière générale, les œillets fleurissent en fin de printemps et en été. Il faut couvrir pendant la nuit et, s'il y a risque de gelée dure, avec une feuille de plastique. La température du sol doit être maintenue aux environs de 12° C. Arrosez fréquemment, car ces plantes ont besoin de beaucoup d'eau. Lorsque les tiges atteignent environ 15 cm de haut, ébourgeonnez en ne laissant subsister qu'un seul bourgeon. Apportez un engrais « coup de fouet » au cours de la croissance. La floraison des œillets intervient trois ou quatre semaines avant celle des sujets cultivés en pleine terre.

PRODUIRE ET CULTIVER LES FLEURS

LE SEMIS

Il faut savoir semer selon les règles pour éviter les mauvaises surprises. Ce domaine du jardinage demande beaucoup de soin et d'attention ; vous obtiendrez ainsi une profusion de plants à repiquer de bonne qualité.

On multiplie par semis les plantes annuelles et de nombreuses espèces vivaces (et même des arbustes). Ce type de reproduction, bien que simple, est souvent difficile à réaliser ; certaines graines donnent des résultats « capricieux ». Les plantes d'origine tropicale se reproduisent parfois assez difficilement de cette façon.
Pour mettre toutes les chances de votre côté, utilisez des graines de bonne qualité et faites-les bénéficier des meilleures conditions pour leur mise en végétation.

Les graines

Utilisez une semence sélectionnée. Les graines ne doivent pas être trop vieilles car elles perdent, en général, assez rapidement leur pouvoir germinatif. Il vaut mieux éviter de récupérer des graines sur une plante pour les conserver et les semer l'année suivante. Cela donne le plus souvent des résultats décevants : les sujets obtenus sont moins florifères, mais surtout ils sont plus réceptifs aux maladies. Les graines ont pris l'humidité et germent mal. Il est donc préférable d'acheter les semences chez un grainetier ou dans une grande surface.
Les graines se vendent fréquemment sous vide, en sachet métallisé. Cette présentation assure de bonnes garanties : les graines se trouvent ainsi à l'abri de l'humidité et des maladies. Le sachet doit porter des indications précises : l'espèce et la variété (nom vernaculaire et nom botanique) ; le cycle

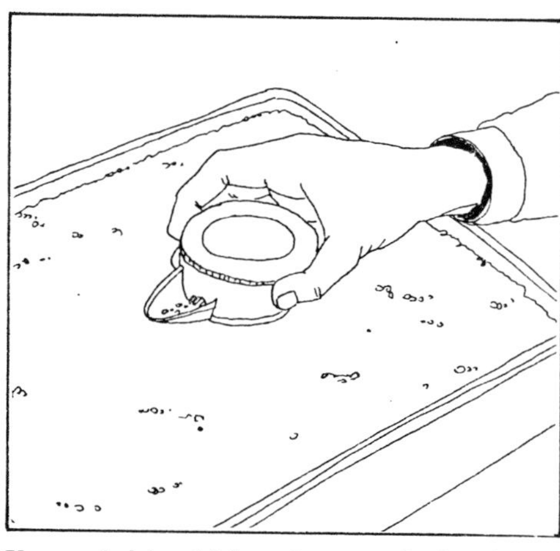

Un semoir à bec (ci-dessus) permet de répartir sans difficulté les graines très fines comme la semence de pétunia (ci-contre) dans une terrine.

habituel de végétation (annuelle, bisannuelle, vivace); des conseils de culture. Soyez attentif au poids de graines contenues dans le sachet; il vous permettra d'établir une comparaison de prix entre différents fournisseurs. Le sachet doit aussi porter la date limite d'utilisation, qui est à respecter scrupuleusement. Si vous achetez les graines chez un grainetier, n'hésitez pas à lui poser des questions et à lui demander des conseils de culture.

La préparation du contenant

Le semis s'effectue en pot, en godet ou en terrine. Dans tous les cas, il faut prévoir un très bon drainage (couche de graviers). Le compost de semis dépend de la graine et de

Placez des débris de pot (ou des pierres plates) au fond de la terrine, sur les trous d'écoulement.

La couche de drainage indispensable est constituée par du sable (de rivière) ou du gravier fin mélangé éventuellement à des tessons de terre cuite.

SEMIS EN CAISSETTE

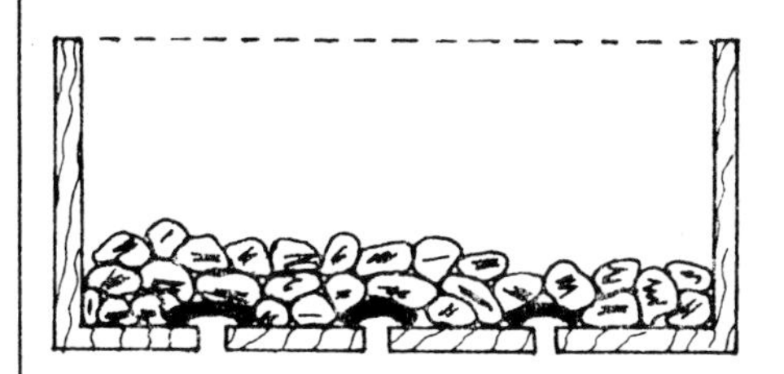

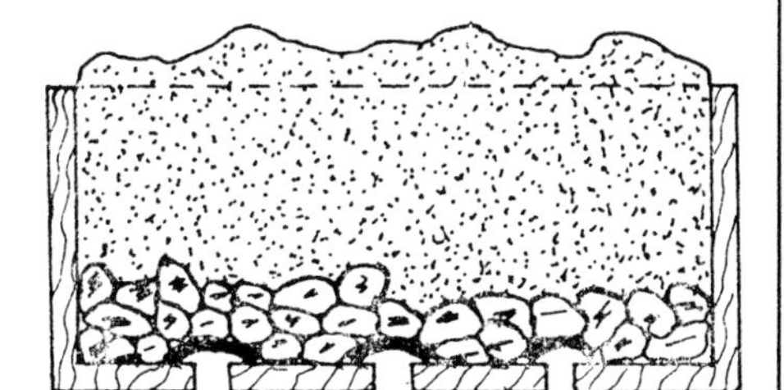

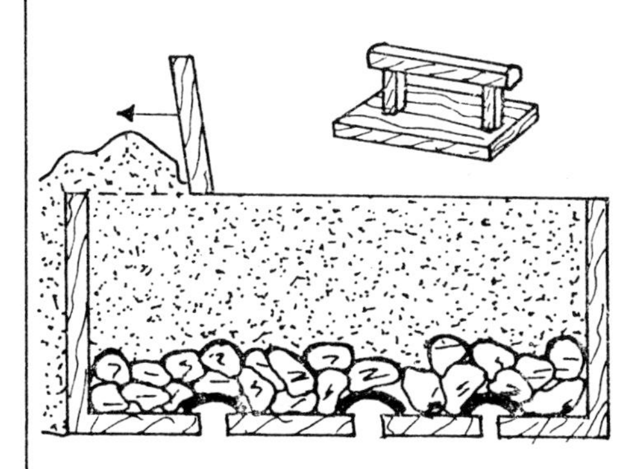

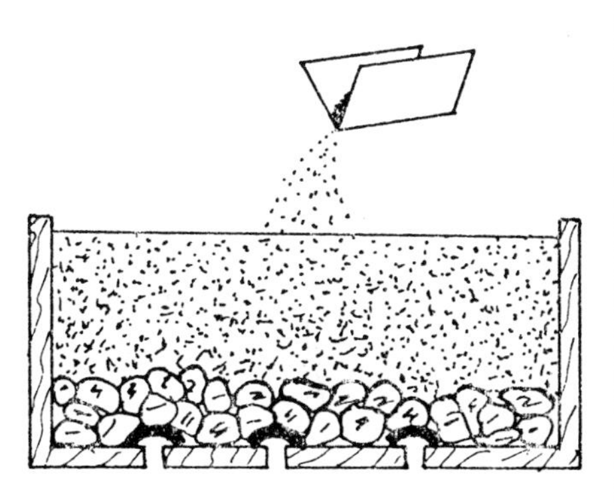

La caissette destinée au semis doit être préparée avec soin. Placez dans le fond des tessons de pot en terre cuite, ou une couche de graviers (soigneusement lavés pour éviter la transmission des maladies cryptogamiques). Une couche de sable par-dessus permet d'améliorer le drainage (et d'économiser le terreau), à condition d'utiliser du sable de rivière (pas de sable de mer). Versez ensuite le terreau et tassez avec une petite dame ou à la main. Effectuez le semis, pas trop dense, pour permettre aux plantes de lever dans de bonnes conditions (attention à la fonte des semis !). Après huit à quinze jours (selon les espèces), la levée se produit et les feuilles cotylédones apparaissent. Quand les plants ont quelques feuilles, ils peuvent être repiqués en bac ou jardinière.

Tamisez votre terreau (laissez-le sécher un peu avant) pour que les graines puissent germer normalement.

Prenez soin d'étiqueter soigneusement en indiquant l'espèce, la variété et la date du semis.

Une plaque de verre posée sur la terrine permet de favoriser la germination (en entretenant l'humidité).

ses besoins propres ; certaines graines contiennent des réserves (énergie végétative) qui leur permettent de lever dans le sable. En général, le terreau du commerce convient très bien. On peut l'utiliser pur ou bien réaliser le mélange suivant : un tiers de sable, un tiers de tourbe, un tiers de terreau de feuilles. Tassez légèrement le compost. Si les graines à semer sont très petites, il vaut mieux tamiser très finement la terre. Pour désinfecter le terreau de votre fabrication, vous pouvez l'arroser au métal-sodium (un mois environ avant son utilisation) : cette opération élimine les parasites, les champignons, et les virus.

Le semis et la levée

Pour semer les graines fines, utilisez un semoir ou, à défaut, une carte pliée. Ne recouvrez pas les graines, sauf les plus grosses. En terrine ou en jardinière, appliquez-vous à une dispersion régulière des graines. Pour cela, il est plus facile de les mélanger à un peu de sable très fin. Il faut arroser immédiatement après le semis. Mais un jet d'eau disperse les graines ; utilisez donc un petit pulvérisateur à main ou faites tremper la terrine dans quelques centimètres d'eau pour que le compost s'imbibe. Arrosez ensuite régulièrement pour que la terre ne se dessèche pas : la graine a besoin d'humidité pour lever.
Certaines graines ont une coque assez dure qui retarde le moment de la levée. Pour y remédier, procédez par trempage : laissez les graines immergées pendant 24 heures.

Certaines graines, pourvues d'une enveloppe ou d'une coque particulièrement dure, doivent être mises à tremper dans l'eau tiède pendant 24 ou 48 heures ; c'est le cas, par exemple, de graines de pois de senteur qui, après trempage, germent particulièrement vite (cette particularité est indiquée sur les sachets).

Avant le semis (et non après), mouillez largement le terreau avec l'arrosoir.

Pour germer, les graines ont besoin de chaleur et d'une humidité suffisante ; en revanche, la lumière s'avère inutile. Pour favoriser la germination, posez sur la caissette ou sur le pot une plaque de verre (effet de serre) ou une feuille de matière plastique souple. Il faut retourner cette plaque chaque matin pour éviter tout excès de condensation et pour aérer le semis.
La chaleur nécessaire varie selon l'espèce semée. Dans la plupart des cas, pour les plantes rustiques dans nos régions, une température de 15° C environ permet une germination rapide ; pour certaines variétés, il faut quelques degrés de plus. Dans la pratique, adoptez une température de 18° C à 20° C : elle permet la germination de toutes les graines dans de bonnes conditions. Vous pouvez installer la terrine près d'une source de chaleur (radiateur, par exemple) ; l'idéal consiste à les placer dans une mini-serre ou sur une couche électrique qui apporte une chaleur douce et également répartie, propice à la levée. Vous pouvez aussi mettre la terrine au soleil à condition de poser un journal sur la plaque de verre pour empêcher que les pousses ne soient brûlées.
Surveillez quotidiennement les semis. Une atmosphère chaude et humide favorise le développement des maladies cryptogamiques (fonte des semis). Pour éviter cela, ne semez pas trop dru, ou éclaircissez dès la levée.
La durée de la levée varie selon les espèces. Elle est de quelques jours (parfois une semaine ou deux), pour la plupart des plantes annuelles et vivaces. Pour certaines plantes vivaces ou arbustes, la germination peut demander beaucoup plus de temps (surtout pour les graines-noyaux). Quelques espèces ont une levée capricieuse : les graines ne germent pas toutes en même temps.

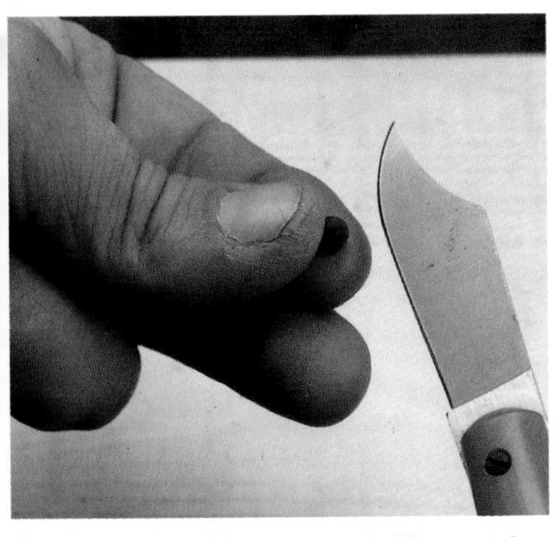

Certaines graines à la coque particulièrement dure doivent être entaillées avant le semis à l'aide d'un couteau de jardinier ou d'une lame de rasoir.

Quelques semis originaux

Vous pouvez tenter certaines cultures particulières en utilisant les graines de différents fruits : pépins d'orange ou de pomme, noyau d'avocat ou de datte, etc. Ces semis tout à fait amusants permettent aux enfants d'observer la croissance de ces plantes ; ils peuvent d'ailleurs réaliser ainsi leurs premières cultures. Mais, en général, les résultats obtenus ne sont pas très concluants, du point de vue de la décoration tout au moins.
Les noyaux d'avocat, les plus employés, donnent souvent des résultats spectaculaires. Le noyau (issu d'un fruit mûr) doit être placé, bout arrondi en bas, au-dessus d'un verre d'eau. Pour le soutenir dans cette position, piquez-le de trois allumettes reposant sur le fond du verre. Au bout de deux mois environ, les racines se développent. Il faut alors placer le noyau dans un pot rempli de terreau et arroser régulièrement. Pincez la plante pour donner un aspect plus fourni.
Les pépins de citron et d'orange doivent être enfouis à 1 cm de profondeur, dans un pot gardé dans un endroit chaud. Ces pépins germent sans problème, mais les plantes obtenues ne sont pas très vigoureuses.

Le semis en godet de tourbe est recommandé pour faciliter la transplantation avec la motte.

Placez quelques graines par godet et recouvrez avec de la tourbe finement tamisée.

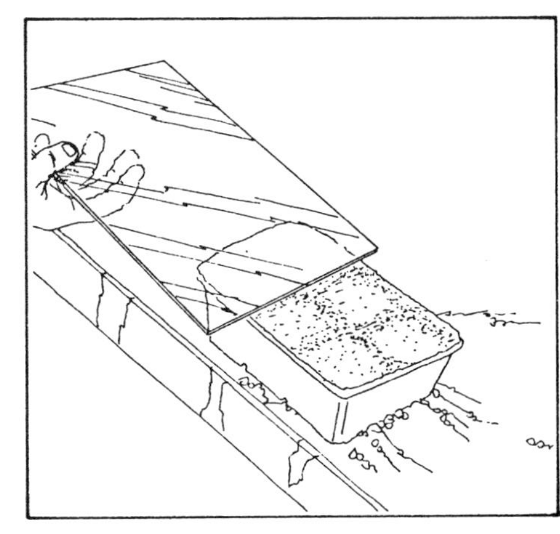

Les godets sont placés par six dans un récipient en matière plastique qui facilite le bassinage, et recouverts d'une vitre pour la germination.

LE REPIQUAGE

Les plants issus de semis doivent être rapidement transférés afin de pouvoir croître dans de bonnes conditions. Il s'agit d'un travail qui demande des précautions car les plantules sont très fragiles.

Les plantes une fois enracinées, il faut les repiquer pour que leur croissance s'effectue normalement. Après la levée, lorsque les premières feuilles apparaissent, certaines précautions sont nécessaires pour qu'elles se développent. Contrairement aux graines, qui n'ont pas besoin de lumière pour germer, les plantules exigent beaucoup de luminosité ; il faut donc placer le bas près d'une fenêtre. Mais les jeunes feuilles demeurent fragiles ; habituez-les progressivement à la lumière directe du soleil : un trop fort rayonnement peut les brûler. Soulevez fréquemment la plaque de verre recouvrant les terrines pour assurer une bonne ventilation. La plante a besoin d'eau dès le début de sa croissance ; il convient donc de lui prodiguer des arrosages réguliers. Lorsque le semis a été effectué de

Les godets de tourbe doivent être copieusement humidifiés (par trempage) avant utilisation. Le trou de repiquage est fait au milieu du godet avec un crayon ou un bâtonnet. Manipulez la jeune plantule (œillet d'Inde) avec précaution afin de ne pas casser les racines.

Tassez la terre autour des racines, avec les doigts ; il faut ensuite arroser largement au goulot pour que le compost adhère bien aux racines.

façon très dense, les plantes poussent trop dru. Procédez à un éclaircissage pour permettre à la plante de se développer normalement : une trop grande densité freine la végétation et favorise le développement des maladies cryptogamiques. Eclaircissez avec précaution pour ne pas abîmer les sujets conservés. Coupez les plantes les plus frêles à l'aide d'une petite paire de ciseaux, délicatement.
Les plantules doivent être acclimatées graduellement à la température extérieure (pour les plantes qui ne restent pas dans la serre).
Le repiquage peut être effectué une fois les sujets suffisamment enracinés. Le délai (nombre de semaines) varie selon les espèces.

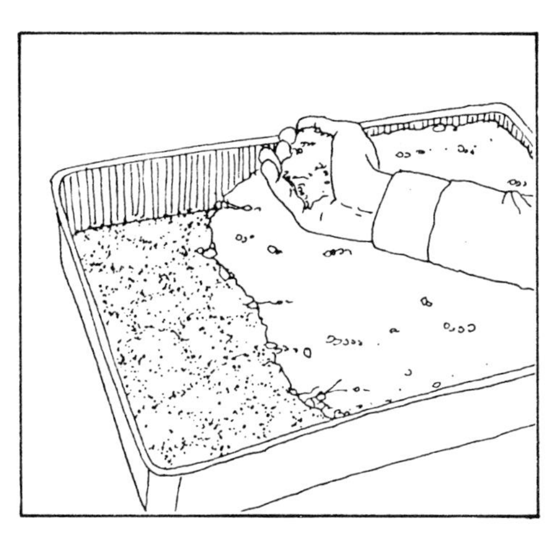

Le premier repiquage peut être réalisé en caissette. Une couche de sable assure le drainage.

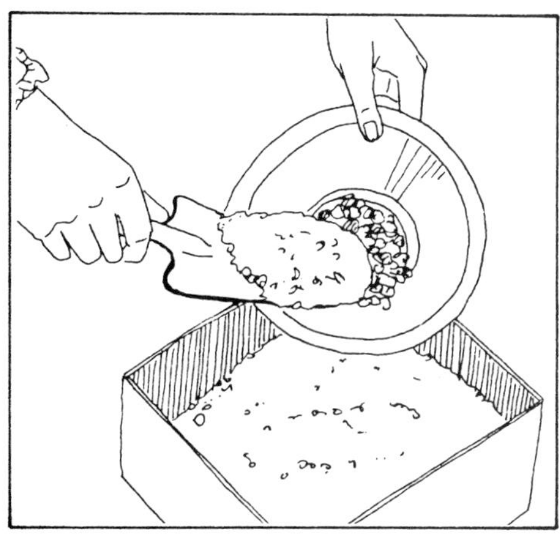

Pour un repiquage en coupe de terre cuite, prévoyez un drainage en gravier.

Les plants de deux ou quatre feuilles sont très fragiles ; prélevez-les avec grand soin.

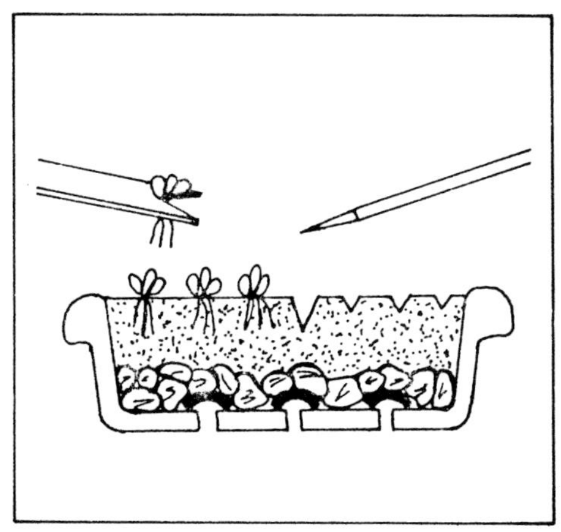

La plantule est manipulée à l'aide d'un bout de bois taillé en V à son extrémité.

Le second repiquage est effectué en godet, lorsque le plant est déjà développé.

Dès que les plantules sont manipulables, effectuez un premier repiquage (ici, des pétunias) pour favoriser le développement.

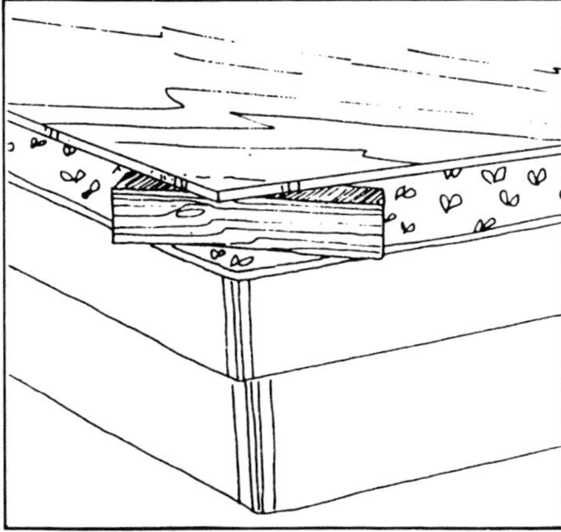

Une cale soulève légèrement la vitre placée sur le bac de repiquage pour permettre l'évaporation et éviter ainsi la fonte des semis.

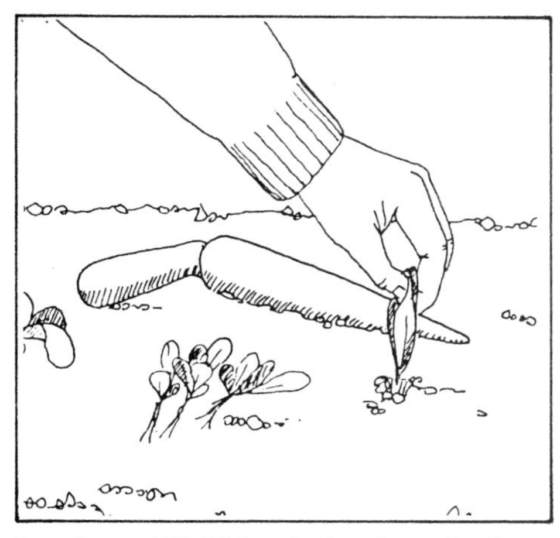

Le repiquage définitif dans des bacs de grandes dimensions s'effectue à l'aide d'un plantoir. Habillez les racines des plants développés.

Les plants peuvent être élevés en godets jusqu'à l'apparition des fleurs afin de ne les repiquer dans les bacs et jardinières que lorsqu'ils sont pleinement décoratifs (comme ces pieds de bégonia).

Le repiquage avec la motte peut être effectué à tout moment (à la différence du repiquage à racines nues) ; on utilise un transplantoir pour ouvrir le trou.

Repiquez le plant sans endommager la motte (l'opération est plus facile avec des godets de tourbe qu'il n'est pas besoin d'enlever). Arrosez ensuite au pied.

En règle générale, le repiquage s'effectue lorsque la pousse a quatre ou cinq feuilles, mais il ne faut pas attendre trop longtemps : les plantes reprennent mieux lorsqu'elles sont jeunes. Dans certains cas, on procède à deux repiquages : le premier, effectué en pot, permet de récupérer des plants éclaircis après un semis trop dense ; le second se fait en place, dans une jardinière ou dans une vasque. Prenez des précautions pour extraire la plantule, afin de ne pas abîmer le feuillage, ni surtout les jeunes racines, encore peu solides. Ne les arrachez pas en tirant sur elles. Utilisez une cuillère à café pour extraire la pousse avec ses racines et sa motte ou, mieux, une planchette incisée en V à son extrémité. Sélectionnez les sujets. Eliminez tous les plants d'aspect fragile et languissant : ils donneraient des plantes de mauvaise qualité. En règle générale, il est bon de procéder à un léger habillage des racines : coupez un tiers de leur longueur à l'aide de ciseaux. Cette opération a pour but de favoriser la reprise ; si le feuillage est bien développé, il faut l'habiller aussi, c'est-à-dire supprimer une partie des feuilles.

Le repiquage entraîne bien sûr une interruption de la croissance. Après un repiquage, la plante reste stationnaire pendant quelque temps : il lui faut s'adapter à son nouvel emplacement. Pour permettre une bonne reprise, il convient de prendre certaines précautions. Le trou de repiquage doit être assez grand : utilisez un plantoir pour les plantes assez grandes et un bout de bois ou un simple crayon pour les plus petites. Les racines doivent se trouver dans leur position naturelle, et non tordues au fond du trou. Prenez soin d'enfoncer la plante à la bonne profondeur ; n'enterrez jamais les feuilles ni, pour certaines, le collet. Pour cela, tassez la terre autour des racines (bornage) : enfoncez le plantoir ou le crayon juste à côté du trou de repiquage et ramenez la terre vers le plant. Cette technique permet de disposer correctement la terre tout autour des racines. Arrosez immédiatement après le repiquage. La meilleure solution consiste à verser l'eau au goulot dans le trou de bornage. Un apport d'engrais soluble avec l'eau d'arrosage favorise la reprise. L'arrosage permet à la terre de bien adhérer aux racines. Terminez par un léger griffage afin d'égaliser la terre et de permettre la pénétration des eaux d'arrosage.

Des plantes annuelles (bégonias) sont ici repiquées au pied d'une vivace (lierre).

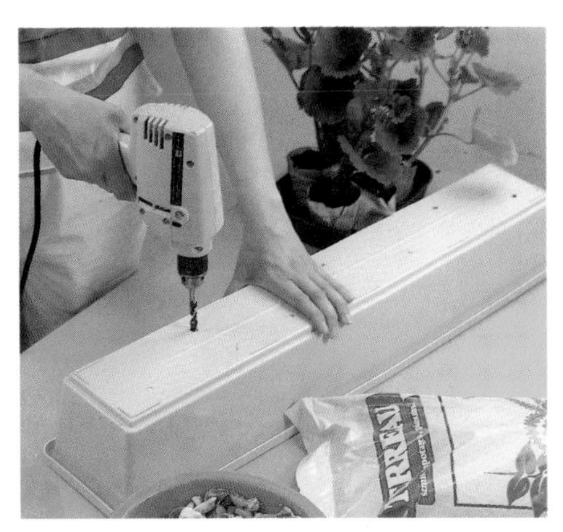

Repiquage de géraniums en jardinière : percez de nombreux trous dans le fond du récipient.

Disposez au fond de la jardinière une bonne couche de graviers qui favorise le drainage du compost.

Remplissez le récipient avec un mélange de terreau et un peu de sable et de tourbe.

Les plants de géranium (pélargonium) sont déjà bien développés : n'abîmez pas la motte. Faites les trous à l'aide du transplantoir.

La jardinière doit être placée sur un support métallique adapté, très solidement fixé au garde-corps de la fenêtre (attention aux accidents !). Tassez soigneusement le compost autour des racines avec les mains ; si l'endroit est venté, il faut placer un tuteur au moment du repiquage.

AUTRES MODES DE MULTIPLICATION

La multiplication sexuée (semis) n'est pas possible pour tous les végétaux. Il est souvent préférable d'utiliser la reproduction végétative.

La multiplication végétative s'emploie pour de nombreuses espèces de plantes vivaces et d'arbustes. Elle se révèle préférable au semis dans de nombreux cas, surtout lorsque la reproduction par semis est longue et difficile. Dans la pratique, la plupart des plantes dites d'appartement, de nombreuses plantes originaires des régions tropicales et la plupart des espèces vivaces grimpantes et d'arbustes sont reproduites de cette façon.
La multiplication végétative peut se faire par bouturage, par division des touffes, par rejets, par marcottage ou par greffage. Elle permet d'obtenir des plantes reproduisant exactement les caractères de la plante mère, par conséquent les mêmes qualités mais aussi les mêmes défauts. Il ne faut donc reproduire que des plantes saines et vigoureuses.

Le bouturage

Cette méthode simple et rapide convient pour un grand nombre d'espèces. Une bouture est une partie d'une plante (tige, feuille ou racine), prélevée et traitée de manière à donner une nouvelle plante. En général, cette opération s'effectue au printemps ou à l'automne ; mais il est possible de le faire toute l'année, sauf pour les boutures « racinées », qui ne doivent être prélevées et repiquées qu'en hiver.
Pour réussir une bouture, il faut la placer dans des conditions particulières afin de favoriser l'enracinement. Elle a besoin de beaucoup de chaleur et d'humidité. Le meilleur milieu pour réussir les bouturages reste donc la mini-serre, qui permet d'obtenir une chaleur régulière et contrôlée et de maintenir un degré élevé d'hygrométrie.
Si vous ne possédez pas de mini-serre, vous pouvez fort bien réussir vos boutures sur une terrasse, sous cloche ou sous châssis (pendant la saison chaude), ou même en appartement en automne ou en hiver. Dans ce cas, placez-les à proximité d'une source de chaleur et dans un endroit éclairé. En règle générale, l'enracinement ne demande pas un compost très riche. Vous pouvez repiquer les boutures dans du sable : il assure un très bon drainage (l'humidité stagnante compromet la réussite du bouturage). Certaines plantes très vigoureuses (grimpantes, en particulier) peuvent s'enraciner dans l'eau : il suffit de couper un morceau de tige avec quelques feuilles et de le placer dans un vase (non transparent).
Les boutures seront plantées dans des pots ou des caissettes. Pour assurer un bon drainage, placez une couche de graviers ou de cailloux sur au moins un tiers de la hauteur du pot. Recouvrez ensuite du substrat d'enracinement : sable pur de rivière ou de sablière, finement tamisé, ou sable mélangé par moitié avec de la tourbe. Pour maintenir une humidité constante et élevée dans le substrat, une bonne méthode consiste à disposer un petit pot dans le grand, puis à verser le substrat entre les deux pots, le plus petit restant vide. Une fois les boutures mises en place, remplissez le petit pot d'eau : elle pénètre ainsi dans le sable et le maintient humide (par capillarité). Installez ensuite le tout sous cloche pour maintenir l'humidité et la chaleur pour les feuilles. Afin de favoriser l'enracinement, trempez

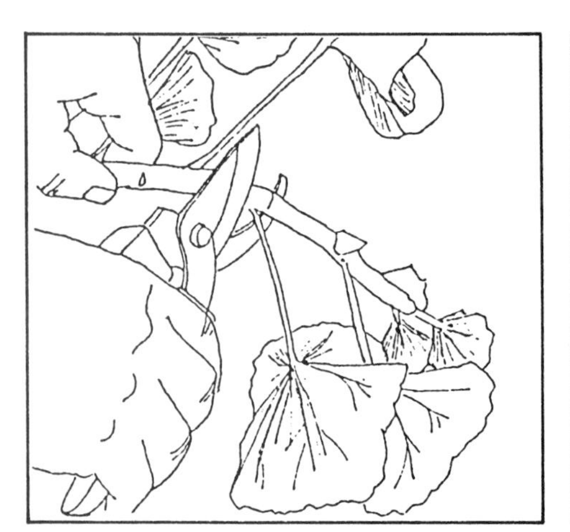

Prélèvement d'une bouture de géranium : utilisez un sécateur ou un couteau bien aiguisé. Coupez sous un nœud et enlevez les feuilles près de la coupe.

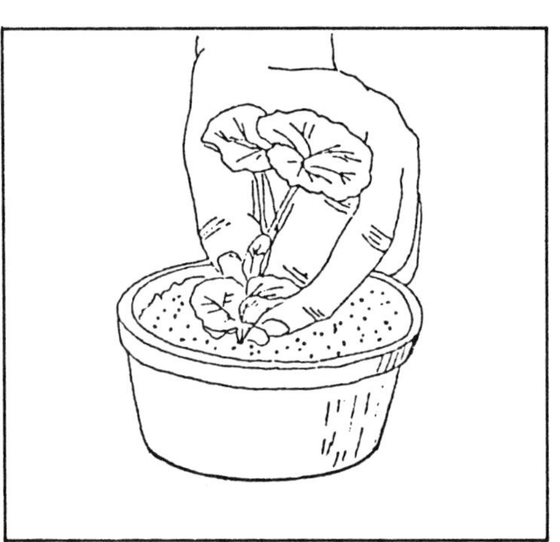

Trempez la base de la bouture dans des hormones de reproduction. Cela n'est pas indispensable mais améliore les chances de reprise.

La bouture est ensuite placée dans un godet rempli de terreau. Arrosez copieusement et maintenez ensuite une humidité constante et une bonne chaleur.

le bout des tiges à bouturer dans une poudre à base d'hormones (stimulateur). Ce produit donne de très bons résultats ; il augmente de façon considérable le pourcentage de réussite des boutures. Il existe également dans le commerce des mélanges spéciaux pour bouturage, qui favorisent la reprise ; il s'agit d'hormones de reproduction, sous forme de poudre.
Les boutures ont besoin de lumière : sur une terrasse ou dans un appartement, il convient donc de les installer dans un endroit bien éclairé. En revanche, il faut parfois les ombrer pendant la période chaude pour éviter les brûlures. Vous pouvez alors placer des feuilles de papier journal sur les cloches.

Les boutures herbacées

Elles s'enracinent assez rapidement et sans trop de difficultés. Cette méthode convient pour la plupart des plantes vivaces non ligneuses. Prélevez un morceau de tige au début du printemps. Pour couper, utilisez une lame bien aiguisée (couteau à greffe). Retirez les feuilles dans la partie inférieure de la tige et coupez-la sous un nœud. Placez la bouture herbacée dans un pot rempli de sable. Arrosez immédiatement après la mise en place pour que le substrat adhère à la tige et maintenez à 18° C environ. Après l'enracinement, qui prend deux ou trois semaines, placez les boutures dans des pots contenant un mélange de sable et de tourbe (ou un mélange tout préparé pour boutures). Si vous avez l'intention de cultiver les plantes à l'extérieur, habituez-les peu à peu aux températures plus froides, sans rien brusquer : vous risqueriez sinon de stopper leur croissance. Pour les variétés à tige fragile, il faut pratiquer une coupe droite avec une lame tranchante afin de ne pas abîmer les tissus. Pour d'autres espèces, en particulier l'hortensia et le chrysanthème, il suffit de sectionner la tige à la main. Pour que l'enracinement se fasse correctement, les feuilles doivent assurer leur fonction : une forte humidité de l'air est donc nécessaire. Si vous ne disposez pas de mini-serre, bassinez régulièrement les boutures. L'utilisation d'un appareil d'arrosage en pluie fine (brumisateur) donne de très bons résultats. A défaut, utilisez un pulvérisateur manuel. La reproduction par boutures de tiges herbacées s'emploie en particulier pour le chrysanthème, l'anthémis, le fuchsia, l'héliotrope, le lupin, la verveine, le delphinium, le géranium.

Bouturage de sansevieria : on coupe une grande feuille près de la base.

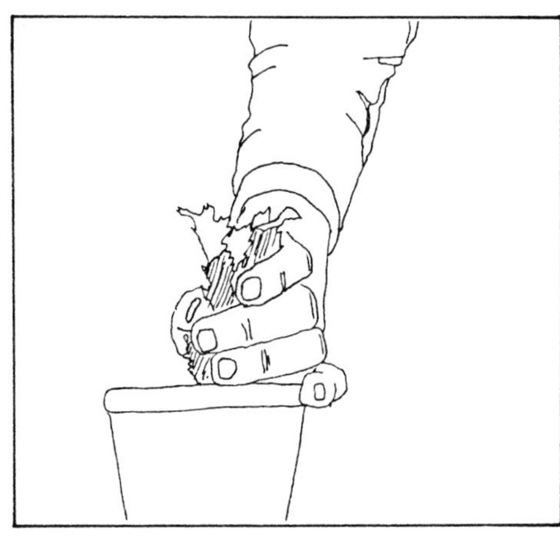

La bouture est placée en godet dans un mélange riche (à base de terreau, avec de la tourbe et du sable).

La feuille de sansevieria coupée est plantée dans le compost et bien arrosée.

Bouturage à l'étouffé : on place une cloche sur le pot pour conserver la chaleur et l'humidité.

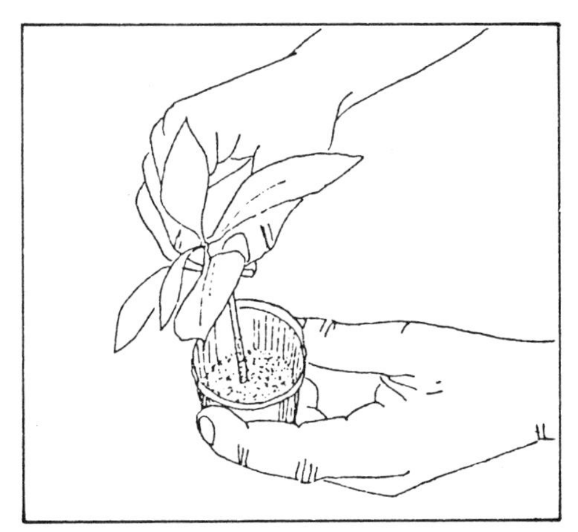

Bouturage herbacé : la jeune pousse de Pilea cadieri est trempée dans des hormones de reproduction. Le nombre de feuilles doit être limité.

Pour bouturer le bégonia rex, des fragments de feuilles sont prélevés, et placés à plat dans une terrine après trempage dans des hormones pour enracinement.

Les boutures de feuilles
Cette technique assez originale, utilisée pour plusieurs espèces de plantes de serre, est assez facile à réussir et, de plus, rapide. En voici quelques exemples.
Les feuilles de saintpaulia (violette du Cap) sont larges et longuement pétiolées. Détachez quelques feuilles saines et bien formées avec leur pétiole. Préparez un pot rempli d'un mélange de sable et de tourbe. Trempez la base du pétiole dans une poudre stimulante (à base d'hormones) pour boutures. Creusez un trou avec un crayon dans le compost et enfoncez-y le pétiole sur toute sa longueur. Disposez ainsi quatre ou cinq feuilles par pot. Arrosez abondamment et fréquemment. Pour permettre une meilleure formation des plantules, installez le pot sous cloche ou sous une feuille de plastique transparent.
Trois ou quatre semaines plus tard, de petites plantules apparaissent à la surface du pot. Dès qu'elles sont suffisamment enracinées, détachez les plantules et repiquez-les dans un compost de tourbe et de sable. Pendant toute l'opération, maintenez une température de 18° C. Vous pouvez procéder de la même façon pour plusieurs espèces.
Les feuilles du bégonia Rex doivent être placées à plat sur le compost. Maintenez-les avec de petits crochets cavaliers ou des épingles à cheveux. Utilisez un cutter pour pratiquer des incisions sur les nervures de la feuille. Vous obtiendrez ainsi l'enracinement de plantules apparaissant à la base de la feuille et sur les nervures. Maintenez une température de 18° C ou 20° C. Repiquez les plantules dès qu'elles sont assez développées.
Vous pouvez aussi découper la feuille de bégonia en plusieurs morceaux.
Pour le streptocarpus, il faut couper les feuilles en plusieurs morceaux, et les planter verticalement dans le compost. Le cyperus, le gloxinia, la sansevieria se multiplient également par boutures de feuilles.

Les boutures ligneuses et semi-ligneuses
Les boutures ligneuses (ou aoûtées) se prélèvent sur les arbres et les arbustes : il s'agit de morceaux de tiges à couper à la fin de l'été quand la période de végétation active se termine. Ces boutures, à prélever sur du bois de l'année, doivent mesurer une vingtaine de centimètres. La coupe doit être nette, effectuée avec un couteau bien aiguisé, juste sous un nœud. Les boutures aoûtées (fragments qui sont passés du stade herbacé au stade ligneux pendant l'été précédent) doivent subir le même traitement que les tiges herbacées : enlevez les feuilles dans la partie inférieure et trempez leur base dans une poudre d'hormones. Plantez-les dans un mélange de terre franche, de tourbe et de sable. Ces boutures peuvent prendre place dans une mini-serre pour l'enracinement, mais vous pouvez aussi les installer à l'extérieur, sous cloche sans chaleur de fond. Les boutures enracinées en serre doivent être plantées dans des pots (après enracinement) pour les habituer peu à peu aux températures plus basses. Il faut placer cette bouture avec feuilles à l'humidité pour permettre un bon développement. La plupart des arbustes et des arbres peuvent se reproduire de cette façon. Les espèces d'origine tropicale ont besoin d'une mini-serre ; les espèces rustiques peuvent rester à l'extérieur, sous cloche par temps froid.
Pour certaines espèces rustiques, il ne faut pas laisser de feuilles sur la tige (troène, forsythia, vigne vierge, tamaris, seringa).

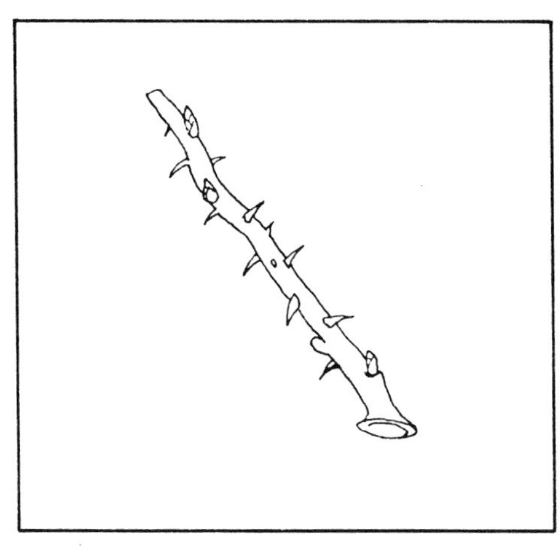

Le talon coupé en biais du rameau de rosier offre une surface riche en cellules reproductrices.

La bouture est ensuite simplement piquée en terre et enfoncée à 4 ou 5 cm de profondeur.

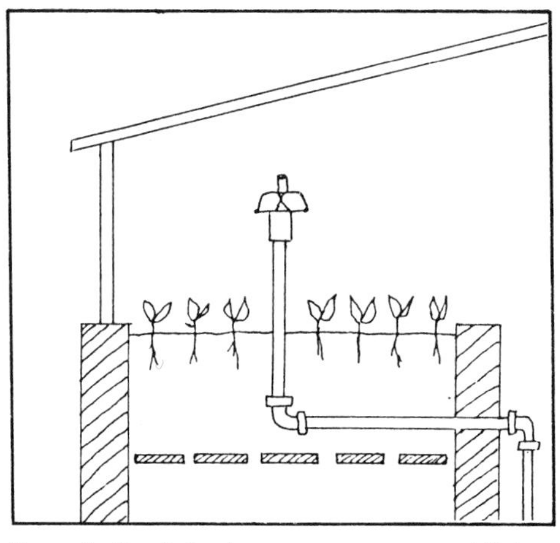

Une opération de bouturage sous serre permet d'obtenir de nombreuses boutures. Le dispositif d'arrosage permet d'entretenir une humidité permanente.

Les boutures à talon
Cette méthode consiste à prélever un rameau adjacent en gardant une partie de l'écorce de la tige principale ou du tronc. On pratique de la sorte avec l'if, le buisson-ardent, l'olivier.

Les boutures de racines
Cette technique de multiplication est parfois utilisée avec des plantes ligneuses comme le framboisier ou le rosier. Elle donne surtout de bons résultats avec certaines plantes vivaces : la pivoine, le pavot, l'acanthe, le phlox, le verbascum, l'éryngium.
L'opération doit s'effectuer au début de l'hiver, pendant la période de dormance.
Prélevez un morceau de 7 ou 8 cm sur une grosse racine, près de la couronne. Coupez la bouture droit en haut, en biais vers le bas ; cela favorise le développement de la tige et l'apparition des racines. Placez la bouture dans un compost (terre, tourbe et sable), enfouie à 1 cm de profondeur. La racine n'a pas besoin de chaleur de fond pour se développer, mais l'opération réussit mieux sous cloche ou sous châssis.
Certaines racines ou stolons (fraisier, phlox, œillet), simplement maintenus sur le compost, s'enracinent naturellement.

La division

Cette technique, assez simple à pratiquer, convient pour de nombreuses espèces vivaces ; elle donne de bons résultats. La division a pour avantage de fournir des plants déjà bien développés (surtout lorsqu'il s'agit de touffes). Sélectionnez toujours les sujets sains et bien formés.

La division des touffes
Elle convient pour les plantes vivaces comportant un système radiculaire fourni, constitué de nombreuses racines très étagées (souche fibreuse). Elle s'emploie aussi pour les vivaces à grosse racine divisée, la pivoine, par exemple (souche ligneuse).
Le principe de la division des touffes est simple : il s'agit de séparer une plante mère en deux ou plusieurs plantes, repiquées séparément. Chacune des plantes obtenues doit posséder suffisamment de racines et quelques bourgeons lui permettant de repartir rapidement dans de bonnes conditions. L'opération s'effectue généralement pendant la période de dormance ou au début du printemps, avant la reprise de la végétation.
Pour diviser les touffes, commencez par soulever la plante avec une bêche ou une fourche-bêche, un transplantoir ou un outil à main à trois doigts. Enfoncez l'outil assez profondément afin de soulever toute la plante sans l'endommager. Nettoyez-la ; éliminez toutes les parties malades ou abîmées. Utilisez un couteau bien aiguisé ou un sécateur.

La division des souches fibreuses
Elle peut s'effectuer à la main. Le système radiculaire est souvent très enchevêtré : divisez-le en tirant précautionneusement sur les racines. Pour les plantes en pot, procédez en dégageant toute la motte. Si les racines sont très enchevêtrées, séparez-les en coupant la motte en deux à l'aide d'un couteau. La division se pratique sur des plantes bien développées, déjà âgées. Eliminez les parties les plus anciennes (le cœur de la touffe) ; ne gardez que les parties les plus jeunes, placées vers l'extérieur, plus vigoureuses.
Nettoyez les souches ligneuses avant la division, que vous effectuerez à l'aide d'un couteau bien aiguisé. Placez chaque plant obtenu dans un pot avec du compost approprié. L'apport d'engrais au cours du printemps favorise la croissance.

La division des tubercules et des rhizomes
Elle se fait généralement en été ou en automne, après la floraison, selon les mêmes principes. Nettoyez tous les organes ; éliminez toutes les parties malades. Les rhizomes d'iris se divisent à l'aide d'une lame bien tranchante ; laissez les parties centrales plus vieilles. Coupez des morceaux de 5 cm environ, et placez-les, verticalement, chacun dans un pot. Les tubercules peuvent être divisés : chaque morceau doit porter un œil. Les dahlias se multiplient souvent ainsi. Utilisez un couteau pour séparer la souche de façon que chaque tubercule ainsi isolé porte une tige et un bourgeon. Pour éviter la propagation

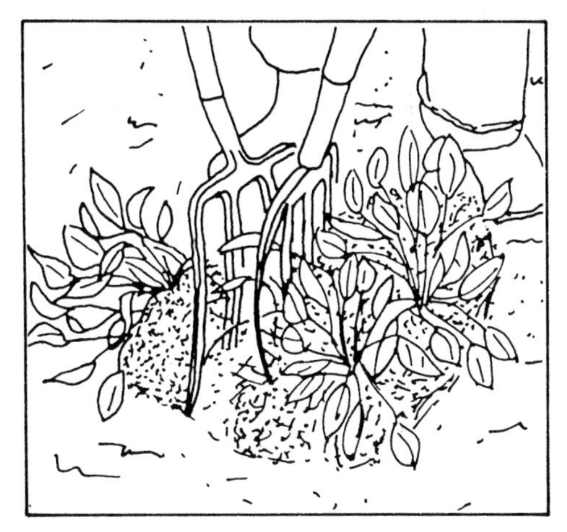

Séparation d'une touffe à l'aide de deux fourches : on obtient deux plants.

des maladies, désinfectez la lame du couteau avec la flamme d'un briquet.

Les plantes à bulbes
Celles-ci se multiplient aussi par division. En déterrant les bulbes, vous noterez la présence de petits bulbes qui se développent à la base des bulbes mères. Séparez ces « caïeux » et placez-les dans des pots. Il faut parfois plusieurs années pour que ces bulbilles produisent des fleurs. Ce mode de reproduction convient pour les tulipes, les narcisses, les glaïeuls, etc.
De nombreuses bulbeuses restant en terre pendant l'hiver se reproduisent naturellement. C'est le cas de plusieurs espèces d'allium, des crocus, des perce-neige et de certains narcisses et tulipes botaniques. Quelques espèces ont même une nette tendance à l'envahissement.

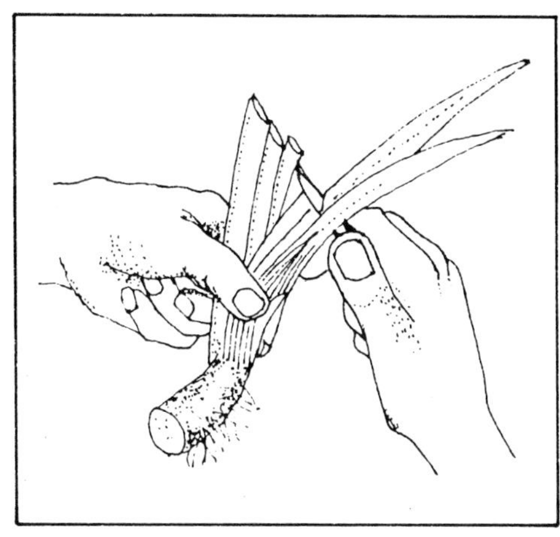

Habillage d'une bouture de rhizome : au couteau, enlevez toutes les parties endommagées.

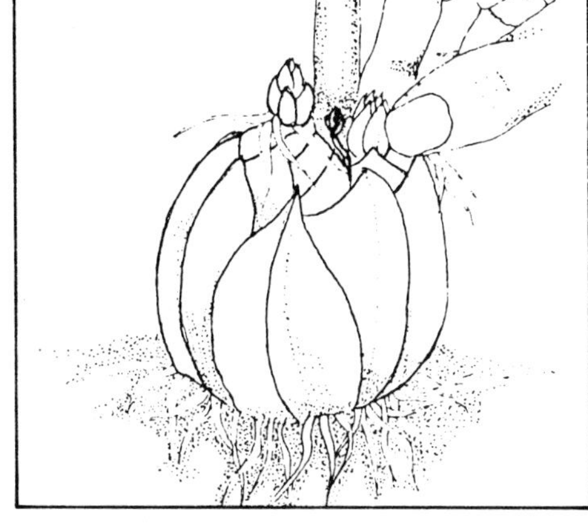

La multiplication des bulbeuses s'effectue par la séparation des bulbilles à la périphérie de l'oignon.

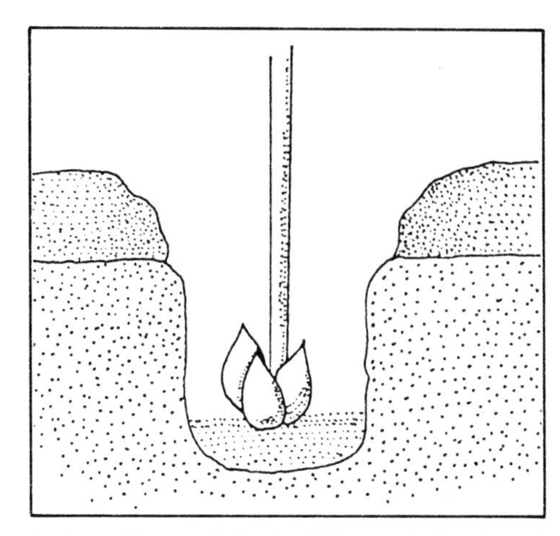

Après prélèvement, les bulbilles sont directement plantées dans une caisse ou dans un godet (il faut plusieurs saisons pour obtenir une plante adulte).

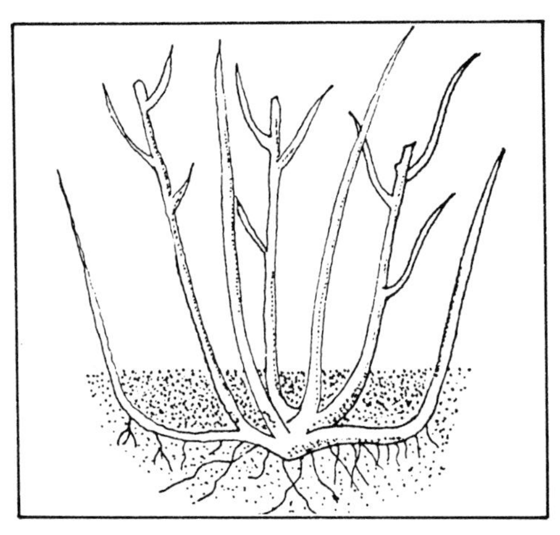

Pour multiplier un arbuste drageonnant, on prélève une tige enracinée sur le bord de la caisse.

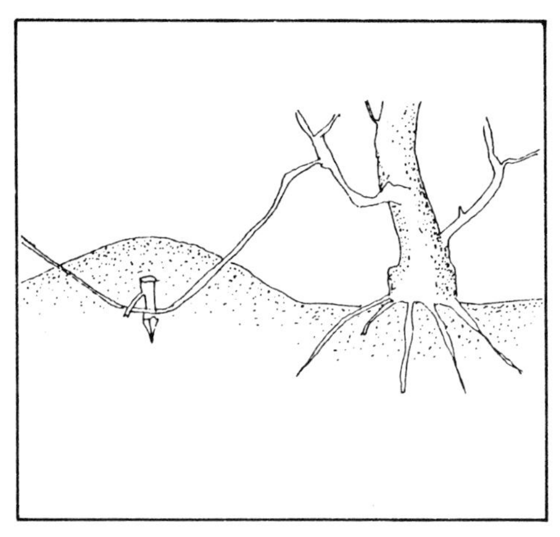

Les arbustes à rameaux souples (rhododendrons par exemple) se reproduisent par marcottage.

Le prélèvement de rejets

De nombreuses plantes produisent des rejets. Il s'agit de sujets qui croissent en surface à partir du système radiculaire très étalé (drageons) ou de filets qui se développent sur une grande longueur à la surface du sol (stolons).
Le lilas a des racines traçantes atteignant souvent un grand développement, qui donnent naissance à des drageons. La multiplication peut s'effectuer par prélèvement de ces rejets. Attention : sur les lilas (ou rosiers) greffés, les drageons retournent au type (souvent peu florifère). Dans ce cas, il faut les éliminer ou les utiliser comme porte-greffe.
Le fraisier reste l'espèce citée en exemple pour ses stolons : ses longs rejets s'enracinent d'eux-mêmes.
La menthe, si agréable à cultiver sous une terrasse pour son beau feuillage et son odeur forte, se propage grâce à ses racines traçantes. Il est très facile de la reproduire par prélèvement de racines portant des rejets.

Le marcottage

Un rameau ligneux (ou même une tige herbacée), enfoui dans le sol sans avoir été détaché du tronc, peut s'enraciner. Ce mode de reproduction, appelé marcottage, se pratique depuis longtemps.
Certains végétaux se marcottent naturellement. Il s'agit surtout d'arbustes, de grimpants ligneux, aux rameaux retombants ou à port rampant. Le marcottage se fait surtout par couchage ou en serpenteau ; quelquefois, il est dit « aérien ».
Le marcottage s'emploie surtout pour la reproduction des arbustes et des grimpants. Cette méthode a pour principal intérêt sa facilité d'exécution, surtout pour les espèces à croissance rapide. Pour les arbustes à croissance moyenne ou lente, elle a le défaut d'être assez longue à réaliser : il faut souvent plus de deux ans pour que la marcotte soit suffisamment enracinée.
Le marcottage par couchage se pratique sur de nombreuses espèces. Il suffit que les plantes aient des rameaux assez souples pour une mise en contact avec le sol. C'est le cas de nombreux grimpants : glycine, passiflore, clématite. Ainsi se marcottent des arbres et arbustes à feuilles persistantes ou caduques : chimonanthe, daphné, magnolia, mûrier, sumac, robinier. Les rhododendrons se multiplient facilement par marcottage.
Commencez par sélectionner un rameau assez long et en bon état. L'opération a lieu en été. Creusez un sillon dans le sol ; disposez-y le rameau après avoir effeuillé la partie à enterrer. Fixez-le avec un morceau de bois fourchu ou un crochet en métal galvanisé. Comblez le sillon avec un compost favorable à l'enracinement (tourbe et sable). Relevez la tête du rameau et aidez-le d'un tuteur afin que les feuilles soient dans leur position naturelle et puissent remplir leur fonction. Il faut en général au moins deux ans pour qu'un sujet s'enracine suffi-

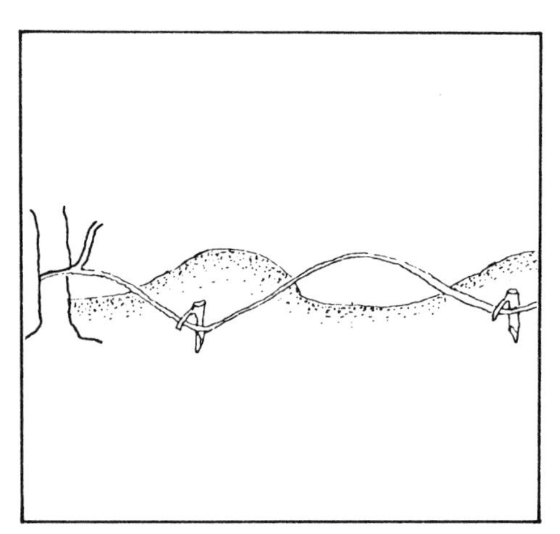

Avec un rameau très allongé, on peut faire un marcottage en serpenteau pour obtenir plusieurs marcottes (jusqu'à 3 ou 4 pour certaines espèces).

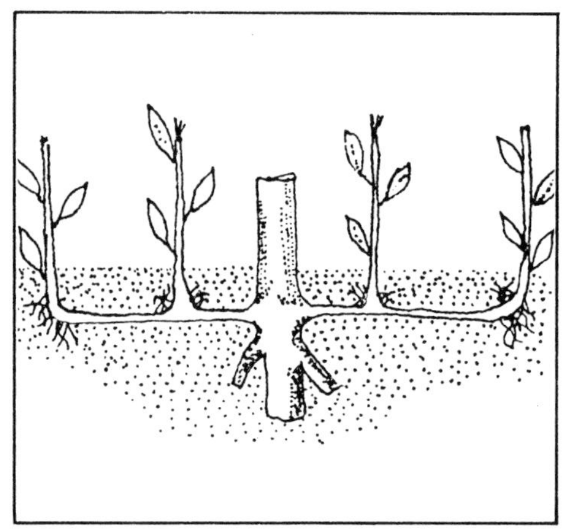

Certains arbustes ont une tendance naturelle au drageonnage : on prélève donc les drageons sur la périphérie de la caisse.

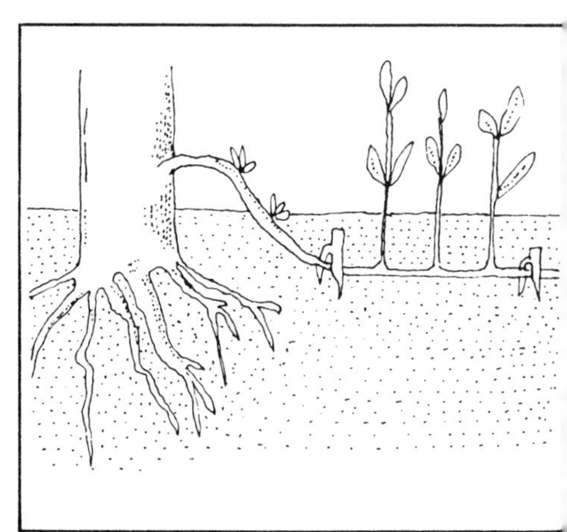

Le marcottage chinois consiste à enterrer complètement un rameau pour obtenir des drageons. Les saules conduits en arbustes sont reproduits ainsi.

samment. Sevrez-le alors en coupant le rameau près des nouvelles racines puis installez-le dans un pot ou un bac individuel.
Pour marcotter un sujet cultivé en caisse, prenez un bac assez long. Remplissez-le de tourbe et de sable pour y installer le rameau.
Sur les plantes à croissance rapide (glycine, clématite, passiflore), l'opération peut s'effectuer au printemps. Pratiquez un marcottage en série : disposez la tige en serpenteau ; fixez-la au sol tous les 30 centimètres. A chaque point de contact, faites une incision sur la tige, derrière un bourgeon. Si vous voulez marcotter ainsi des grimpantes élevées en caisse, placez autour une série de pots contenant un mélange de tourbe et de sable. Vous pourrez sevrer les marcottes à la fin de l'été.
Certains arbustes (viburnum, par exemple) peuvent être multipliés par marcottage aérien. Pratiquez une entaille sur un rameau effeuillé. Badigeonnez avec de la poudre d'hormones d'enracinement et appliquez de la mousse humide. Disposez un manchon en plastique, lié aux deux bouts, sur le rameau : il maintiendra la mousse et permettra d'entretenir une humidité constante. Il faut plusieurs mois pour que l'enracinement s'effectue.
La reproduction par marcottage est sans doute la plus facile à réussir ; elle donne, dans l'ensemble, de bons résultats.

Le greffage

Ce mode de reproduction est assez peu pratiqué pour les arbustes d'ornement cultivés en caisse. On peut l'employer pour obtenir des rosiers florifères à partir de plants d'aubépine ou de certaines espèces de rosiers. Il faut procéder par écussonnage, en été. Pratiquez une entaille en forme de T sur le porte-greffe, afin d'y placer un écusson (greffe), formé d'un bourgeon situé à l'aisselle d'une feuille et prélevé avec un petit morceau d'écorce. Ligaturez avec du raphia (sans mastic).
C'est par greffage que l'on obtient les rosiers-tiges : une belle variété est greffée sur une tige d'églantier (porte-greffe).

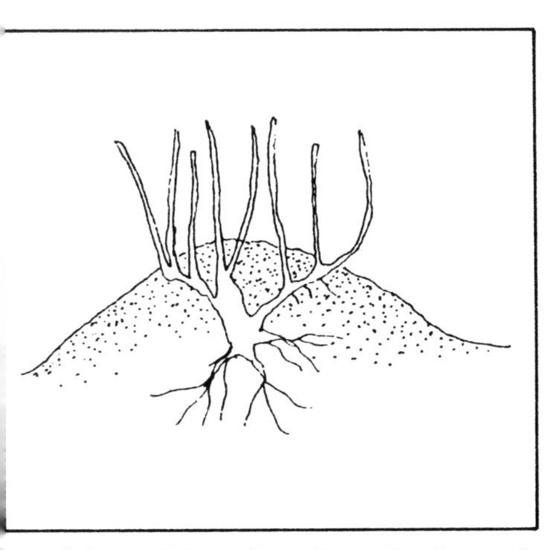

Les cépées produisent des racines adventives après buttage du pied avec du sable et de la tourbe.

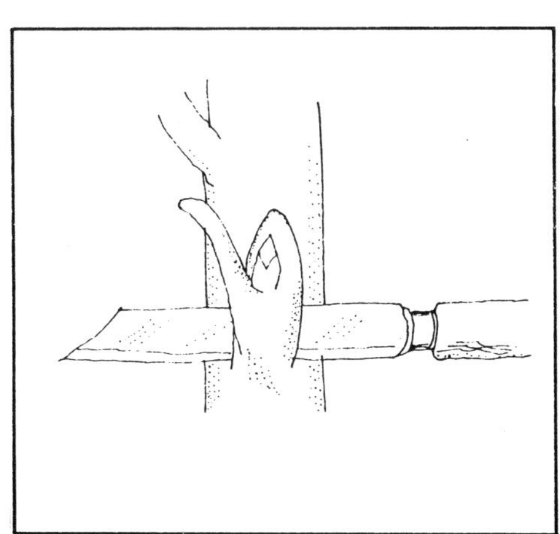

Utilisez un greffoir très tranchant et préalablement désinfecté pour prélever un écusson en bon état.

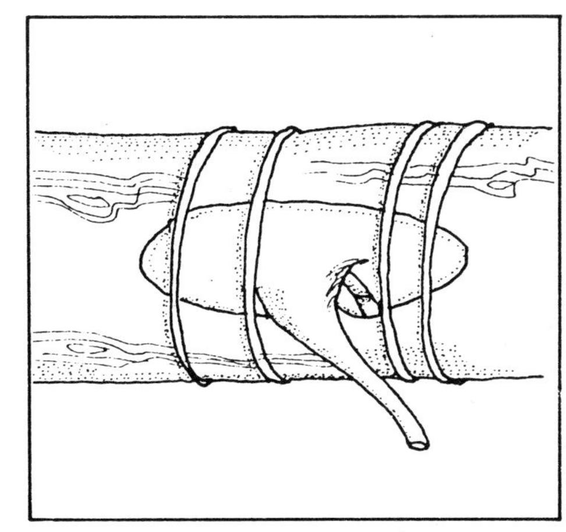

L'écusson est introduit sous l'écorce du porte-greffe et maintenu par une ligature de raphia.

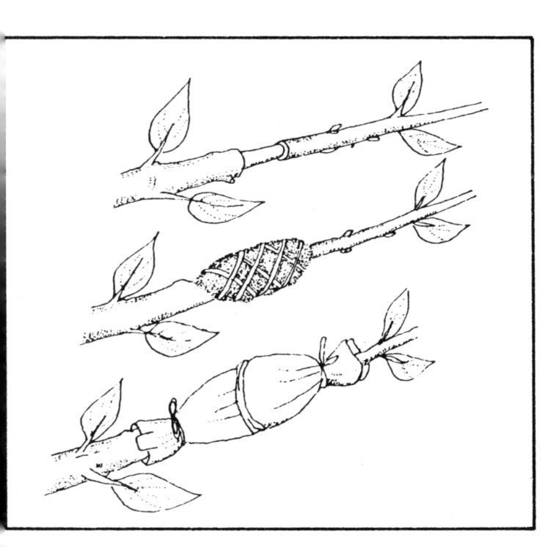

Le marcottage aérien consiste à décortiquer en anneau la tige, puis à entourer cette portion d'un manchon de plastique rempli de mousse humide.

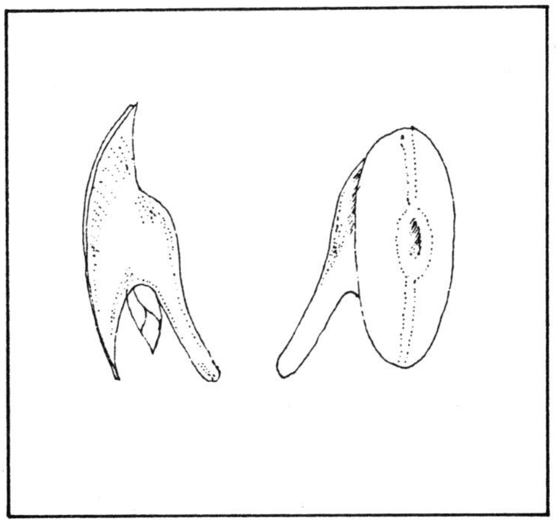

Les greffons pour greffe en écusson sont à œil dormant ou œil poussant ; l'œil est prélevé avec un lambeau d'écorce de 3 ou 4 cm.

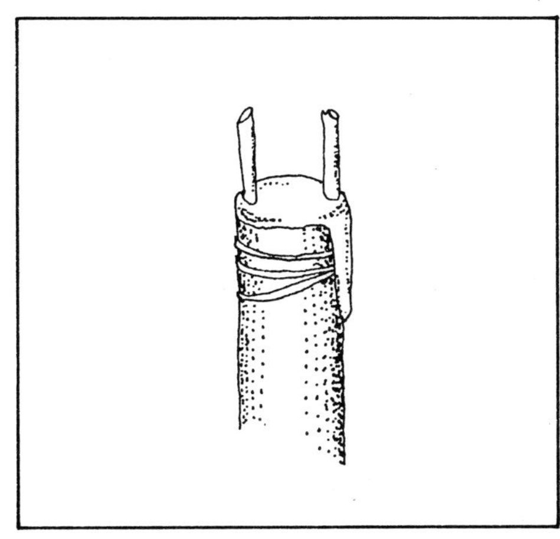

Le greffage en fente double convient aux tiges d'une dizaine de centimètres de diamètre. On ligature les greffes et on applique du mastic à greffer.

LES SOINS DE CULTURE

Les plantes cultivées en pots et jardinières sont plus fragiles que les autres, et exigent des soins attentifs : arrosages bien dosés, apport d'engrais, nettoyage et protection hivernale.

Les soins de culture varient considérablement avec les espèces élevées. Pour certaines plantes rustiques résistant à l'humidité et à la sécheresse et se contentant de tous les sols, ils sont très réduits. Pour d'autres, ils sont très importants. Certaines variétés tropicales demandent une attention presque permanente.

L'arrosage est la première tâche du jardinier ; elle consiste à apporter à chaque variété la quantité d'eau correspondant à ses besoins. L'apport d'engrais vient ensuite. Les plantes en pot manquent d'espace pour étendre leur système radiculaire : la nourriture fournie par le substrat du récipient risque de se révéler insuffisante. Il faut aussi assurer un nettoyage régulier de la plante elle-même et de son contenant. Cette précaution, qui évite l'apparition de maladies et de parasites, conserve en outre au végétal son aspect décoratif.

Les villes ont une atmosphère polluée, peu propice à la croissance des plantes. Celles-ci, fragilisées, sont plus vulnérables aux attaques : aussi convient-il de savoir reconnaître les principales et de les combattre. Il ne faut pas non plus négliger de protéger les plantes gélives pendant la mauvaise saison.

Les plantes en pot ou en jardinière manquent d'espace pour développer normalement leurs racines ; il faut donc apporter beaucoup d'eau et d'engrais.

L'arrosage

Les besoins en eau varient selon le moment de l'année et selon l'âge du végétal. Pendant les chaudes semaines d'été, l'évaporation est très forte, surtout pour des plantes directement exposées au rayonnement du soleil. Au début de leur croissance, les végétaux ont des besoins en eau très importants. Si la terrasse est découverte, les plantes bénéficient des eaux de pluie : il faut bien sûr en tenir compte pour déterminer le rythme et l'importance des arrosages.

D'une manière générale, les jardiniers amateurs ont tendance à trop arroser. Si la terre d'un pot ou d'un bac est en permanence saturée d'eau, les racines pourrissent très rapidement. En effet, la terre contient de l'oxygène, et les racines en ont besoin mais la saturation en eau prive d'air les poils radicaux. D'où l'importance d'un bon drainage, qui permet à l'eau de s'écouler et aux racines de respirer. La règle à observer est simple : arroser plutôt rarement mais abondamment. Une périodicité d'une semaine convient à la plupart des plantes en pot sur une saison normale. Si la plante peut être déplacée, la meilleure solution consiste à immerger le pot dans une cuvette : l'eau pénètre l'ensemble du compost par capillarité. Il faut ensuite laisser le pot s'égoutter (la terre pompe de l'air lorsque l'eau s'écoule). Si l'immersion est impossible (récipient trop volumineux ou plantes grimpantes), utilisez un arrosoir équipé d'une pomme fine. Lorsque le compost du pot est très sec, il arrive que l'eau s'écoule entre la paroi du pot et la terre sans mouiller cette dernière : dans ce cas, une seule solution : l'immersion.

Quelle eau utiliser ? Celle du robinet convient le plus souvent. Elle a pourtant des défauts, dont le moindre est sa température. Parfois très froide, elle cause aux plantes un choc qui peut leur être nuisible. Il faut donc la laisser stagner dans une cuve ou un bassin, pour qu'elle atteigne la température ambiante, ou tout simplement laisser l'arrosoir plein d'eau pendant au moins une heure sur la terrasse ou le balcon avant de s'en servir.

Plus grave est une trop forte teneur en calcaire de l'eau : de nombreuses plantes en pâtissent. Pour y remédier, vous pouvez faire tremper un peu de tourbe dans l'eau d'arrosage. Les camélias et les rhododendrons, par exemple, ne supportent pas le calcaire. Pour mesurer le degré d'alcalinité (ou d'acidité) de l'eau, utilisez un pH-mètre. C'est un papier spécial qu'il suffit de tremper dans l'eau : la couleur qu'il prend doit être rapportée à une échelle colorimétrique. Le pH neutre est égal à 7 ; au-dessus, l'eau est alcaline ; au-dessous, elle est acide. Si l'eau du robinet est trop calcaire, employez de l'eau de pluie. Elle convient très bien dans la plupart des cas, sauf dans les grandes métropoles à cause de la pollution de l'air. Si vous utilisez de l'eau de puits (à la campagne), vérifiez d'abord son pH. N'oubliez pas qu'elle est toujours très froide.

Comment mesurer les besoins en eau ? Chaque plante a des besoins particuliers qu'il faut connaître. D'une manière générale, les arrosages doivent être considérablement réduits en hiver, pendant la période de dormance. Pour les cactées par exemple, les apports en eau peuvent être complètement interrompus en automne et en hiver. Certaines plantes tropicales, au contraire, demandent une même intensité d'arrosage tout au long de l'année.

Le pluviomètre placé sur une terrasse permet de doser plus précisément le volume d'eau apporté.

Comment déterminer si une plante a soif ? Le meilleur moyen consiste à utiliser un appareil (sonde) qui mesure l'humidité après avoir été enfoncé dans le compost. De toute façon, une plante qui ne reçoit pas des arrosages suffisants donne des feuilles plus petites, qui jaunissent et tombent ou se flétrissent. Il faut arroser abondamment et ne pas oublier de bassiner le feuillage.

Si vous constatez que les feuilles jaunissent alors que le compost reste humide, cela signifie que le végétal souffre d'un excès d'humidité. Cela peut aussi entraîner un pourrissement à la base des feuilles et l'apparition d'un dépôt humide et verdâtre sur le pot. Les racines ont probablement commencé à pourrir. Dans ce cas, faites sécher le compost près d'une source de chaleur, en dépotant la plante si nécessaire. Faites repartir la plante sans arroser, en bassinant simplement les racines.

Pendant les vacances : une absence prolongée constitue toujours un problème pour

Un petit arrosoir de balcon est le moyen le plus commode pour les plantes en pot et en jardinière.

Les arbustes élevés en pot (comme le laurier) ont des besoins en eau (et en engrais) très importants.

L'arrosage par bassinage consiste à placer le pot dans un récipient rempli d'eau : la terre du pot absorbe l'eau jusqu'à saturation.

Ce testeur vous permet de vérifier l'humidité de la terre en profondeur et donc de doser l'arrosage.

L'engrais en poudre est répandu directement sur la terre ; on arrose ensuite.

les plantes des balcons et des terrasses. En hiver, période de repos des végétaux, il n'y a pas de grosse difficulté. En été, en revanche, il faut prendre des précautions. Si vous êtes équipé de bacs à réserve d'eau, il suffit généralement de remplir les réservoirs : les plantes peuvent tenir ainsi trois semaines. Celles qui ne tiennent pas ce délai ont besoin d'être transplantées dans un bac plus grand. Pour les plantes en pot, la meilleure solution reste bien entendu de disposer d'un système d'arrosage automatique (dans les serres, en particulier).

A défaut, placez les plantes à l'abri du soleil pour qu'elles ne se dessèchent pas trop rapidement.

Installez-les sur une feuille en matière plastique, reliez les pots avec des mèches dont une extrémité plonge dans un bac ou une bassine pleins d'eau. A défaut de mèches du commerce, utilisez de la laine naturelle. Si la salle de bains est bien éclairée, vous pouvez également disposer les plantes dans la baignoire (ou sur l'évier) sur des nattes capillaires ou sur une vieille couverture. Laissez le robinet couler goutte à goutte ; montez le clapet de la bonde pour écarter tout risque d'inondation et vérifiez la robinetterie avant votre départ.

Une dernière possibilité : le recours aux services d'un voisin. S'il ne connaît pas bien les plantes, laissez-lui des instructions écrites détaillant les opérations d'arrosage afin qu'il ne commette pas d'erreurs.

A noter : pour de nombreuses plantes cultivées pour leurs fleurs, les arrosages doivent être réduits juste après la formation des feuilles. En effet, il est préférable d'empêcher un trop grand développement du feuillage, qui se fait toujours au détriment des fleurs.

L'apport d'engrais

La plante se nourrit du compost ; il est donc important de le sélectionner avec soin. Pour adapter l'apport d'éléments nutritifs à certains moments de la croissance, utilisez des engrais. Il est inutile de le faire dans les quelques mois qui suivent le rempotage : le compost suffit pour nourrir le sujet. Ensuite, l'apport est souvent nécessaire pour obtenir un beau feuillage et des fleurs bien développées. L'engrais soluble, le plus fréquemment utilisé, est ajouté à l'eau d'arrosage. Il a pour avantage une action immédiate. Attention, suivez rigoureusement le mode d'emploi du produit utilisé : trop concentré, il brûlerait les racines au lieu de les nourrir. L'arrosage de la plante à l'eau claire avant l'apport d'engrais évite une trop grande concentration. Veillez à ne pas mouiller le feuillage avec la solution d'engrais. N'apportez pas de fumure pendant la période de repos végétatif. Selon les espèces, l'apport d'engrais se fait de juin à août.

L'engrais se vend aussi en poudre, à répandre à la surface des pots, ou sous forme de bâtonnets. Ceux-ci se plantent dans le compost ; ils s'y dissolvent peu à peu, au fil des arrosages. Ces derniers engrais ont une action pendant deux ou trois semaines. Il existe également des bâtonnets mixtes engrais/insecticides.

Les engrais foliaires, à dissoudre dans l'eau de bassinage et à pulvériser sur le feuillage, ont une action très rapide.

Lorsque la plante manque de nourriture, ses feuilles prennent une couleur plus claire et tombent ; de plus, des taches apparaissent dessus, ce qui indique un manque d'azote. Dans ce cas, utilisez un engrais à action rapide (engrais coup de fouet).

Il arrive qu'une plante soit trop nourrie : tiges pendantes, sensibilité aux maladies, dépôts blanchâtres sur les parois extérieures du pot. Un seul remède : effectuez un arrosage abondant pour diminuer la concentration (sauf avec des engrais en bâtonnets : il faut rempoter avec du compost neuf).

Le nettoyage des plantes

Il faut entretenir les plantes pour qu'elles gardent un bel aspect et se développent normalement. Eliminez toutes les parties malades ou abîmées : feuilles et fleurs fanées ou pourries. Coupez les rejets issus des racines, qui freinent la croissance. Nettoyez régulièrement le feuillage afin que les plantes puissent respirer (en particulier dans les villes où la pollution produit des dépôts). Utilisez un pulvérisateur à main, ou un chiffon de laine pour les très grandes feuilles. Pour favoriser la respiration des racines, sarclez périodiquement dans les grands pots, les caisses et les jardinières afin d'éviter la formation d'une croûte en surface, et, bien sûr, éliminez les mauvaises herbes.

L'hivernage

Certaines plantes ne supportent pas de rester à l'extérieur pendant la mauvaise saison. Si vous disposez d'une serre chauffée, aucun problème : toutes les plantes fragiles peuvent y prendre place. Mais certaines plantes peu rustiques cultivées sur un balcon ou une terrasse peuvent poser quelques problèmes. En effet, il vaut mieux ne pas les rentrer dans l'appartement, souvent trop chaud pour elles. La solution idéale consiste à les installer dans une pièce assez claire et non chauffée, mais à l'abri du gel. Certaines plantes peuvent hiverner dans les caves (le pélargonium par exemple). La température idéale se situe entre 5° C et 10° C. Il faut à cette époque diminuer considérablement les arrosages.

DICTIONNAIRE DES FLEURS

Les principales plantes utilisées pour la décoration des balcons, fenêtres et terrasses sont présentées dans les pages qui suivent. Chaque plante est décrite dans son type et dans ses principales variétés. Vous trouverez également les indications essentielles, concernant les exigences quant au type de sol et à l'exposition, ainsi que l'utilisation et les particularités. Le nom latin de la plante est indiqué en italique, entre parenthèses.

ACHILLÉE *(Achillea).* — Plantes vivaces de différents aspects et différents coloris ; fleurs groupées en corymbes de juin à septembre.
A. filipendulina : 1 à 1,20 m. Floraison jaune d'or.
Variétés :
— « Coronation Gold » et « Golden Plate ».
A. millefolium **(A. millefeuille) :** 70 cm. Floraison rose et rouge foncé.
Variété « Cerise Queen ».
A. ptarmica **(A. ptarmique) :** 80 cm. Feuilles lancéolées, port dressé, fleurs blanches.
• Culture : éclats de touffe à l'automne. On peut également semer en mars sous châssis.
• Utilisation : jardinières au soleil.

ACIDANTHERA *(A. murielae).* — Plante bulbeuse rappelant le glaïeul. 1 m. Fleurs grandes, blanches maculées de pourpre, agréablement parfumées.
• Culture : planter en mai à 10 cm de profondeur en sol sain.
• Utilisation : grande potée.

ACONIT *(Aconitum).* — Plante vivace à floraison bleue, estivale ou automnale. 1,20 m à 1,40 m.
A. napellus : 1,20 m. Floraison bleue en juillet.
A. Wisonii : 1,50 m. Floraison bleue en automne.
• Culture : par éclats au printemps ou par semis en godets en octobre-novembre, mise en place à l'automne ou au printemps.
• Utilisation : grandes jardinières ensoleillées sur les terrasses.
Attention : la plante, mais surtout ses racines, constitue un poison violent.

ACROCLINIUM *(A. roseum).* — Plante annuelle de 40 à 60 cm. Fleurs semblables à celles des immortelles, blanches, roses, rouges, de juin à septembre.
A. à grandes fleurs, A. à fleurs doubles.
• Culture : semis en place en avril-mai ou sous châssis froid en mars-avril ; mise en place en mai à 25 cm de distance.
• Utilisation : jardinières.

ADONIS *(Adonis).* — Plante annuelle de 30 à 50 cm. Feuillage léger et floraison rouge vif.
• Culture : semis en mars-avril avec floraison en juillet, ou en septembre pour floraison en mai-juin.
• Utilisation : jardinières au soleil.

AETHIONEMA *(A. armenum).* — Plante vivace, basse, touffue, garnie de fleurs très nombreuses de mai à juillet.
• Culture : bouturage en été ou semis en avril-mai.
• Utilisation : jardinières sur terrasses au soleil ; en caisse au pied des arbustes.

AGAPANTHE *(Agapanthus umbellatus).* **Tubéreuse bleue.** — Plante bulbeuse à souche tubéreuse. Feuilles rubanées lisses qui se renouvellent tout au long de l'année. Fleurs en ombelle de juillet à août. La couleur bleue est la plus courante, mais il existe aussi une variété à fleurs blanches.
• Culture : en pot, dans un mélange de terre de bruyère, de terreau de feuilles et de terre franche. Laissez reposer pendant l'hiver. Mettez en végétation en reprenant progressivement les arrosages jusqu'à la fin de la floraison ; diminuez progressivement les arrosages ensuite. Coupez les feuilles fanées et supprimez les arrosages jusqu'au printemps suivant.
• Utilisation : potées fleuries, jardinières. Dans les grandes jardinières sur terrasses, plantez la plante avec son pot.

AGERATUM *(A. mexicanum).* — Plante vivace dans son pays d'origine ou en serre ; cultivée comme annuelle. Elle forme une petite touffe serrée. Fleurs bleu clair à bleu foncé selon les espèces, pendant toute la belle saison.
Plusieurs variétés :
— « Miniature » : 15 cm ; bleu profond.
— « Impérial nain bleu » : 15 cm ; bleu.
— « Blue Blazer » : 15 cm ; bleu tendre.
• Culture : semis sur couche en avril-mai ; repiquage sur couche ; mise en place fin mai. On peut également bouturer en septembre.
• Utilisation : jardinières, même mi-ombre.

Les ageratums bleus font un beau tapis décoratif. En terrasse, ou devant les fenêtres, ils resteront fleuris pendant tout l'été.

ALYSSE *(Alyssum maritimum).* — **Alysse odorant** ou **corbeille-d'argent :** plante naine annuelle se couvrant de fleurs blanches odorantes de juillet à septembre. Il existe des variétés roses : « Rosy O'Day » et pourpres : « Tapis royal ».
A. saxatile **(corbeille-d'or) :** plante vivace, 30 cm, couverte en avril-mai d'une abondante floraison jaune pur.
• Culture : en pépinière en septembre et mise en place en mars-avril ; ou semis d'avril à juillet pour les variétés d'A. maritime.
Semis en mai-juin ; repiquage en pépinière en septembre et mise en place à l'automne ou par division de touffe.
• Utilisation : jardinières ; la corbeille d'argent supporte la mi-ombre.

L'alysse corbeille-d'or fournit une masse de fleurs jaunes au printemps, à bonne exposition.

A fleurs simples ou doubles, la corbeille-d'or convient très bien dans les caisses, au pied des arbustes, ou en pot sur des murets.

AMARANTE *(Amaranthus).* — Deux espèces à fleurs intéressantes et une espèce à feuillage coloré.
Amarante crête-de-coq *(Celosia cristata) :* plante annuelle, fleurs énormes de coloris très vifs allant du jaune au violet pourpre ; 50 à 60 cm. Floraison soutenue de juin à septembre. (Voir aussi Célosie.)
• Culture : semis sur couche chaude en février-mars, repiquage sur couche une ou deux fois. Mettez en place fin mai.
Amarante queue-de-renard *(A. caudatus) :* plante annuelle, feuillage vert clair ; 0,60 à 1 m. Floraison en juillet-septembre, en longs épis pendants, couleur amarante.
• Culture : semis sur couche froide, un repiquage, mise en place en mai à 1 m d'espacement.

L'amarante « queue-de-renard », aux fleurs si particulières, atteint près de 60 cm.

L'ancolie hybride, cæruea, est une vivace facile à cultiver, très intéressante pour les balcons et les terrasses exposés à l'ombre.

• Utilisation : les deux espèces font de belles potées ; excellentes sur terrasses.

ANCOLIE *(Aquilegia).* — Très belles plantes vivaces au feuillage frais ; floraison mai-juin dans des tons très pâles, jaune rose, bleu, rouge ; 0,40 à 1 m.
De nombreuses espèces — *A. vulgaris* (ancolie des jardins), *A. caerulea, A. chrysantha* — ont donné des variétés à fleurs simples ou doubles se reproduisant parfaitement en semis.
Ancolie des jardins :
— Double variée ; 0,80 à 1 m ; blanc, rose, lilas.
— « Crimson Star » : 50 cm ; rouge au centre bleu.
— « Nivea » : 60 cm ; fleurs blanc pur.
• Culture : semis en avril-mai, en pépinière, repiquage en pépinière légèrement ombrée, mise en place à l'automne à 40-50 cm de distance. Éclats de souche au printemps ou à l'automne.
• Utilisation : jardinières à l'ombre.

ANÉMONE *(Anemone).* — Différentes espèces. Retenons la plus intéressante :
Anémone des fleuristes *(A. coronaria) :* plante vivace bulbeuse ; 20 à 30 cm de hauteur ; floraison importante d'avril à juin. Plusieurs variétés :
— A. simple de Caen « Hollandia » : écarlate à centre blanc.
— « La Fiancée » : blanc pur.
— A. double « Sainte-Brigitte » : fleurs semi-doubles ou doubles, de différents coloris.

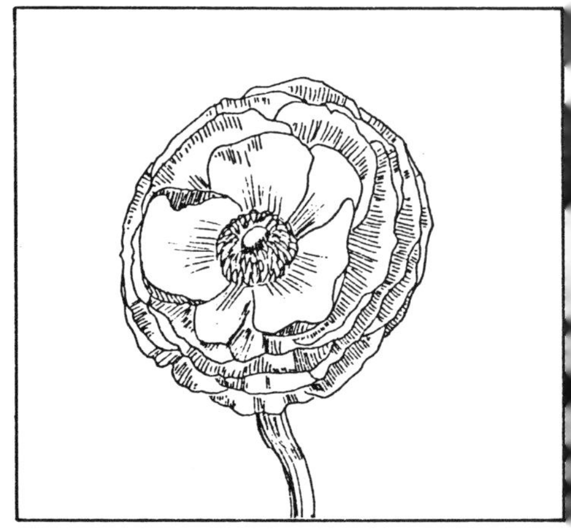

L'anémone est très appréciée et sa culture est facile. La diversité des coloris laisse une grande latitude dans l'élaboration des parterres.

• Culture : mettez les pattes en terre en automne et protégez du gel avec des feuilles mortes. Multiplication par division de touffe.
• Utilisation : toutes les variétés sont excellentes en jardinière.

ASTER. — Nombreuses espèces et variétés, de tailles, de couleurs et d'époques de floraison très variées.
A. alpinus (**A. des Alpes,** indigène dans nos montagnes) : 15 à 20 cm de hauteur. Floraison bleu-lilas en mai, pour jardinières exposées au soleil.
A. amellus : 50 cm de hauteur. Fleurs roses, bleues ou violettes en août ou septembre.
— « King George » : violet à centre jaune.
— « Belle de Ronsdorf » : rose violacé.
A. Novae-Angliae : 1 m à 1,40 m de hauteur. Floraison en septembre-octobre.
— « Barr's Pink » : 1,40 m, rose pur.
— « Pilosus » : 1,20 m, bleu vif.
A. Novi Belgii : 0,60 à 1,30 m de hauteur.
— « Babette » : 80 cm ; fleurs semi-doubles, violettes ou pourpres.
— « Marie Ballard » : 1 m de hauteur, bleu tendre.
— « Winston Churchill » : 80 cm de hauteur, rouge vif.
• Culture : par division de touffes à l'automne ou au printemps.
• Utilisation : les asters nains seront utilisés en jardinières et même en potée. Les asters demi-nains ou grands seront utilisés sur les terrasses dans les grands bacs, et associés à d'autres espèces d'automne.

Les azalées figurent parmi les plus belles plantes à cultiver en pot et en caisse : le compost de terre de bruyère est indispensable. L'azalée de jardin est remarquable pour la profusion de ses fleurs et la beauté des coloris. Ses fleurs, plus petites, tiennent très longtemps.

AUBRIETIA *(Aubrietia deltoidea).* — Plantes vivaces, tapissantes de 10 à 20 cm de hauteur ; fleurs roses, pourpres ou bleues, d'avril à juin.
— A. « Cascade bleue ».
— A. « Ville d'Orléans », 10 cm, rouge.
• Culture : semis en pépinière en mai, repiquage en pépinière, plantation en septembre-octobre.
• Utilisation : jardinières ; dans les caisses au pied des arbustes.

AZALÉE *(Azalea).* — Petit arbuste rustique. Nombreuses espèces demandant à être cultivées en terre de bruyère, à exposition mi-ombragée. Attention au dessèchement de la motte.
Les azalées cultivées en serre pour la potée fleurie dérivent de *A. indica.*
Azalées à feuilles caduques
Les fleurs, grandes, apparaissent en mai ; 0,60 à 1,20 m de hauteur. De très nombreux hybrides variant du blanc au rouge foncé.
— « A. Daviesti », « Persil » : blanc.
— « Nancy Waterer », « Harvest Moon » : jaune.
— « Gibraltar », « Gloria Mundi » : orange.
— « Pink Delight » : rose.
— « Balzac », « Fanny » : rouge.

Azalées à feuilles persistantes
Les fleurs sont plus petites que les précédentes.
A. amoena : couverte de fleurs roses, 40 à 50 cm de hauteur.
A. obtusa :
— « Fête des mères » : rouge.
— « Hinodegiri » : rouge éclatant.
— « Orange Beauty » : orangée.

BÉGONIA
Trois grands groupes de plantes : bégonia de serre et d'appartement ; bégonia annuel en culture ; bégonia tubéreux.

Bégonias annuels (B. semperflorens)
Petites plantes annuelles à feuillage luisant, vert ou bronzé ; fleurs blanches, roses ou rouges durant l'été et l'automne. Supportent les expositions ensoleillées.
Nombreuses variétés :
— « Diamant blanc » ; « La Neige » : blanc, feuillage vert clair.
— « Gloire et Châtelaine rose » : rose, feuillage vert foncé ; « Perle rose » : rose.
— « Beauté rouge » : rouge, indienne nain compact, feuillage très bronzé.

Le bégonia pendula est une des meilleures espèces pour les pots et les jardinières.

• Culture : les graines sont très petites (100 000 au gramme). Semez en janvier, à chaud, en terrine de terre de bruyère finement tamisée. Il ne faut pas trop enterrer les graines. Repiquez en caissettes quand les plantes ont deux petites feuilles, repiquez ensuite en godets, sous châssis. Mettez en place fin mai à 25 cm de distance en tous sens.
• Utilisation : potées, jardinières et caisses. Les bégonias sont précieux pour les balcons à l'ombre.

Bégonias tubéreux
Nombreuses races et variétés préférant pour la plupart la mi-ombre. Floraison abondante dans les coloris allant du blanc au rouge foncé.

Dans une jardinière, on peut associer diverses variétés de bégonias, de tons différents, à fleurs simples ou doubles. Le bégonia hybride F1 Myzar est issu de semis ; ces variétés (rouges, roses ou blanches) sont sans doute les plus utilisées sur les balcons pour leur floraison abondante et durable.

Double de semis : grandes fleurs de coloris vifs (blanc, jaune, orange, rouge écarlate, rouge foncé et saumon).
Begonia pendula : tige allongée, rameaux tombants ; intéressant pour suspension sur fenêtres et balcons, mêmes coloris.
B. multiflore : plante plus petite et plus trapue ; à fleurs moyennes.
B. fimbriata « Fleurs d'œillet ».
B. Bertini compacta : plante naine à fleurs simples, pendantes ; supporte très bien le soleil ; coloris jaune et rouge.
• Culture : division des tubercules ; mise en végétation en mars sur de la tourbe humide, et mise en place fin mai ; semis du même type que les *B. gracilis,* avec repiquage de préférence.
• Utilisation : tubercules à placer par deux ou trois en pot, sans oublier de tuteurer. Excellents pour les jardinières.

BIGNONIA *(Tecoma* ou *Campsis).* — Arbuste sarmenteux à feuillage caduc et léger. Fleurs en tubes ou campanulées en août-septembre.
Bignone à grandes fleurs *(Tecoma grandiflora) :* 3 à 5 m de hauteur, nécessitant en conséquence un palissage ; fleurs ouvertes rouge orangé, en juillet-août.
Jasmin de Virginie *(Tecoma radicans) :* arbuste vigoureux à fleurs tubulées rouges en épi, rameaux pouvant atteindre 10 m de haut.
• Culture : multiplication par division des racines.
• Utilisation : caisses, murs de terrasse, treillages, colonnes, de préférence en situation ensoleillée.

CAMPANULE *(Campanula).* — Plantes annuelles, bisannuelles ou vivaces à floraison très intéressante dans tous les tons de bleu et en blanc.

Campanules annuelles
C. à gros styles *(C. macrostyla) :* 30 à 50 cm de hauteur. Floraison violette en juillet-août.
C. Miroir de Vénus *(C. speculum) :* 20 à 30 cm de hauteur. Floraison blanc, bleu, violet, de mai à juillet.
• Culture : semis en avril-mai, en place, suivi d'un éclaircissage.
• Utilisation : jardinières au soleil.

Campanules bisannuelles
Campanules à grosses fleurs *(C. medium) :* 60 à 80 cm de hauteur. Port pyramidal,

fleurs en forme de cloche (le nom « campanule » vient du mot latin *campana :* cloche), blanc, bleu, rose, en juin-juillet.
• Culture : semis en mai, en pépinière ; repiquage en pépinière ; mise en place en septembre.
• Utilisation : grandes jardinières en situation bien ensoleillée.

Campanules vivaces
Dans ce groupe, on trouve des espèces basses et des espèces élevées.
Campanules basses :
Campanules des Carpathes *(C. carpatica) :* 20 à 35 cm de hauteur. Touffes très ramifiées. Floraison de mai à septembre, bleu, blanc, violet.
Campanule des murailles *(C. muralis) :* espèce tapissante (10 à 20 cm de hauteur). Floraison en mai-juin, fleurs violettes en forme de clochettes.
• Culture : semis en pépinière en mai-juin et mise en place en septembre ; ou bien encore division de touffes en septembre.
• Utilisation : toutes jardinières, au soleil ou même à la mi-ombre. *C. muralis* est une des meilleures tapissantes.
Campanules élevées :
Campanule à larges feuilles *(C. latifolia) :* 60 à 80 cm. Plante érigée à floraison en épis bleus ou blancs en juin-juillet.
Campanule à feuilles à pêcher *(C. persicaefolia) :* 60 à 80 cm. Port dressé, grandes fleurs groupées, blanc ou bleu, de mai à juillet.
Campanule pyramidale *(C. pyramidalis) :* 1 à 2 m. Tiges droites érigées (nécessité de tuteurer). Floraison de juillet à septembre, blanc ou bleu.
• Culture : semis en mai-juin, en pépinière, repiquage en pépinière, mise en place au printemps ; division de touffes ou éclats au printemps.
• Utilisation : en grandes potées, ou en jardinières bien ensoleillées.

CANNA *(Canna indica hybrida).* — Plante rhizomateuse à larges feuilles engainantes vertes ou pourpres. Ses fleurs s'épanouissent d'août à octobre en panaches, à l'extrémité de tiges hautes de 1 à 1,5 m.
— « Alberik » : nain, rose saumon.
— « Reine Charlotte » : feuillage vert.
— « Madame Angèle Martin » : feuillage pourpre.
• Culture : plantez au printemps en terre riche et perméable, à exposition ensoleillée. Rentrez les rhizomes à l'automne.
• Utilisation : jardinières.

CAPUCINE *(Tropaeolum).* — Plantes annuelles qui peuvent être soit naines, soit grimpantes, et qui offrent une abondante floraison de juin jusqu'aux gelées.
Capucines naines *(Tropaeolum minus).* — Touffes compactes, les fleurs plus ou moins dégagées du feuillage. Floraison allant du jaune au rouge foncé.
— « Impératrice des Indes » : écarlate foncé, à feuillage bronzé, fleurs simples.
— « Globe d'or » : fleurs doubles, jaunes.
Capucines grimpantes *(Tropaeolum majus).*
Plantes atteignant 4 m. Floraison crème, orange, rouge, de juin aux gelées (c'est une espèce très florifère).
— « Spit-Fire » : rouge vermillon, fleurs très nombreuses.
• Culture : semis en godets de 2 ou 3 graines sous abri en avril ; mise en place avec la motte fin mai. On peut aussi semer directement en place en avril-mai, en poquets espacés de 40 cm.
• Utilisation : les races grimpantes ornent les treillages, pergolas, balcons ; les races naines sont utilisées dans les caisses au pied des arbustes, mais aussi en jardinières, pots ou suspensions. Plantes de soleil, mais tolérant souvent la mi-ombre

CÉLOSIE *(Celosia cristata).* — Plante annuelle présentant des touffes rameuses. La célosie est une amarante à inflorescences en panaches plumeux. Floraison jaune, rose ou rouge. 30 à 70 cm de hauteur. On trouve quelques variétés, parmi lesquelles :
— « Triomphe de l'Exposition » : 70 cm ; feuillage bronzé. Floraison jaune, rose ou rouge de juillet à septembre.
— « Très Naine jaune d'or » : 30 cm ; jaune.
— « Lilliput », « Plume de feu » : 30 cm ; rouge.
• Culture : semis en mars-avril, sur couche chaude, un à deux repiquages, mise en place fin mai à 25 cm d'écartement pour les variétés naines, et à 40 cm pour les variétés hautes.
• Utilisation : potées ou jardinières selon la hauteur des variétés.

CHRYSANTHÈME *(Chrysanthemum).* — Parmi les innombrables espèces et variétés, nous ne retiendrons que les chrysanthèmes annuels et vivaces (ou marguerites d'automne), les plus faciles à cultiver et particulièrement appréciés pour la décoration automnale.

Canna florifère Sémaphore ; les fleurs aux couleurs brillantes viennent très bien en jardinière.

La variété de canna Coq d'or présente des fleurs curieuses et un feuillage très vert.

Les fleurs de la célosie s'épanouissent à partir du mois de juillet ; leur panache plumeux à port pyramidal est précieux sur les balcons.

Chrysanthèmes « Tokyo » ; facile à cultiver, cette variété produit une profusion de fleurs.

Chrysanthèmes annuels

Chrysanthème des jardins *(C. coronarium) :* touffe dressée très ramifiée. 1 m de hauteur. Floraison de juin à septembre, fleurs simples et doubles, blanches et jaunes.

C. à carène *(C. carinatum) :* touffe dressée, fleurs de 50 à 60 cm, de juin à septembre. On cultive surtout la variété hybride de Burridge dont les fleurs présentent plusieurs couleurs concentriques.

C. spectabile : 60 cm. Port divergent, fleurs blanches avec un disque jaune cœur jaune d'or en mai-juin.

• Culture : semis en mars-avril sous châssis, mise en place en mai à 40 cm d'écartement ; on peut également semer en septembre en pépinière, repiquer sous châssis, mettre en place en mai.

• Utilisation : en grosses potées ou en jardinières sur terrasse.

Chrysanthèmes vivaces

C'est une race issue de croisement entre différentes variétés. Hauteur variant de 50 cm à 2 m. Fleurs simples, doubles ou semi-doubles, d'août à novembre.

— « Apollo » : rouge bronzé.
— « Gerbe d'or » : jaune vif.
— « Sunset » : orange.
— « Rita » : rose pur.
— « Rougette » : rouge brique, etc.

• Culture : division de touffes au printemps ; bouturage en avril-mai.

Les chrysanthèmes nains sont très précieux pour décorer les caisses au pied des arbustes.

Semblables à des marguerites, ces chrysanthèmes à fleurs moyennes s'épanouissent à l'automne.

CLARKIA *(C. elegans).* — Plantes annuelles aux nombreuses tiges dressées, terminées par un épi de fleurs doubles, dont la couleur va du blanc au violet ; de mai à septembre.

• Culture : semis en place de mars à juin. Il est possible de semer en godets en septembre et d'hiverner sous châssis.

• Utilisation : potées, vasques ou jardinières au soleil.

COLEUS. — Plante annuelle en culture extérieure, vivace en serre ou en appartement. Floraison insignifiante mais feuillage vivement coloré de jaune, rouge et vert.

— C. Arc-en-ciel : rouge, rose, brun, jaune bordé de vert.
— C. Automne : rouge cuivre ourlé de jaune.

• Culture : semez de février à avril sous châssis chaud ; repiquez en godets sur couche. Mettez en place fin mai-début juin. On peut multiplier par bouture.

Les chrysanthèmes à grosses fleurs forment de très belles potées en fin de saison, mais ils sont surtout cultivés pour la Toussaint.

Très beaux chrysanthèmes à couleur d'incendie qui viennent en fin de saison et se marient bien aux couleurs d'automne des feuillages.

CORBEILLE-D'ARGENT *(Arabis alpina).* — Plante vivace ; 20 cm de hauteur ; importante floraison blanche ou rose. Ne pas confondre avec l'alysse odorant.

Différentes variétés :
— A. alpina à fleurs simples blanches.
— A. alpina à fleurs doubles blanches.
— A. alpina « Rose Tetra » à fleurs roses.

• Culture : semez en pépinière en mai, mettez en place en automne à 30 cm de distance en tous sens. Division de touffes ou bouturage des jeunes rameaux après floraison.

• Utilisation : mélangez à l'aubrietia et à la corbeille-d'or. Jardinière.

Le coléus est remarquable en culture sur balcon ; il doit être rentré l'hiver.

La corbeille-d'argent (Arabis alpina) est une vivace très facile à cultiver au soleil.

Il existe des variétés de corbeille-d'argent à fleurs blanches ou roses. Peu exigeante, cette plante retombe sur le côté du récipient de culture.

CORÉOPSIS. — Plantes annuelles ou vivaces.

Coréopsis annuel

25 à 80 cm de hauteur ; tiges grêles dressées, nombreux rameaux portant à leur extrémité des capitules. Floraison allant du jaune au brun, de juin à octobre.
Coréopsis élégant pourpre : de 40 à 80 cm de haut.
C. de Drummond : jaune d'or.
• Culture : semis en pépinière en mars-avril, mise en place à 30 cm d'écartement en tous sens. On peut semer directement en place, en avril-mai.
• Utilisation : jardinières.

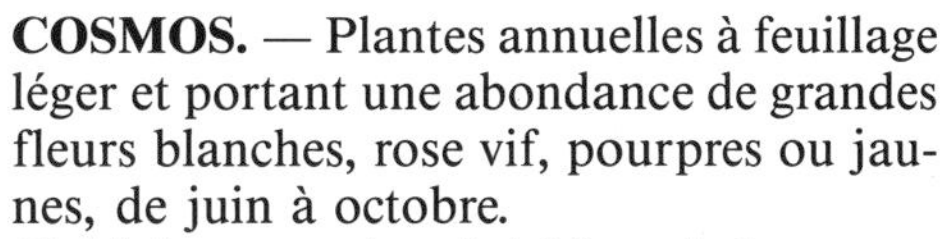

COSMOS. — Plantes annuelles à feuillage léger et portant une abondance de grandes fleurs blanches, rose vif, pourpres ou jaunes, de juin à octobre.
C. bipinnatus : 1 m à 1,30 m de haut.
— « Sensation » : fleurs très grandes, blanches, roses ou rouges.
C. sulphureus : 80 cm à 1 m de haut.
— « Coucher de soleil » : fleur semi-double, orange vif.
• Culture : semis en mars-avril sur couche, mise en place fin avril à 50 cm d'écartement ; on peut aussi semer en place.
• Utilisation : grandes jardinières.

CROCUS *(Crocus vernus).* — Petites plantes bulbeuses atteignant 10 à 15 cm de haut. Rustiques, à floraison très précoce, du blanc au jaune pourpre.
• Culture : plantation des bulbes à partir de septembre à 5 cm de profondeur, par groupes de 3 à 5 bulbes. On peut les laisser se naturaliser ; pour cela, ne retirez pas les bulbes de terre après la floraison.
• Utilisation : potées grandes et petites, vasques, jardinières.

DAHLIA *(Dahlia hortensis).* — Plantes vivaces par leurs racines tubéreuses, mais non rustiques dans nos régions. Tiges dressées et ramifiées portant des fleurs de juin aux gelées. Les hauteurs varient de 20 cm à 2 m.
C'est par la forme des fleurs qu'on classe les dahlias.

Dahlias à fleurs simples

Leur hauteur n'excède pas 60 cm. Feuillage vert ou vert bronzé. Floraison de longue durée (jusqu'en septembre) dans des coloris très variés.

Les petites fleurs du crocus sont les premières taches de couleur du printemps.

Vous pouvez planter les crocus en fleur. Les bulbes sont rentrés quand les feuilles se fanent.

Le dahlia nain à fleurs de chrysanthème est connu sous le nom de dahlia cactus ; il est intéressant pour son beau feuillage vert foncé.

Le dahlia cactus est sans doute l'un des plus connus et des plus spectaculaires avec tous ses coloris.

Le cultivar lilliput Very Gay donne une abondance de jolies fleurs, en pompons.

Les horticulteurs ont mis au point de nombreuses variétés de dahlias. On en trouve de toute hauteur, les plus grands pouvant servir de haie fleurie en bordure de terrasse. Ici, le dahlia Twiggy qui est particulièrement apprécié pour ses fleurs roses, tachées de jaune au centre.

Dans le groupe, on peut classer les « Top-Mix », variétés naines (20 cm), à utiliser pour les bordures.
Variétés :
— « Butterfly » : jaune vif.
— « Diamant » : blanc pur.
— « Noiraud » : jaune d'or à feuillage bronzé.

Dahlias à collerette
80 cm de hauteur. Une seule rangée de pétales, avec le centre garni de ligules.
Variété :
— « La Cierra » : blanc et rouge.

Dahlias décoratifs
1,30 m à 1,60 m de haut. Grandes fleurs doubles au sommet d'un pédoncule très solide.
Variétés :
— « Banquise » : blanc.
— « Augustin Laurent » : rouge sang.
— « Firmament » : à très grandes fleurs mauve bleuté, etc.

Dahlias cactus
Fleurs doubles à pétales enroulés, 1,20 à 1,50 m, dans tous les coloris.
Variétés :
— « Furka » : blanc pur.
— « Raymond Poulidor » : orange cuivré.
— « Baronne de Nervo » : rose pur.
— « Ambre » : orange.
— « Cheverny » : mauve soutenu.

Dahlias pompons ou Lilliput
Fleurs à pétales tuyautés de 4 à 6 cm de diamètre (1 m de hauteur).
Variétés :
— « Red King » : rouge vif.
— « Bertrand » : corail.
— « Valencia » : orangé vif, etc.
Il existe bien sûr plusieurs hybrides entre ces différentes formes, notamment entre les dahlias cactus et les dahlias décoratifs.
• Culture : pour reproduire fidèlement les différentes variétés de dahlias, il faut pratiquer le bouturage ou la division des tubercules.
Bouturage : mise en végétation en serre chaude en février-mars ; pincement des tiges secondaires qui se développent sur la tige principale ; plantation en godets, sur couche, et mise en place définitive fin mai.
Division des souches : séparez les tubercules en ayant soin de conserver une partie de la tige ; mettez en végétation sous châssis début avril, plantez fin mai.

Il existe également des dahlias se multipliant par semis. Dans ce cas, semez en mars sur couche, ou fin avril sous châssis froid ; repiquez en godets et mettez en place fin mai. De culture très facile, ces dahlias donnent également une abondante floraison de coloris très variés. Parmi eux, on distingue : le dahlia nain simple « Coltness » ; le dahlia nain simple « Mignon » ; le dahlia nain semi-double d'« Unwim ».
• Utilisation : par son abondante floraison, par la richesse de ses couleurs et de ses formes, le dahlia est une excellente plante pour potées. Les variétés naines serviront à garnir fenêtres et balcons. Les variétés plus hautes seront réservées aux jardinières sur terrasses ; il sera bon, cependant, de tuteurer, du moins dans les endroits exposés au vent.

DICENTRA *(Dielytra spectabilis),* plus connu sous le nom de « cœur-de-Marie » ou « cœur-de-Jeannette ». — Plante vivace par sa souche, à la tige rameuse et au feuillage léger. Floraison en grappe fin mai ; fleurs en forme de cœurs, d'où son nom populaire.
• Culture : division de touffes en mars ; la plante peut refleurir si l'on pince les tiges après la première floraison. Faciles à réaliser, le bouturage et le semis sont aussi largement pratiqués.
• Utilisation : potées, caisses.

DIMORPHOTECA *(Dimorphoteca aurantiaca).* — Ressemble à la marguerite. Plante annuelle à tiges rameuses de 50 cm de haut, à floraison soutenue en capitules, de juin à septembre. Coloris variant du crème à l'orange. Il existe un hybride à grandes fleurs.
• Culture : semis en place en avril-mai. Semis en godets en mars-avril, suivi d'une plantation avec la motte.
• Utilisation : jardinières au soleil.

ÉRÉMURUS. — Splendide plante vivace à grosses racines charnues (griffes), feuilles longues (1 m), hampe florale en mai-juin.
E. Bungei : fleurs jaune vif, en épis de 1 m à 1,50 m.
E. himalaicus : fleurs blanches en épis de 1,50 m.
E. robustus : épis rose pâle de 2 m de haut.
• Culture : plantation des griffes (qui ressemblent aux griffes d'asperges) en octobre-novembre, en terrain sain et perméable, division des souches âgées.
• Utilisation : très bel effet dans les caisses et grandes jardinières.

ESCHSCHOLTZIA *(Eschscholtzia californica).* — Plante annuelle au joli feuillage et dont la floraison va de juin à octobre. Hauteur 40 cm. On trouve des variétés à fleurs simples ou doubles, dans les tons blancs, jaunes, orange, rouges ou mauves.
• Culture : semis en place en avril-mai ; on peut également semer en place en septembre. Ou bien encore : semis en septembre en pépinière, repiquage en pépinière et mise en place au printemps.
• Utilisation : sur terrasses et balcons bien ensoleillés en grandes jardinières. Se plaît sous les climats maritimes.

FICOÏDE *(Mesembrianthemum criniflorum).* — Plante annuelle tapissante à feuilles charnues et abondantes ; fleurit aux expositions ensoleillées. Variétés dans les tons jaune, orangé, rose, rouge ou blanc.
— « Tapis magique », « Tapis persan », « Tapis fleuri ».
• Culture : semis en mars en pot sur couche, repiquage en godets sous châssis, mise en place en mai à 20 cm d'écartement en tous sens. Semis en place d'avril à juin.
• Utilisation : jardinières, vasques.

FRITILLAIRE *(Fritillaria imperialis).* — Plante vivace à gros bulbe, connue sous le nom de couronne impériale. En mars-avril, elle porte à l'extrémité d'une épaisse tige dressée, garnie de larges feuilles vers le bas, une couronne de grosses fleurs en clochettes pendantes rouge brique ou jaunes.
— « Maxima » : de grande taille, à fleurs plus grosses.
• Culture : semis d'automne ou division des caïeux en août. Plantez en situation ensoleillée dans un terrain bien drainé, à 30 cm de profondeur. Laissez en place pendant 3 ou 4 ans.
• Utilisation : jardinières.

FUCHSIA. — On distingue deux groupes : fuchsia rustique et fuchsia de serre.

Fuchsia rustique
Arbuste de 70 cm à 1 m et plus. Fleurs en forme de clochettes retombantes, le calice et la corolle étant de couleur différente, dans les tons rouges et violets. Floraison abondante toute la belle saison.

Toujours surprenantes, les clochettes du dicentra lui ont valu ses différents noms de « cœur-de-Marie » ou de « cœur-de-Jeannette ».

Attendez la mi-avril pour semer la ficoïde tricolore à l'extérieur ; l'espèce est en effet très sensible au froid et craint les dernières gelées.

Connues sous le nom de couronne impériale, les fritillaires se caractérisent par des bouquets de fleurs pendantes, rouge brique ou jaunes.

Les fuchsias épanouissent en abondance des fleurs originales qui durent longtemps.

Les fleurs des fuchsias sont très souvent bicolores, dans les tons rouges, roses, blancs et violets.

Le fuchsia blanc Ting-a-ling, avec ses longues étamines, est un sujet véritablement précieux ; il constitue de remarquables potées.

• Culture : multiplication par boutures en août, mise en place au printemps suivant ; rabattre la plante à la fin de l'automne et protéger la souche avec des feuilles sèches ou de la paille pendant l'hiver.
• Utilisation : caisses restant à demeure sur la terrasse.

Fuchsia de serre
Arbuste non rustique, à floraison de longue durée, fleurs en clochettes simples ou doubles, dans les tons blancs, rose, rouge, violet ou orange.
Très nombreuses variétés à port dressé, étalé ou retombant, avec des fleurs simples, doubles ou semi-doubles.
• Culture : bouturage de rameaux de 8 cm environ (placez les boutures dans un mélange de terre acide et léger, en godets). Arrosez généreusement en été, diminuez progressivement les arrosages à l'automne.
• Utilisation : potées fleuries, suspensions. On peut mettre les plantes à l'extérieur l'été, les rentrer à l'automne et hiverner en serre froide.

GAILLARDE *(Gaillardia pulchella* et *aristata).* — Groupe de plantes comportant des espèces annuelles et des espèces vivaces.
Gaillarde annuelle *(G. pulchella) :* plante d'une grande floribondité, haute de 50 cm, fleurs de juillet à octobre dans les tons jaune, orange et rouge.
Variété :
— « Peinte variée ».
• Culture : semis sur couche froide en mars, repiquage sur couche et mise en place en mai. Les plantes peuvent se naturaliser.
• Utilisation : grosses potées, jardinières au soleil.
Gaillarde vivace *(G. aristata) :* plante rustique par sa souche, à grandes fleurs variées de juin à septembre, haute de 50 à 70 cm.
Variétés :
— « Chloé » : fleurs jaunes ; 70 cm.
— « Compacte à grandes fleurs variées » : 50 cm.
• Culture : semis en mai-juin en pépinière, repiquage en pépinière et mise en place au printemps. Par division des touffes au printemps.
• Utilisation : bonne plante pour jardinières et caisses sur terrasses.

GAZANIA *(G. splendens).* — Vivace dans le Midi, ailleurs cultivée comme annuelle. Belles fleurs dans les tons jaune, orangé, violacé, brun.
• Culture : semis en février sur couche chaude, repiquage sous châssis, mise en place fin mai.
• Utilisation : potées, jardinières.

GÉRANIUM, voir Pélargonium.

GIROFLÉES. — Ce groupe comporte de nombreuses espèces assurant une floraison presque continuelle. Elles sont de culture très facile et assurent une superbe floraison agréablement parfumée.

Giroflées annuelles *(Matthiola annua)*
Ce sont les giroflées d'été et les giroflées quarantaines. Dans ce groupe, le semis permet d'obtenir des plantes à fleurs simples et d'autres à fleurs doubles, ces dernières étant très décoratives.
Floraison de juin à septembre, dans les tons blanc, rose, parme, rouge. Hautes de 30 à 60 cm.
Variétés :
— « G. Quarantaine à grandes fleurs 100 % doubles ».
— « G. d'été Excelsior 100 % double ».
• Culture : semis en février-mars, sous châssis froid et mise en place fin avril-début mai. On peut également semer en place en avril-mai.
• Utilisation : potées odorantes, vasques, jardinières.
Giroflée de Nice : 50 cm de haut, plante ramifiée ; floraison très parfumée de juillet aux gelées.
• Culture : semis en février-mars et mise en place en août, repiquage en godets et hivernage sous châssis ; mise en place en avril. Cela permet une floraison plus précoce.
• Utilisation : jardinières et potées bien exposées.

Giroflées d'hiver
Plantes bisannuelles à floraison abondante, de coloris variés, hautes de 50 cm.
Variété : « A grande fleur Dame ».
• Culture : semis en mai-juin, clair, en pépinière bien exposée, rempotage et hivernage sous châssis, mise en place en mars ; floraison à partir d'avril.
• Utilisation : toutes grandes jardinières exposées au soleil.
Giroflée jaune annuelle : plante annuelle de 50 cm de haut, à floraison jaune, orange et rouge, de juin à août.
• Culture : semis sous châssis froid en mars et repiquage en place en avril.
• Utilisation : jardinières.

Giroflée jaune bisannuelle : plante à tige ramifiée, très florifère et parfumée, haute de 40 à 60 cm.
• Culture : semis en pépinière de mai à juillet, mise en place en automne à 40 cm d'écartement en tous sens ; floraison à partir de mars.
• Utilisation : jardinières, en association avec les bisannuelles et les bulbes à floraison printanière.

GLAÏEUL *(Gladiolus)*. — Plantes bulbeuses à floraison estivale. Le bulbe émet une seule hampe florale de 80 cm à 1,50 m de haut. Les coloris vont du blanc au violet foncé. Les fleurs peuvent être plus ou moins maculées ou striées. Il en existe de très nombreuses variétés.
• Culture ; choisissez de gros bulbes (12 à 14 cm de circonférence), plantez à partir de fin mars à 5 cm de profondeur tous les 20 à 25 cm en tous sens. Il est recommandé de tuteurer pour avoir des hampes florales droites ; arrosez régulièrement en période sèche. Après le jaunissement des feuilles, arrachez les bulbes, faites-les sécher, enlevez la terre qui y adhère encore et supprimez les feuilles en gardant 10 cm environ de la tige ; conservez-les ensuite au sec.
• Utilisation : jardinières et grandes potées à condition de tuteurer solidement.
Il existe également des variétés à petites fleurs qui se plantent à l'automne et fleurissent en juin-juillet.
Glaïeul Colvillei à fleur blanche ou à fleur rose. Plantation en octobre.

GODÉTIA *(Godetia grandiflora)*. — Plante annuelle très ramifiée, haute de 40 cm, à grandes fleurs épanouies tout l'été, dans les tons blanc, rose, rouge et violet.
Variétés :
— « G. Whitneyi ».
— « G. à fleur d'azalée ».
• Culture : semis en avril-mai, en pépinière et mise en place fin mai, ou semis directement en place en mai.
• Utilisation : supporte le bord de mer, vasques, potées, jardinières.

GYPSOPHILE. — Cette plante comporte des formes annuelles et vivaces.
Gypsophile annuelle : plante à port dressé formant un buisson léger de 50 cm de haut. Fleurs blanches, roses ou rouges ; de juin à octobre.
— « Roi des Halles » : blanc pur.
— « Élégant » : fleur rose.
• Culture : semis d'avril à juin. Les semis se font en place, les plantes supportant difficilement la transplantation.
• Utilisation : fleurs coupées donnant des bouquets très légers, massifs.
Gypsophile vivace *(Gypsophila paniculata)* : vivace par ses racines charnues.
Variétés :
— « Bristol Fairy » : 80 cm de haut ; fleurs blanches et doubles.
— « Flanning » : 80 cm de haut ; grosses fleurs roses doubles.
— « Voile rose » : 30 cm de haut ; rose.

La giroflée ravenelle, vivace, cultivée comme bisannuelle, forme des touffes jaunes odorantes.

Le glaïeul est une bulbeuse bien connue, toujours très appréciée pour sa fleur estivale.

Pour une floraison printanière abondante, plantez des touffes de giroflées en bacs dès les premières semaines de l'automne.

Les grosses fleurs du glaïeul viennent particulièrement bien contre un mur ensoleillé ; tuteurez dans les bacs au moment de la plantation.

Semées en mars-avril, les godétias épanouissent en été des fleurs blanches, roses, rouges ou violettes ; pour hâter la floraison, semez en septembre, sous abri.

• Culture : semis en avril-mai en pépinière. Repiquage en godets et plantation au printemps à 70 cm de distance en tous sens. Il est possible de greffer sur racine.
• Utilisation : convient pour les grandes jardinières au soleil. Les espèces vivaces peuvent être associées à la plupart des fleurs qui s'épanouissent en été.

HÉLÉNIUM. — Plante vivace par sa souche, se plaisant en tous sols et à toutes expositions. La plus cultivée est *H. automnale,* de taille variant de 60 cm à 1,80 m et dont les coloris vont du jaune au rouge cramoisi. Floraison d'août à octobre.
• Culture : éclats de souche d'octobre à mars.
• Utilisation : à planter en isolée en pot, ou en jardinière.

HÉLIANTHÈME *(Helianthemum).* — Petit arbrisseau vivace de 20 à 30 cm de haut. Floraison de juin à septembre. Variétés :
— « Golden Queen » : fleur simple jaune.
— « Jubilée » : fleur double jaune.
— « Boule de feu » : fleur double rouge.
• Culture : bouturage des rameaux à l'étouffée en automne ; semis en mai-juin, repiquage en pépinière et mise en place au printemps.
• Utilisation : grosses potées, caisses exposées au soleil.

HÉLIOTROPE *(Heliotropium peruvianum).* — Cultivée comme annuelle. 60 à 80 cm de haut. A inflorescences lilas ou violettes, très parfumées ; de juin à octobre.
• Culture : semis sur couche chaude en avril ; repiquage en pot sous abri, mise en place fin mai ; multiplication possible par bouturage au printemps, sous abri.
• Utilisation : excellente pour potées et jardinières odorantes.

HÉMÉROCALLE *(Hemerocallis).* — Plante vivace très rustique se plaisant à mi-ombre. Longues feuilles rubanées ; hampes florales de 80 cm à 1,20 m de haut, portant des fleurs ressemblant à celles du lys. Coloris jaune, orangé, rouge. Floraison de mai à septembre ; plus ou moins parfumée.
• Culture : division des souches en automne ; il est bon de laisser les touffes le plus longtemps possible en place.
• Utilisation : grosses potées et caisses ; précieuses pour la mi-ombre.

HIBISCUS. — On distingue deux groupes.
Mauve en arbre *(H. syriacus) :* arbuste rustique à port dressé et feuilles trilobées caduques, couvert en août-septembre de fleurs semblables à celles de la rose trémière.
— « Hamaba » : rose pâle à centre rouge.
— « Ruman violet » : mauve foncé.
• Culture : à placer en exposition ensoleillée en terre perméable. Taillez en mars les ramifications latérales.
• Utilisation : caisses, au soleil, ou même à la mi-ombre.
Rose de Chine *(H. rosa sinensis) :* arbrisseau à feuilles brillantes vert foncé et à fleurs estivales en entonnoir évasé.
• Culture : placez en exposition chaude et ensoleillée. L'hiver, marquez un repos.
• Utilisation : caisses, potées.

HORTENSIA *(Hydrangea).* — Arbrisseau de 1 à 2 m de haut à larges feuilles caduques ovales dentées et à fleurs stériles réunies en corymbes globuleux terminaux, en été.
— « Hambourg » : rouge clair.
— « Sœur Thérèse » : blanc.
• Culture : placer à mi-ombrage en terre humifère légèrement acide pour les fleurs roses et schisteuse très acide pour les fleurs bleues. Protéger des gelées.
• Utilisation : caisses.

IMMORTELLES. — Deux groupes utilisés en annuelles :
Immortelle annuelle *(Xeranthemum annuum) :* plante rameuse à feuillage blanchâtre. 80 cm de haut. Grande floribondité de juillet à septembre, rose, violet.

D'une beauté remarquable, les fleurs de l'hibiscus ne durent malheureusement pas très longtemps. Cette plante très fragile doit être rentrée en hiver. L'hibiscus Week-end est parfait pour les potées ; son feuillage sombre, très beau, met en valeur la couleur éclatante de la fleur.

• Culture : semis en place en avril-mai ; semis en pépinière ; repiquage en mai en pleine terre.
• Utilisation : potées, vasques, jardinières bien exposées, bouquets secs (à cueillir avant complet épanouissement et à faire sécher à l'ombre).

Immortelle à bractées *(Helichrysum bracteatum) :* plante de 1 m à 1,20 m de haut, à fleurs en gros capitules écailleux de juillet à octobre ; coloris blanc, rose, rouge et pourpre.
• Culture : semis sur couche en mars-avril, repiquage sur couche et mise en place en mai. On peut aussi semer directement en place en mai.
• Utilisation : grandes jardinières.

IMPATIENS. — Différentes espèces vivaces en serre, mais cultivées comme annuelles pour la décoration estivale des endroits ombragés. Floraison abondante et continue de juin aux gelées. Feuillage vert et bronzé chez certaines variétés. Coloris blanc, rose, rouge, violet et panaché, très lumineux. De très nombreuses variétés.
• Culture : semis sur couche chaude en mars-avril, repiquage en godets, mise en place fin mai ; bouturage toute l'année.
• Utilisation : idéale pour balcons à l'ombre ; les variétés nouvelles supportent le soleil. Toutes demandent un sol léger et frais. Jardinières exposées au nord. Les potées peuvent être conservées l'hiver en appartement et refleurir continuellement si l'on a soin de rabattre les tiges.

IPOMÉE. — Plante annuelle grimpante de 3 à 5 m. Fleurs ressemblant à celles du liseron.
Ipomea volubilis : blanc, bleu, rose, violet. 3 m de haut. Fleurs de 5 à 6 m de diamètre, s'épanouissant dans la matinée.
Ipomea rubro coerulea : blanc, bleu ciel.
• Culture : *I. volubilis* est semée en place fin mai ; *I. rubro coerulea* se sème en godets, sous châssis froid en avril et est repiquée en place fin mai.
• Utilisation : balcons, treillages, murs de terrasse ; garnit bien une balustrade de balcon en fer forgé. Prévoyez un support et de forts arrosages durant l'été.

IRIS. — Plantes vivaces, remarquables par l'aspect de leurs fleurs, à feuilles en rubans. La floraison est très décorative, relativement courte. On les classe en iris bulbeux et iris rhizomateux.

Iris bulbeux
Le plus utilisé est l'**iris de Hollande ;** ses feuilles sont longues, rubanées et dressées. La floraison a lieu en mai-juin, sur des tiges de 50 cm à 70 cm.
Variétés :
— « Bronze Queen » : bronze et bleu ; 70 cm.
— « Filifolia Imperator » : violet ; 70 cm.
— « Wedgewood » : bleu clair ; 70 cm.
Tous ont besoin d'ensoleillement.
• Culture : plantation des bulbes en octobre-novembre à 5 cm de profondeur, par groupes de 3 à 5 bulbes ; on peut les laisser se naturaliser. Si vous déterrez les bulbes, faites-le lorsque les feuilles sont sèches et conservez-les jusqu'à la plantation prochaine.
• Utilisation : en groupe ou en isolé dans les grandes jardinières. On peut également les cultiver en pots de 16 cm de diamètre environ, à raison de 5 ou 6 bulbes par pot.
Il existe un autre I. bulbeux : « Iris de Tanger », de même utilisation, mais qui doit absolument être protégé l'hiver.

Iris rhizomateux
I. de Kaempfer. Rhizome très court, touffe dense et dressée avec hampe florale de 70 cm à 1,20 m, apparaissant en juin-juillet. Coloris blanc, rose, pourpre, bleu, violet, plus ou moins marbrés ou veinés.
• Culture : division des touffes aussitôt que possible après floraison.
• Utilisation : vasques et jardinières, même exposées à mi-ombre.

Très florifère, l'impatiens préfère l'exposition au nord et les sols très légers.

L'impatiens Fiesta donne des fleurs assez grandes ; c'est une bonne plante de mi-ombre.

L'ipomée volubilis, annuelle grimpante, à utiliser sur les treillages, vous fera une séparation de balcon très agréable.

Les fleurs de l'iris japonais Purple Sensation ne présentent pas de barbe. La culture est aisée, mais malheureusement sa floraison ne dure guère.

I. nain *(I. pumila)* : iris rhizomateux de petite taille (15 à 20 cm), fleurissant en avril-mai (jaune, bleu, violet).

I. des jardins *(I. germanica)* : c'est l'espèce la plus cultivée ; elle donne de très grandes fleurs sur des hampes de 1 m à 1,50 m de haut en mai-juin. Blanc, jaune, orange, violet pur ou plus ou moins panaché. Il existe de très nombreuses variétés.
— « Jean Cayeux » : havane doré ; 1 m.
— « Caraïbes » : blanc pur ; 1 m.
— « Orélio » : rouge cuivré.
— « Valimar » : rose saumoné à barbe rouge.
• Culture : éclats de souche de juillet à octobre ; la reprise est très facile à condition de placer les rhizomes en surface (très légèrement enterrés).
• Utilisation : jardinières ensoleillées, au pied des arbustes en caisses.

IXIA. — Plante bulbeuse non rustique en région parisienne, fleurissant en épis légers dans des coloris allant du blanc au violet, en mai-juin.
• Culture : plantation en septembre-octobre, en pot (5 à 6 par pot), hivernage sous châssis froid, mise en place des pots en extérieur en avril.
• Utilisation : belles potées ; jardinières exposées à mi-ombre.

JACINTHE *(Hyacinthus orientalis)*. — Bulbeuse vivace à feuilles dressées et à floraison printanière très parfumée. Nombreuses variétés :
— « Carnegie » : blanche.
— « Pink Pearl » : rose.
— « Jan Bos » : rouge.
— « Bleu de Delft » : bleu, etc.
• Culture : on distingue deux types de culture. Culture forcée : plantez un bulbe par pot de 10 cm de diamètre en octobre ; enterrez le bulbe aux 3/4 ; enterrez ensuite le pot dans le jardin à 10 cm de profondeur environ ; après 6 à 8 semaines, rentrez le pot et maintenez-le entre 10 et 18° C, à l'obscurité totale. Lorsque les hampes florales apparaissent, placez les plantes en pleine lumière et arrosez généreusement.
Culture normale : plantez en terre légère en octobre-novembre à 8 ou 10 cm de profondeur et tous les 15 à 20 cm. En climat très froid, il faut protéger les bulbes avec des feuilles mortes par exemple.
• Utilisation : potées, en groupe dans les grandes jardinières.

JULIENNE DE MAHON *(Malcomia maritima)*. — Plante annuelle à végétation rapide, rampante, de 30 cm de haut. Très nombreuses fleurs de juin à octobre, de coloris jaune, rose, rouge.
• Culture : semis en place d'avril à juillet, en éclaircissant tous les 15 cm.
• Utilisation : vasques, grandes jardinières, situation ensoleillée.

LAVATÈRE *(Lavatera trimestris)*. — Plante annuelle à port dressé, 80 cm à 1 m de haut, vigoureuse, au feuillage vert sombre, légèrement velu. La floraison a lieu de juin à septembre : grandes fleurs simples blanches, roses, rouges.
• Culture : semis en pépinière en mars-avril, repiquage très tôt en pépinière, mise en place en mai à 40 cm d'écartement ; semis directement en place en mai.
• Utilisation : jardinières.

LIN *(Linum)*. — On trouve une espèce annuelle et une espèce vivace.

Lin annuel *(L. grandiflorum)* : plante de 30 à 40 cm de haut, à tige finement ramifiée, rameaux dressés. Floraison continue de mai à octobre, rouge ou rose.
• Culture : semis en pépinière en avril ; repiquage en pépinière ; mise en place en mai à 40 cm en tous sens. Semis directement sur place. On peut aussi semer en godets en septembre, faire hiverner sous châssis froid et mettre en place au printemps.

Lin vivace *(L. perenne)* : touffe légère de 40 à 50 cm de haut, floraison bleu clair, blan-

Sur vos balcon ou terrasse, ces fleurs feront une tache très colorée et même insolite si vous choisissez des variétés dans les tons bleus ou violets. L'iris Sagittaire, avec sa fleur élégante, est très renommé. S'il est exposé au vent, n'oubliez pas de le tuteurer. Le plus sûr étant de le placer contre un mur ensoleillé.

che ou rose selon les variétés, en juin-juillet.
• Culture : semis d'avril à juillet en pépinière avec repiquage en pépinière ; mise en place en automne.
• Utilisation : jardinières.

LIS *(Lilium).* — Plante vivace bulbeuse à floraison agréable et au parfum suave. Il n'y a qu'une seule floraison qui intervient pendant la période estivale. Il existe d'anciennes espèces très intéressantes :
Lis blanc *(L. candidum) :* 60 à 90 cm de haut, floraison blanche en juin.
Lis à longues fleurs *(L. longiflorum) :* 60 à 90 cm de haut, fleurs blanches en juillet. (Ces deux espèces sont recommandées pour la culture en pot.)
Lis royal *(L. regale) :* fleurs rosées, 70 à 80 cm de haut.
Lis speciosum : fleurs par 8 ou 10 en août-septembre, dans les tons blanc pur, rose et rouge.
Lis tigré *(L. tigrinum) :* vieille espèce très répandue dans les jardins. La floraison a lieu en juillet-août. Coloris rouge, orangé tacheté de noir. Hauteur 1 m.
Lis martagon : fleurs en grappes, violet ponctué de carmin. Floraison en mai-juin.
On cultive maintenant des variétés hybrides très décoratives dont les types les plus intéressants sont les « Mid Century Hybrids » et les « Aurelians Hybrids », parmi lesquels on trouve de nombreuses variétés.
— « Cinnabar » : à grandes fleurs rouge vif.
— « Golden Chalice » : jaune orangé.
— « Destiny » : jaune citron, etc.
• Culture : le lis exige un sol sain et riche. Plantez les bulbes en mars-avril par groupes de 3, à 10 cm de profondeur (le lis blanc se plante en septembre à 3 cm). Prévoyez un tuteur. La culture en pot est aussi possible : plantez les bulbes en automne dans des pots de 14 cm de diamètre et conservez-les dans un endroit frais ; vous pourrez les sortir à l'extérieur au printemps.
• Utilisation : très belles potées pour le lis blanc et le lis à longues fleurs ; à tuteurer dans les jardinières ventées.

LOBELIA *(L. erinus).* — Vivace en serre, cultivée comme annuelle ; plante compacte très ramifiée présentant de petites feuilles vert bronzé, couverte de fleurs bleu vif, de mai à octobre ; 10 à 20 cm de haut.
• Culture : semis en pépinière en avril, repiquage en pépinière et mise en place en mai. Ou bien encore semis sous châssis, à chaud, en février-mars, repiquage en avril sous châssis et mise en place en mai.
• Utilisation : très belles potées, même exposées à l'ombre ; variétés retombantes à placer dans les suspensions.

LUPIN *(Lupinus).* — Il existe des lupins annuels et des lupins vivaces.

Lupins annuels
Plante à port dressé et feuilles palmées. Floraison en longs épis en juillet-août. 60 cm à 1,20 m de haut. Coloris blanc, crème, jaune, rouge et bleu, et d'autres encore.

Annuel ou vivace (cultivé souvent en bisannuel), le lin peut être cultivé en bac.

Le lis hybride, est fragile mais très décoratif dans les potées où il faut le tuteurer.

Proche du lis tigré, l'hybride Mid Century Enchantement offre un colori très vif, piqueté de points noirs (très florifère).

Les lis hybrides à grandes fleurs orange sont particulièrement adaptés aux balcons, car leurs teintes vives sont très visibles.

Le lupin vivace est une excellente fleur pour les bacs ; coupez les fleurs fanées pour obtenir une nouvelle floraison.

Fleur de grande taille, la malope demande un contenant profond et une exposition sud.

Le muflier maximum porte des fleurs de grande taille qu'il faut tuteurer en jardinière.

Les clochettes de muguet réussissent fort bien en potées et en jardinières ; excellentes pour les balcons exposés à l'ombre.

• Culture : semis en place, en poquets, en avril-mai. On peut également semer en godets (4 à 5 graines par godets) et planter en mai.
• Utilisation : dans les grandes jardinières, les grands lupins peuvent être associés à des plantes plus basses, des tapissantes annuelles ou vivaces (au soleil).

Lupins vivaces
Touffes de 1 m à 1,50 m de haut. Floraison en épis de juin à août. Blanc, rose, bleu, violet, etc.
• Culture : semis en godets (3 à 4 graines par godets) en mai-juin, mise en place en septembre-octobre ; on peut également éclater les touffes en automne.
• Utilisation : jardinières.

MALOPE *(Malope trifida grandiflora).* — Plante annuelle, haute de 70 cm à 1 m, fleurissant de juillet à septembre. Grandes fleurs simples, roses, rouges ou blanches.
Variétés :
— « Aphrodite » : rouge.
— « Vulcain » : rouge.
• Culture : en exposition ensoleillée, semis en place en avril-mai ; éclaircissage à 30-40 cm.
• Utilisation : grosses potées et jardinières bien exposées.

MUFLIER *(Antirrhinum majus).* — Bien connu également sous le nom de « gueule-de-loup », c'est une plante vivace cultivée comme annuelle et comme bisannuelle, formant une plante buissonnante à floraison en épis. Le croisement entre les différents types a donné de très nombreuses variétés dont les tailles varient de 30 à 80 cm ou 1 m. Coloris blanc, jaune, rose, rouge, orange.
Variétés :
— « Nain Tom Pouce » : 30 cm.
— « Tetra ondulé » : 80 cm.
— « Hybride F 1 Rocket » : 80 cm.
• Culture : semis en mars-avril, en pépinière ; repiquage en mai, en place. Semis en pépinière en août, repiquage en pépinière ou en godets et mise en place en avril.
• Utilisation : les variétés les plus basses en potées, les autres en jardinières.

MUGUET *(Convallaria majalis).* — Petite plante herbacée, vivace par son rhizome. En avril-mai, une tige portant une grappe de petites clochettes blanches s'échappe entre les deux feuilles ovales.
— « Géant Forin » : à grosses fleurs.
— « Rosea » : à fleurs roses.
• Culture : semis en septembre-octobre, ou division des touffes tous les 3-4 ans. A planter en terre légère et humifère, à exposition ombragée. Ne pose pas de problème particulier.
• Utilisation : jolies potées de premier mai ; jardinières à l'ombre.

MYOSOTIS. — Plante vivace dans la nature, cultivée comme bisannuelle. Très intéressante par sa floraison printanière qui met en valeur les teintes de tulipes. On la connaît aussi sous le nom de « Ne m'oubliez pas ». Floraison bleue ; il existe des variétés roses et rouges.
Variétés :
— « M. des Alpes » : bleu ; 30 cm.
— « M. des Alpes » : rose ; 30 cm.
— « Ultramarine » : bleu indigo ; 15 cm.
• Culture : semis de juillet à août en pépinière, plantation en place en octobre.
• Utilisation : facile à élever dans les jardinières au soleil.

NARCISSE *(Narcissus).* — Plantes bulbeuses et vivaces regroupant plusieurs espèces. Feuilles rubanées et floraison solitaire ou en ombrelle. Fleurs tubulées allant du blanc pur au jaune d'or. De 30 à 60 cm de hauteur.

Narcisses à fleur solitaire
Narcisse trompette, appelé « coucou » dans certaines régions.
— « King Alfred » : jaune.
— « Mount Hood » : blanc.

Les fleurs de myosotis sont bleues le plus souvent, mais également blanches ; elles donnent de grosses touffes légères au printemps.

— « Narcisse incomparable » : la trompette est moins développée.
— « Carlton » : jaune clair.
— « Fortune » : jaune et orange.
— « Narcisse des poètes » : la couronne est très courte ; jaune bordé d'orange vif.

Narcisses à fleurs groupées
Narcisse à bouquet : fleurs nombreuses, petites, très odorantes, groupées par 6 à 10.
Narcisse poetaz : fleurs plus grandes que le précédent, groupées par 2 à 5.
Narcisse jonquille : fleurs assez petites, jaune d'or, parfum subtil de fleur d'oranger.
• Culture : en terrain profond et riche, plantez de septembre à novembre à 15 ou 20 cm de profondeur.
• Utilisation : petites potées ; à cultiver en groupe dans les jardinières exposées à l'ombre.

NÉMÉSIE *(Nemesia strumosa).* — Plante annuelle à floraison en grappe. Coloris très brillants, blanc, jaune, orange, rose, rouge, de juin à septembre. 20 à 30 cm de haut. Variétés :
— « N. d'Afrique Carnaval » : grandes fleurs.
— « Ali Baba » : coloris très variés.
• Culture : semis en place en avril-mai ; semis en pépinière ; repiquage (on peut aller jusqu'à 3 plantes par godet), hivernage sous châssis froid et mise en place en mai.
• Utilisation : jardinières.

ŒILLET *(Dianthus).* — Plusieurs espèces très intéressantes pour le jardin, parmi lesquelles on trouve des vivaces, bisannuelles ou annuelles.
Œillet de Chine : plante annuelle ou bisannuelle à floraison continue pendant la belle saison. Sans parfum. 10 à 30 cm de haut. Coloris blanc, rose, rouge, violet.
• Culture : semis en mars-avril sous châssis froid ; repiquage en place en juin. On peut semer en place en mai. Une troisième forme de culture consiste à semer en août-septembre en pépinière et à repiquer en pépinière sous abri ; cette culture permet d'obtenir des plants plus forts que l'on peut mettre en place dès avril, pour avoir une floraison précoce.
• Utilisation : jardinières bien exposées.

Narcisse à petites fleurs, très odorant, qui est remarquable pour cultiver sur carafe.

L'œillet de poète produit des fleurs charmantes, et son feuillage vert vif est intéressant.

L'œillet d'Inde est facile à cultiver et donne une floraison très abondante.

Le myosotis des Alpes est facile à cultiver et il se ressème de lui-même ; il est adapté pour tapisser les grands bacs (pied des arbustes).

Les narcisses trompette sont très lumineux. Pour que les jardinières restent belles, supprimez les fleurs fanées.

L'œillet d'Inde Royal Honeycomb, d'obtention récente, à fleurs ambre foncé, s'associe remarquablement aux ageratums.

L'œillet mignardise donne une profusion de fleurs roses particulièrement odorantes.

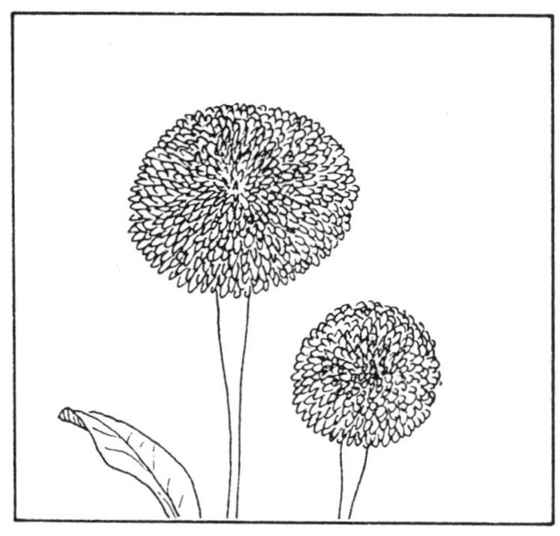

Les pâquerettes traditionnelles sont des fleurs fraîches, faciles à cultiver.

Les pâquerettes pomponnettes donnent des fleurs denses qui durent très longtemps ; on les cultive le plus souvent en bisannuelles.

Œillet mignardise : vivace, 25 à 35 cm de haut. Floraison de mai à juillet, blanc, rose, mauve.
• Culture : bouturage des jeunes tiges en septembre sous châssis froid, en terre légère après enracinement, hivernage à l'abri et mise en place en avril.
• Utilisation : jolie plante odorante à placer en jardinière.
Œillet de poète : vivace cultivée comme bisannuelle. Floraison en corymbes en juin-juillet. 30 à 45 cm de haut. Coloris allant du blanc au violet en passant par le rose et le rouge, également bicolore.
• Culture : semis en pépinière en mai-juin, repiquage en pépinière et mise en place à l'automne.
• Utilisation : vient bien en potées et en jardinières au soleil.
Œillet des fleuristes annuel : vivace en terre, il est cultivé comme annuelle. Grosses fleurs odorantes, blanc, jaune, rose, rouge, violet. De juillet à octobre.
Variétés :
— « Géant Chabaud ».
— « Double perpétuel enfant de Nice ».
• Culture : semis sur couche chaude en janvier, repiquage sur couche, mise en place en mai. Semis sous châssis froid en mars, repiquage en place en juin. On peut enfin semer en août en pépinière, repiquer sous châssis et mettre en place en avril.
• Utilisation : un des meilleurs œillets pour les vasques et les jardinières de terrasses bien exposées.
Œillet des fleuristes vivace : plantes rameuses fleurissant de mai à août dans les coloris blanc, jaune, rose ou rouge. Il existe de nombreuses races plus ou moins grandes, plus ou moins précoces : œillet grenadin double, œillet nain hâtif, œillet de fantaisie, etc.
• Culture : bouturage de jeunes pousses en septembre, sous abri ; après enracinement, rempotez et faites hiverner sous châssis froid ; mise en place à l'automne.
• Utilisation : à laisser en place dans les grandes jardinières.
Œillet d'Inde : plante annuelle de 15 à 50 cm de hauteur, à floraison continue pendant la belle saison, dans les tons jaune, orange, brun et moucheté. Il en existe de nombreuses variétés.
— « Légion d'honneur » : jaune d'or et brun ; 25 cm.
— « Lemon Drop » : jaune citron ; 15 cm.
— « Tangerine » : orange brillant ; 35 cm.
— « Rusty Red » : acajou ; 25 cm, etc.
• Culture : semis en pépinière en avril-mai repiquage et mise en place en juin. Semis sous abri en mars-avril, repiquage sous abri et mise en place en mai.
• Utilisation : plante éclatante dans les jardinières de fenêtres.

PÂQUERETTE *(Bellis perennis).* — Plante vivace cultivée comme bisannuelle. Feuilles larges en rosette et floraison abondante de mars à juin. 15 à 20 cm de haut. Coloris blanc, rose, rouge.
Variétés :
— « Pomponnette » : rouge, rose ou blanc.
— « Tapis » : petites fleurs.
— « Monstrueuse » : grandes fleurs.
• Culture : semis en pépinière en juillet-août, repiquage en pépinière et mise en place de préférence en automne.
• Utilisation : à placer au pied des arbustes dans les caisses.

PAVOT *(Papaver).* — Il en existe différentes espèces, annuelles ou vivaces.
Pavot annuel : plante atteignant 1 m de haut environ, au feuillage grossier, aux grosses fleurs doubles, allant du blanc au violet.
Variétés :
— « Pavot grand double varié ».
• Culture : semis en place en mars-avril, ou en godets (dans ce dernier cas, éviter de briser la motte à la plantation).
• Utilisation : grandes jardinières.
Pavot d'Islande : plante vivace cultivée comme bisannuelle. Plante légère à fleurs assez grandes, aux teintes blanches, roses, orangées, rouges. La floraison dure d'avril à juin.
— « Lutin » : variété naine à grosses fleurs richement colorées.
• Culture : semis en godets en été ; mise en place en automne.
• Utilisation : jardinières bien exposées (choisissez Lutin).
Pavot vivace : plante de 80 cm à 1,20 m de haut, dont la floraison va de mai à juillet. Ses coloris sont vifs : vermillon, rose saumoné, abricot, blanc, etc.
• Culture : semis en pépinière en mai-juin, repiquage en godets et mise en place à l'automne. Division des touffes après la floraison et plantation en automne.
• Utilisation : grosses potées ou grandes jardinières en terrasse.
Attention : vu la haute taille de ces plantes, il est prudent de tuteurer.

PÉLARGONIUM. — Appelé géranium dans le langage courant, cette plante vivace en serre a une floraison abondante qui dure de juin aux gelées. Elle demande à être plantée en exposition ensoleillée.
Géranium des jardiniers : plante à tiges épaisses, à odeur caractéristique, et dont les fleurs se présentent en ombrelle. Citons quelques variétés à fleurs simples ou doubles dans les coloris blanc, rose, rouge, violet.
— « Paul Crampel » : rouge minimum ; fleurs simples.
— « Jardin des Plantes » : rouge ; fleurs simples.
— « Beauté poitevine » : rose ; semi-double.
— « Bernard » : blanc double.
— « Golden Harry Hicower » : feuillage panaché de jaune et fleurs écarlates.
Pour le semis, il existe de nombreux hybrides tels que :
— « Sprinter hybride F 1 » : rouge écarlate ;
— « Salmon Flash » : saumon vif.
Pélargonium lierre : plante à feuillage luisant et à rameaux allongés plus ou moins retombants selon les variétés.
— « Roi des balcons rose ».
— « Roi des balcons rouge ».
— « Alice Crousse » : violet, etc.
• Culture : bouturage en août-septembre de jeunes rameaux, hivernage dans un local frais mais très éclairé, mise en place courant mai, soit en pot, soit en pleine terre.
On peut semer les variétés hybrides en février, à chaud et en grande lumière, recouvrir les graines de 1 cm de terreau, faire les repiquages et rempotages nécessaires et planter en mai.
Les géraniums-lierres ont un développement horizontal qui peut atteindre plus d'un mètre. Ils sont particulièrement adaptés à la culture en paniers suspendus. Ils sont assez fragiles et les tiges se cassent souvent. La floraison est portée par des hampes de 25 cm.
Il est possible de conserver les plantes d'une année sur l'autre en les hivernant en serre froide ou sous châssis froid. Dans ce cas, diminuez l'arrosage jusqu'à la reprise de la végétation. On obtient ainsi de belles potées fleuries dès le printemps.
• Utilisation : vasques, jardinières, potées, caisses, suspensions, à exposition parfaitement ensoleillée.

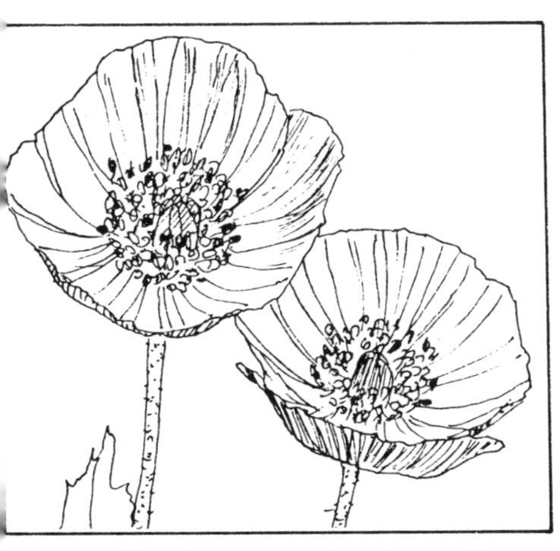

Le pavot d'Islande est une espèce vivace cultivée en bisannuelle, à fleurs délicates.

Le pavot des Alpes, proche du pavot d'Islande, est assez bas et très adapté à la culture en potée et en jardinière (soleil).

Le pélargonium, plus connu sous le nom vernaculaire de « géranium » est idéal pour constituer de superbes balconnières très colorées. Il exige une bonne exposition, mais aussi un arrosage en rapport, donc assez abondant. Il résiste cependant parfaitement à un ensoleillement soutenu.

PENSÉE *(Viola tricolor hortensis).* — Excellente plante vivace à floraison printanière, cultivée comme bisannuelle. Fleurs plus ou moins grosses, maculées ou unies.

Races à floraison précoce
Elles peuvent même fleurir une partie de l'hiver. Citons :
— « Trimardeau » : nombreuses couleurs panachées.
— « Géante d'Alsmeer » : blanc, jaune, bleu.

Races géantes
— « Géante de Suisse Berna » : violet foncé.
— « Géante de Suisse Mont d'Or » : jaune, etc.

• Culture : semis en juillet-août en pépinière, repiquage en pépinière et mise en place en automne.
• Utilisation : toutes jardinières de printemps ; les coloris chauds se marient bien avec les tulipes d'avril.

PÉTUNIA *(Petunia hybrida).* — Plantes très florifères, vivaces dans leur pays d'origine (Brésil) et cultivées sous nos climats comme annuelles. On en trouve de très nombreuses variétés dans des coloris riches et variés, de tailles différentes.

Pétunias nains (20 à 30 cm)
— « Rose du ciel » : rose.
— « Fire Chief » : rouge.
— « P. hybride F 1 » : 30 cm.
— « Sabin Rouge » : rose.
— « Blue Joy » : bleu indigo.
— « Resisto Scarlet » : rouge intense.

Pétunias à port retombant
— « Cascade bleue ».
— « Cascade rose ».

Pétunias à fleurs doubles
— « Double Victorieux Géant » : dans les teintes saumon, rose, rouge ou bleu.

Pétunias à fleurs bicolores
— « Adagio » : rouge étoilé de blanc.
— « Star Trophy » : bleu et blanc.
• Culture : semis en serre ou sur couche chaude (recouvrez très peu les graines) ; repiquage sur couche, puis une seconde fois ; mise en place après les gelées, c'est-à-dire fin mai ; de 25 à 40 cm d'écartement selon les variétés.
• Utilisation : excellente en jardinières pour fenêtres et balcons au soleil.

Les coloris extrêmement variés des pétunias permettent de les associer à de très nombreuses autres plantes. On les voit ici voisinant avec des sauges et des œillets d'Inde. Ils résistent bien à la chaleur. Les coloris clairs sont souvent gâtés par les pluies orageuses. Les variétés blanches sont très sensibles.

PHLOX. — Plante annuelle ou vivace. Le **Phlox de Drummond** est une plante annuelle à floraison en corymbes, durant toute la belle saison. Coloris : blanc, jaune, rose, rouge, bleu.
Variétés :
— « A grandes fleurs variées » : 50 cm.
— « Phlox nain compact » : 25 cm.
• Culture : semis en place en avril-mai, éclaircissage à 20 cm d'écartement.
• Utilisation : les variétés naines en potées, les autres en jardinières.

Phlox vivaces
Il faut distinguer deux groupes.
1. Les phlox nains à floraison printanière, d'un aspect très différent des autres phlox. Hauts de 10 à 20 cm. Rose pâle, bleu tendre et rouge.
2. Les phlox élevés à floraison estivale et automnale. 60 à 90 cm de haut.
Variétés :
— « Orange » : orangé vif.
— « Fire Glow » : rouge vif.
— « Elizabeth Arden » : rose.
• Culture : division des touffes à la fin de l'automne ou au printemps et plantation en pépinière avant mise en place.
• Utilisation : pour les phlox nains, potées, vasques, jardinières ; pour les autres, caisses et grandes jardinières.

PIED-D'ALOUETTE *(Delphinium).* — C'est là encore une plante qui compte des espèces annuelles et des espèces vivaces.

Pied-d'alouette annuel : cette espèce est issue de la variété indigène. La floraison se produit de juin à août dans des tons pastels, blanc, rose ou bleu ; sa hauteur est de 1 m. Variétés :
— « Pied-d'alouette des blés double varié ».
— « Pied-d'alouette impérial ».
• Culture : semis en place de février à avril ; on peut également semer en place en septembre-octobre.
• Utilisation : caisses et grandes jardinières exposées au soleil.

Pied-d'alouette vivace, tout aussi couramment appelé « Delphinium ». Grandes plantes à fleurs en grandes grappes, de juin à septembre, hautes de 1,20 m à 1,80 m. La race donne des plantes remarquables :
— « Géant Pacific », de coloris blanc, rose, lavande, bleu, violet.
— « Black Knight » : violet foncé.
— « King Arthur » : violet à œil blanc.
— « Blue Bird » : bleu clair.
— « Astola » : rose, etc.
• Culture : semis d'avril à juin, en pépinière, repiquage en pépinière, plantation en automne. Division des touffes au printemps.
• Utilisation : à associer aux arbustes et aux plantes plus basses dans les caisses et jardinières de terrasses.

POIS DE SENTEUR *(Lathyrus odoratus).* — Plante grimpante annuelle à floraison en juin-juillet, plus ou moins parfumée. Coloris blanc, rose, rouge, bleu, violet et bicolore. Parmi les races et variétés les plus connues : race Spencer, 1,50 m de haut ; race Cuthberson, fleurs se présentant en groupes de 5 ; race Galaxie, fleurs en groupes (5 à 7) ; race naine Cupidon, 20 cm de haut ; race naine Bijou, 40 cm.
• Culture : semis en place de février à avril, en poquets (5 à 6 graines par poquet) ; semis en automne en godets, hivernage à froid et mise en place en avril.
• Utilisation : jardinières, vasques et potées pour les variétés naines ; treillages et arceaux pour les variétés grimpantes.

PRIMEVÈRE *(Primula).* — Plante vivace à feuilles en rosette et à floraison directement sur la souche ou portée par une hampe de 10 à 15 cm de haut. Nombreux coloris : blanc, jaune, orange, rouge et bleu. Floraison parfois en arrière-automne, mais

Le pois de senteur est une des meilleures grimpantes pour les treillages des balcons et terrasses.

Les fleurs violet foncé du pied-d'alouette Black Knight, ou delphinium, s'épanouissent en longues grappes de juin à septembre.

Sur les terrasses, les primevères donnent la première note de couleur du printemps. Puis vous pouvez mettre en place des cinéraires hybrides multiflores (ici sur notre photo), en jouant sur les tons dégradés. Plante printanière, le cinéraire supporte mal les longues expositions au soleil.

surtout en fin d'hiver. Il existe une espèce, Primevère du Japon, à hampe florale élevée, qui fleurit en juin-juillet et qui s'accommode d'un sol plus frais.
Variétés :
— « Géante Pacific variée » : grandes fleurs en bouquet.
— « Pastel » : fleurs plus grandes que « Pacific », aux tons plus doux.
— « Hybride à grandes fleurs » : très grandes fleurs.
— « Primevère des jardins naine de Paris » : fleurs se présentant au ras du feuillage.
• Culture : semis de mars à juin en caissette, en surface, dans un mélange à tendance acide (tourbe et terreau) ; ne recouvrez pas les graines et tenez les semis à l'obscurité ; repiquez en pépinière et mettez en place à l'automne.
• Utilisation : jardinières, vasques, potées, même à mi-ombre.

REINE-MARGUERITE *(Callistephus sinensis).* — Très intéressante plante annuelle à floraison soutenue durant tout l'été. Comme elle est sensible à la fusariose, les horticulteurs ont créé des races résistantes. On peut les classer ainsi :

Reine-marguerite à fleurs simples
A port divergent :
— « De Chine à grandes fleurs » : 60 cm de haut, très florifères.
A port dressé :
— « Simple Géante de France » : 70 cm.

Reine-marguerite à fleurs doubles
A port divergent :
— « Beauté » : à fleurs de pivoine ; 80 cm de haut.
— « Princesse » : 80 cm.
— « Géante de Californie » : 80 cm.
A port dressé :
— « Comète Géante » : 60 cm.
— « Flamir » : 90 cm.

Reine-marguerite naine
— « Pinocchio » : 25 cm.
— « Naine à fleur de chrysanthème » : 35 cm.
• Culture : semis en pépinière en avril, repiquage en pépinière et mise en place en mai-juin. Ou : semis sur couche en mars, repiquage sur couche et mise en place en mai.
• Utilisation : tous sols, mais à exposition ensoleillée. Placez les variétés naines en jardinière en association, et les autres en grosses touffes en terrasse.

Semée en juillet, la primevère obconique Trianon épanouit ses fleurs blanches de novembre à mars.

Les primevères demandent une terre acide et supportent bien l'ombre.

Peu exigeantes, les reines-marguerites sont faciles à réussir. Elles aiment les situations bien ensoleillées (pour grands récipients).

Avec ses fleurs massives, la rose d'Inde fera tache parmi vos autres plantations. Pour les balcons, vous choisirez les variétés naines.

ROSE D'INDE *(Tagetes erecta).* — Très bonne plante annuelle à feuillage découpé vert foncé à odeur forte. Fleurissant de juin à octobre en gros capitules, dans les tons crème, jaune, orange. On distingue deux groupes :

Rose d'Inde élevée (70 cm à 1 m de haut)
— « Rose d'Inde double grande » : pétales tubulés ; jaune citron, orange ; 1 m.
— « Hawaï » : 70 cm ; très florifère ; orange vif.
— « Diamond Jubilée » : 60 cm ; à fleurs d'œillet ; jaune.

Rose d'Inde naine
— « Apollo » : 30 cm ; orange.
— « Cupidon » : 20 cm ; jaune citron, etc.
• Culture : semis en pépinière en avril, repiquage en pépinière et mise en place en mai.
• Utilisation : pour les grandes fleurs, grandes jardinières, caisses en association avec vivaces ; pour les naines, potées, jardinières exposées au soleil.

RUDBECKIA *(Rudbeckia hirta).* — Plante annuelle en touffe dressée, à tige rigide terminée par une fleur en forme de marguerite, à ligules récurvées vers le bas. Floraison de juin à septembre.
Variétés :
— « Caravelle » : 1,10 m ; fleur géante, dans les coloris variés.
— « Gloriosa Daisy » : 1,20 m ; jaune et brun.

— « Spoutnik » : 60 à 70 cm ; jaune orangé maculé de brun.
• Culture : semis en mars-avril sur couche, mise en place en mai. Semis en pépinière en septembre et repiquage en pépinière bien exposée ou abritée.
• Utilisation : jardinières.

Rudbeckia vivace : plante rustique dont la floraison dure de juillet à octobre. 50 cm à 2 m de haut.
Rudbeckia speciosa : 50 cm.
Variétés :
— « Newmanni » : jaune à centre brun.
— « Deamii » : jaune à centre noir.
R. purpurea : 70 cm à 1 m.
R. laciciata : 80 cm. Variété « Goldquelle » (à capitules semi-doubles, jaune).

Faciles à cultiver, les rudbeckias vivaces permettent d'obtenir de grosses touffes jaunes.

• Culture : division des touffes en automne ; semis en pépinière en juin, repiquage en pépinière, mise en place au début de l'automne.
• Utilisation : jardinières.

SALPIGLOSSIS. — Plante annuelle à port dressé, de 70 cm à 1 m de haut. Floraison d'une grande richesse durant tout l'été. Les salpiglossis portent de belles grappes jaunes qui retombent et s'inclinent après la pluie.
— « Salpiglossis à fleur de gloxinia ».
— « Salpiglossis variabilis superbissima ».
• Culture : semis en place directement en mai, en pot. Attention, le salpiglossis supporte difficilement la transplantation. Lors du semis n'enterrez pas trop la graine.

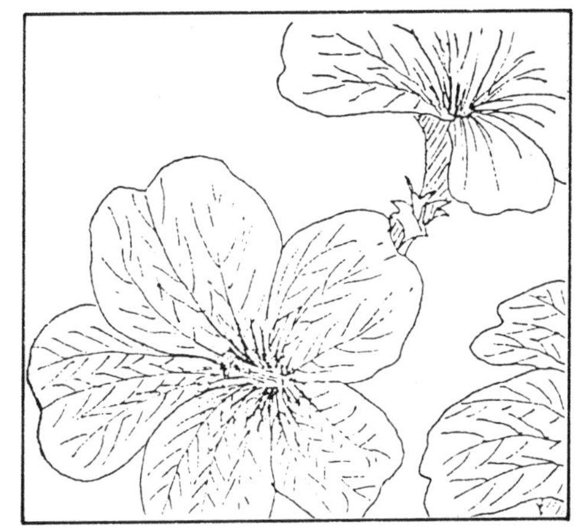

Plante de très grande taille, le salpiglossis offre de grandes fleurs en entonnoir.

• Utilisation : jardinières, potées.

SAUGE *(Salvia splendens).* — Annuelle donnant des épis de fleurs rouge vif et même violets, de 30 cm à 1 m de hauteur.
Variétés :
— « Pirate hâtive » : 45 cm ; rouge feu.
— « Feu de Saint-Jean » : 35 cm.
— « Incendie » : 60 cm.
• Culture : semis en mars-avril, sur couche ; repiquage en mai.
• Utilisation : jardinières, en association avec d'autres fleurs aux coloris jaunes.

SILÈNE *(Silena pendula).* — Plante bisannuelle formant des touffes étalées, aérées, couvertes de fleurs en mai-juin. 30 cm de hauteur.
Variétés :
—« Silène double nain » : rose saumoné.
— « Silène double nain Triomphe » : cramoisi.
• Culture : semis en pépinière en août-septembre ; repiquage en pépinière ; mise en place au printemps. On peut aussi semer en place en mars.
• Utilisation : jardinières.

SOUCI *(Calendula officinalis).* — Plante rustique annuelle à floraison estivale prolongée. 30 à 50 cm de haut. Coloris jaune et orange.
Variétés :
— « Orange King » : 40 cm.
— « Ball's Lemon » : 50 cm ; couleur citron.
— « Fiesta gitana » : 30 cm.

Plante vivace cultivée comme annuelle, la sauge splendens hâtive Brasier épanouit, de juin jusqu'aux gelées, des épis d'un rouge intense.

La silène est généralement cultivée en bisannuelle, mais aussi en annuelle ; les petites fleurs roses sont charmantes et très nombreuses.

Contrairement à leur nom, les soucis sont des plantes sans problème, qui se plaisent en toute exposition et dont les fleurs durent longtemps.

• Culture : semis en place d'avril à juillet. Semis sous châssis froid en mars, repiquage en place en mai.
• Utilisation : toutes jardinières ensoleillée.

THLASPI *(Iberis).* — Plantes basses, annuelles ou vivaces, se couvrant de fleurs parfumées au printemps et en été.

Thlaspi annuel
Iberis amara : à floraison blanche, de juin aux gelées.
I. umbellata : à floraison violet pâle.
• Culture : semis en place en avril-mai ; semis en pépinière en mars-avril, repiquage en place en mai.
• Utilisation : bordures, rocailles, murets fleuris.

Thlaspi vivace (20 à 30 cm de haut)
I. sempervirens (toujours vert).
Variété :
— « Snow Flake » : fleur blanche en avril-mai.
I. gibraltarica (thlaspi de Gibraltar) : floraison lilas en mai-juin.
• Culture : semis en juin-juillet en pépinière ; repiquage en pépinière en automne (septembre-octobre) ; division des touffes.
• Utilisation : jardinières.

TULIPE *(Tulipa).* — Plante bulbeuse très appréciée pour sa floraison précoce et ses tons lumineux. Il existe d'innombrables variétés dans tous les coloris, sauf le bleu franc. Les tulipes sont classées par les horticulteurs par ordre de précocité.

Tulipe simple hâtive : 25 à 35 cm ; floraison en mars-avril ; ces variétés peuvent être forcées.
Tulipe double hâtive : 25 à 35 cm ; pour potées également.
Tulipe Mendel.
Tulipe Darwin : de 80 cm à 1 m ; très grandes fleurs.
Tulipe triomphe : 40 à 60 cm ; coloris très variés et panachés ; floraison en avril-mai.
Tulipe fleur de lis.
Tulipe perroquet : 40 à 70 cm ; à pétales découpés ; floraison en mai.
• Culture en extérieur : plantez les bulbes en octobre-novembre, en sol sableux de préférence, à 8-10 cm de profondeur et tous les 15 à 20 cm. Utilisez un plantoir à bulbes. Après floraison, coupez la hampe florale

Le jaune orangé du souci est particulièrement intéressant pour orner les balcons.

De floraison très précoce, les tulipes simples sont appréciées pour la composition des massifs.

Les tulipes simples Super Darwin Golden Oxford épanouissent des fleurs jaunes veinées de rouge.

Cultivez les soucis dans les corbeilles ou les jardinières ; les fleurs durent longtemps et viennent facilement sur les terrasses.

Les tulipes perroquet, aux pétales ondulés ou découpés, sont des fleurs hautes, très élégantes, aux coloris très vifs.

Reine de Saba présente toutes les caractéristiques des tulipes à fleurs de lis : des fleurs en forme de coupe évasée, aux pétales longs et pointus.

au-dessus des feuilles et laissez en place jusqu'à complet dessèchement. Récupérez les bulbes et mettez-les à sécher à l'ombre ; conservez-les dans un local sain et obscur jusqu'à l'automne suivant, où vous les replanterez. Vérifiez de temps en temps les bulbes (attention à la pourriture).
• Culture en pot : disposez 3 bulbes par pot (cela est évidemment fonction de la taille du pot) ; enterrez sous 2 cm de terre. Dès que les bulbes sont bien enracinés (il faut compter 6 à 8 semaines), rentrez les pots dans un local moyennement chauffé et éclairé.
• Utilisation : en très belles potées d'intérieur ou d'extérieur ; jardinières de fenêtre ou de terrasse. Évitez les contrastes trop criants des couleurs.

VERVEINE *(Verbena hybrida ou V. hortensis).* — Cette plante vivace est cultivée comme annuelle. Haute de 25 à 50 cm. Sa floraison va de juillet à octobre.
Les verveines méritent d'être largement cultivées sur les balcons et terrasses, pour leur remarquable floraison de couleurs très vives, et de longue durée.
Variétés :
— « Hybride à grandes fleurs » : 40 cm de haut.
— « Utrillo » : 20 cm.
On pourrait encore citer d'autres variétés qui offrent des coloris blanc, rose, rouge et bleu avec un point blanc au centre.
• Culture : semis sur couche en mars-avril ; repiquage sur couche et mise en place en mai.
• Utilisation : potées, vasques, jardinières au soleil.

ZINNIA *(Zinnia elegans).* — Plante annuelle à tiges raides et érigées rugueuses, atteignant 80 cm de haut selon les variétés. Les fleurs du zinnia sont très décoratives, en capitules solitaires, denses. La plante est souvent attaquée par les escargots et par les limaces durant la nuit. La floraison offre toute une gamme de nuances, excepté le bleu.
Zinnia nain :
— « Thumbellina » : 20 cm de haut.
— « Lilliput » : 30 cm ; à petites fleurs.
— « Peter Pan » : à fleurs doubles.
— « Bouton » : à fleurs en pompon.
Zinnia élevé :
— « Double à grande fleur » : 60 à 80 cm.
— « Géant de Californie » : 90 cm.
— « Ruffles » : à fleurs doubles.
— « Géant à fleurs de dahlia ».
— « A fleur de sabieuse ».
— « A fleur de chrysanthème ».
• Culture : semis sous abri en mars et mise en place en mai. Semis en pépinière bien exposée en avril et repiquage en place en juin.
• Utilisation : fleurs coupées de longue tenue en vase, massifs, bordures selon les tailles.
Zinnia du Mexique : espèce voisine de la précédente à port plus étalé, haute de 30 à 40 cm, offrant des coloris allant du jaune au rouge. Fleurs plus ou moins doubles, tout l'été.
• Culture ; semis sous châssis et repiquage en place en mai.
• Utilisation : potées, vasques, jardinières bien exposées.

De nombreuses hybridations ont donné naissance aux tulipes à fleur de lis : ici la variété Ballade, avec ses coloris délicats.

Il existe de nombreuses variétés de tulipes, aux formes et couleurs les plus variées, vous pourrez donc les choisir en harmonie avec les autres espèces. Les tulipes à fleur de lis, très décoratives, peuvent être utilisées en potée et même forcées ; cette variété (Temple de beauté) est particulièrement élégante.

PRINCIPALES MALADIES DES PLANTES À FLEURS

Plante	Maladie	Symptôme	Traitement
Azalée	Fausse-cloque	Déformation des feuilles par cloques blanchâtres	Destruction des feuilles atteintes, insecticide
Bégonia	Pythium ultimum	Collet et racines noircis	Désinfection du sol avant semis
	Oïdium	Poudre blanche sur toute la plante	Pulvérisation soufrée
	Xanthomonas du bégonia (flétrissement)	Jaunissement des nervures des feuilles, fleurs se fânant	Destruction des plants, insecticide, bouillie bordelaise (prévention)
Chrysanthème	Rouille	Pustules marron sur taches claires	Zinèbe
	Virus	Rétrécissement des feuilles, taches vert clair	Destruction des plants
	Moisissure grise	Pourrissement des fleurs	Thyrame
Dahlia	Flétrissement des tubercules	Tache jaune-brun sur le bulbe entraînant son pourrissement	Destruction des bulbes, désinfection du sol
	Fonte des semis et des boutures	Noircissement des plants et du collet des boutures	Désinfection du sol avant semis
	Entyloma du dahlia	Taches rondes rougissant en se desséchant	Désinfection du sol, pulvérisation de Captane
	Mosaïque	Éclaircissement des nervures	Destruction des pieds malades, insecticide
	Moisissure grise	Pourrissement des feuilles	Thyrame
Giroflée	Moisissure grise	Taches brunes sur les pousses	Thyrame
Glaïeul	Fusariose	Pourrissement du bulbe, dépérissement de toute la plante	Traitement des bulbes après récolte avec Captane, Thyrame ou Phaltane
	Pourriture sclérotique	Pourriture du bulbe et du collet	Désinfection du sol avant plantation
	Moisissure grise	Taches sur fleurs et feuilles, pourrissement du bulbe	Thyrame
	Septoriose	Taches marron clair sur feuilles et bulbe	Bouillie cuprique
	Penicillium	Lésions creuses à moisissure verte sur le bulbe	Bain de pentaborate (bulbes)

Bégonia

Chrysanthème

Dahlia pompon

Iris

Œillet de poète

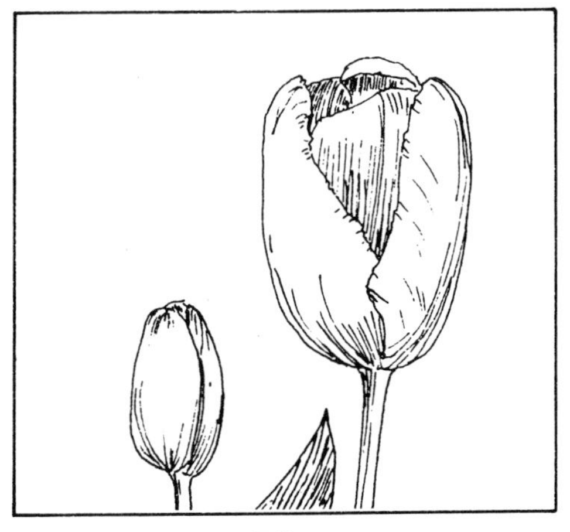

Tulipe

Iris	Rouille Hétérosporiose	Pustules rouges devenant noires Taches grises, veloutées de blanc	Zinèbe Bouillie bourguignonne
Jacinthe	Xanthomonas	Stries sur feuilles, pourrissement du bulbe	Destruction des plants
Lis	Phytophthora omnivora	Pourrissement du collet	Bouillie bordelaise
Muflier	Rouille	Pustules brunes	Zinèbe
Œillet	Rouille Hétérosporiose Flétrissement Virose	Renflements bruns sur la tige Taches blanches, veloutées de vert Flétrissement des feuilles, jaunissement et mort Marbrures	Zinèbe Bouillie bourguignonne Destruction des plants Destruction des plants
Pélargonium (géranium)	Fonte des semis et des boutures Moisissure grise Flétrissement Virose	Noircissement des plants et du collet des boutures Taches brunes sur les feuilles Flétrissement des feuilles Marbrures, rétrécissement des feuilles	Désinfection du sol avant semis Thyrame Destruction des plants Destruction des plants
Reine-marguerite	Fusariose	Flétrissement des feuilles et des tiges	Désinfection du sol, traitement préventif des semences
Tulipe	Feu de la tulipe Virose	Taches sur feuilles, pédoncule et bractées ; dessèchement des feuilles Panachure de la fleur	Thyrame Destruction des plants

CHOIX DE FLEURS

Fleurs	Mode de culture	Exposition	Principaux coloris	Période de floraison
Agérate (Ageratum)	Vivace cultivée comme annuelle	Très ensoleillée	Bleu	Eté
Alysse corbeille-d'or (Alyssum saxatile)	Vivace	Ensoleillée	Jaune	Printemps
Alysse odorant (Alyssum maritimum)	Annuelle	Ensoleillée	Blanc (variétés violettes)	Eté
Amarante crête-de-coq (Celosia cristata)	Annuelle	Ensoleillée	Rouge amarante	Eté
Aster (Aster)	Vivace	Toutes expositions	Tous coloris	Eté ou printemps
Aubriette (Aubrietia)	Vivace	Ensoleillée	Bleu, rouge, violet	Printemps
Bégonia gracilis	Annuelle	Mi-ombragée	Rouge, blanc, rose	Eté
Bégonia tubéreux	Bulbeuse	Ombragée	Blanc, rouge rose	Eté
Bugrane (Ononis)	Annuelle ou vivace	Ensoleillée	Jaune, rose, rouge	Eté
Calcéolaire (Calceolaria)	Vivace	Mi-ombragée	Jaune	Eté
Capucine (Tropaeolum)	Annuelle	Ensoleillée	Jaune, rouge	Eté
Chionodoxa (Chionodoxa)	Bulbeuse	Mi-ombragée	Bleu, blanc, pourpre	Printemps
Chrysanthème (Chrysanthemum)	Vivace	Ensoleillée	Jaune, blanc	Eté, automne
Corbeille-d'argent (Arabis alpina)	Vivace	Ensoleillée	Blanc	Printemps
Cyclamen (Cyclamen)	Bulbeuse	Mi-ombragée	Blanc, rouge, orange	Printemps
Géranium -voir pélargonium				
Gerbéra (Gerbera)	Vivace cultivée comme annuelle	Très ensoleillée	Tous coloris	Eté
Giroflée ravenelle (Cheiranthus cherii)	Vivace	Ensoleillée	Jaune, orange	Printemps
Godétia (Godetia)	Annuelle	Toutes expositions	Rouge, rose, blanc	Eté
Gypsophile (Gypsophile)	Annuelle ou vivace	Ensoleillée	Blanc, rose	Eté
Hélianthème (Helianthemum)	Vivace	Ensoleillée	Tous coloris	Eté
Heuchera (Heuchera)	Vivace	Mi-ombragée	Rouge	Eté

Agérate

Gypsophile

Hélianthème

Némésie

Œillet

Pensée

Fleurs	Mode de culture	Exposition	Principaux coloris	Période de floraison
Impatiens (Impatiens)	Vivace	Mi-ombragée	Tous coloris	Eté
Jacinthe (Hyacinthus)	Bulbeuse	Ensoleillée	Blanc, rouge, bleu	Printemps
Joubarbe (Sempervivum)	Vivace	Ensoleillée	Rose, jaune, rouge	Eté
Lin (Linum)	Annuelle ou vivace	Toutes expositions	Blanc, rose, rouge, jaune, bleu	Eté
Lobélia (Lobelia crinus)	Annuelle ou vivace	Toutes expositions	Bleu	Printemps, été
Myosotis (Myosotis)	Vivace	Mi-ombragée	Bleu, blanc, rouge	Printemps, été
Narcisse (Narcissus)	Bulbeuse	Toutes expositions	Blanc, jaune	Printemps
Némésie (Nemesia)	Annuelle	Ensoleillée	Blanc, jaune, bleu, rouge, orange	Eté
Némophile (Nemophila)	Annuelle	Toutes expositions	Blanc, bleu	Eté
Œillet de Chine (Dianthus sinensis)	Annuelle	Toutes expositions	Blanc, rouge	Eté
Œillet de poète (Dianthus barbatus)	Vivace	Toutes expositions	Blanc, rouge, orange	Printemps, été
Œillet des fleuristes (Dianthus caryophillus)	Annuelle ou vivace	Toutes expositions	Tous coloris	Eté
Œillet d'Inde (Tagetes patula)	Annuelle	Ensoleillée	Jaune, orange	Eté, printemps
Œillet mignardise (Dianthus plumarius)	Vivace	Toutes expositions	Blanc, rouge, rose	Printemps, été
Pâquerette (Bellis)	Annuelle ou vivace	Toutes expositions	Blanc, rouge	Printemps
Pélargonium (Pelargonium)	Vivace	Ensoleillée	Blanc, rouge, rose	Eté
Pensée (Viola)	Vivace	Toutes expositions	Tous coloris	Toute l'année
Pétunia (Petunia)	Vivace cultivée comme annuelle	Ensoleillée	Rouge, blanc, bleu, rose	Eté
Phlox (Phlox)	Annuelle ou vivace	Ensoleillée	Blanc, rose, rouge	Printemps, été
Primevère (Primula)	Vivace	Mi-ombragée	Rouge, jaune, orange	Printemps
Scille (Scilla)	Bulbeuse	Mi-ombragée	Bleu, blanc, rouge	Printemps
Sédum (Sedum)	Annuelle, bisannuelle ou vivace	Ensoleillée	Jaune, mauve, bleu	Printemps
Silène (Silene)	Annuelle	Toutes expositions	Rose, bleu	Printemps, été
Thlaspi (Iberis)	Annuelle ou vivace	Ensoleillée	Blanc, lilas	Printemps
Tulipe (Tulipa)	Bulbeuse	Ensoleillée	Tous coloris	Printemps

HARMONIE DES FORMES ET DES COULEURS

Espèce et variété	Couleurs							Type de végétation		
	Blanc	Rouge	Rose	Jaune	Orange	Bleu	Hauteur en cm	Vivace	Annuelle	Bisan-nuelle
Acroclinium	x	x	x				30 à 40		x	
Ageratum						x	15 à 25		x	
Alysse				x			20 à 25	x		
Amarante		x	x	x			50 à 60		x	
Ancolie	x	x	x	x		x	50 à 100	x		
Aubrietia		x	x			x	10 à 15	x		
Bégonia	x	x	x				15 à 30		x	
Campanule	x		x			x	30 à 60	x		x
Capucine		x	x	x	x		—		x	
Célosie		x		x	x		50 à 60		x	
Chrysanthème	x	x	x	x	x		50 à 70	x		
Clarkia	x	x	x		x		50 à 60		x	x
Cosmos	x	x	x				100 à 120		x	
Dahlia	x	x	x	x	x		35 à 120	x		
Ficoïde	x	x	x	x	x		10 à 15		x	
Gaillarde	x	x	x	x				x	x	
Gazania	x			x	x		20 à 25		x	
Géranium	x	x	x				30 à 40	x		
Giroflée	x	x	x	x	x	x			x	x
Godétia	x	x	x		x		40 à 50		x	
Immortelle	x	x	x	x			40 à 90		x	
Impatiens	x	x	x		x	x	20 à 40		x	
Ipomée	x	x	x			x	—		x	

Amarante

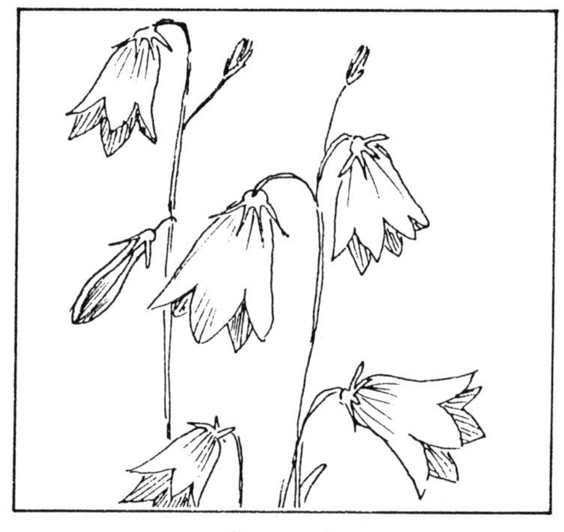

Campanule

Gaillarde

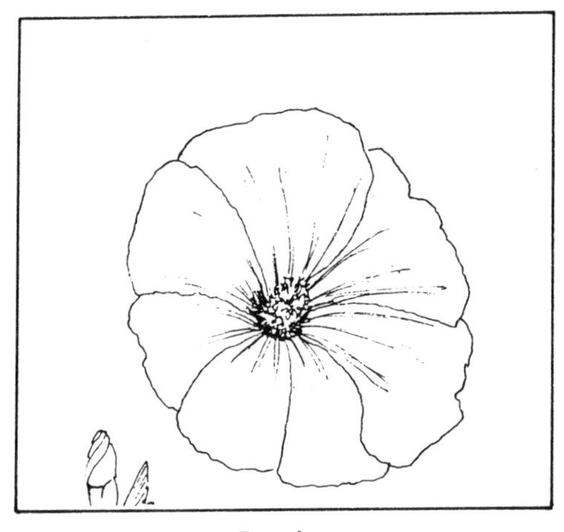

Lavatère

Phlox

Rudbeckia

	Blanc	Rouge	Rose	Jaune	Orange	Bleu	Hauteur en cm	Vivace	Annuelle	Bisan-nuelle
Julienne	x	x	x	x			25 à 30		x	
Lavatère	x	x	x				80 à 100		x	
Lin		x				x	30 à 40	x	x	
Lobelia						x	15 à 20		x	
Lupin	x	x	x	x		x	100 à 120	x		
Muflier	x	x	x	x			20 à 100		x	
Myosotis	x		x			x	20 à 40	x		x
Œillet de Chine	x	x	x	x	x		15 à 30		x	
Œillet de poète	x	x	x				30 à 60			x
Œillet des fleuristes	x	x	x				50 à 60	x		x
Œillet d'Inde				x	x		25 à 40		x	
Œillet mignardise	x	x	x				30 à 40	x		
Pâquerette	x	x	x				15 à 20			x
Pavot	x	x	x				100 à 120		x	
Pensée	x	x	x	x	x	x	15 à 20	x		x
Pétunia	x	x	x			x	30 à 50		x	
Phlox	x		x	x	x	x	30 à 50		x	
Pied-d'alouette	x	x	x			x	40 à 120		x	
Pois de senteur	x	x	x		x	x	—		x	
Primevère	x	x	x	x		x	20 à 25			x
Reine-marguerite	x	x	x			x	30 à 70		x	
Rose d'Inde				x	x		25 à 100		x	
Rudbeckia				x			70 à 80		x	
Sauge		x					30 à 60		x	
Souci	x			x	x		30 à 70		x	
Verveine	x	x	x			x	20 à 30		x	
Zinnia	x	x	x	x	x		40 à 100		x	

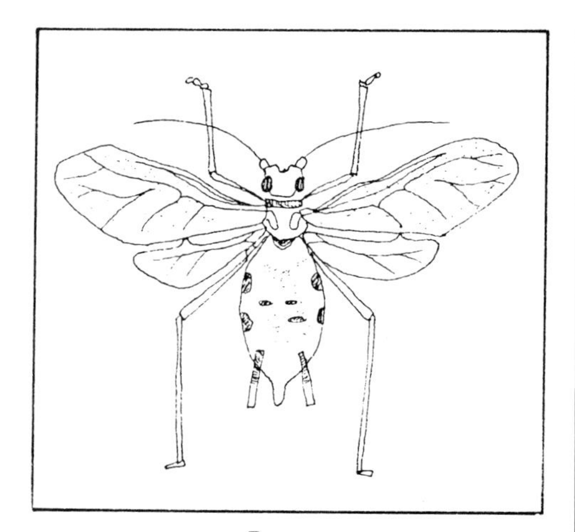

Puceron

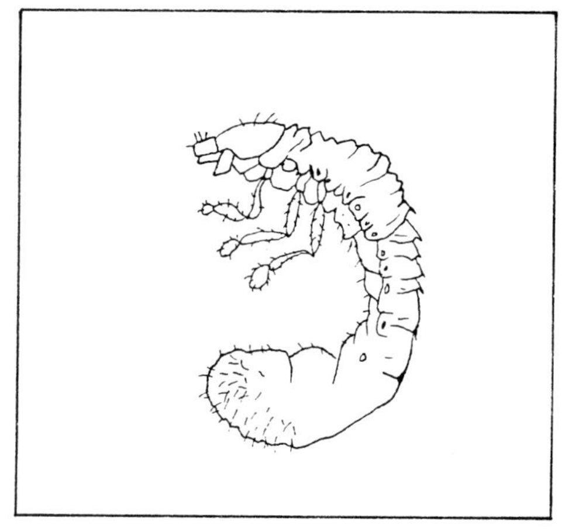

Ver blanc (hanneton)

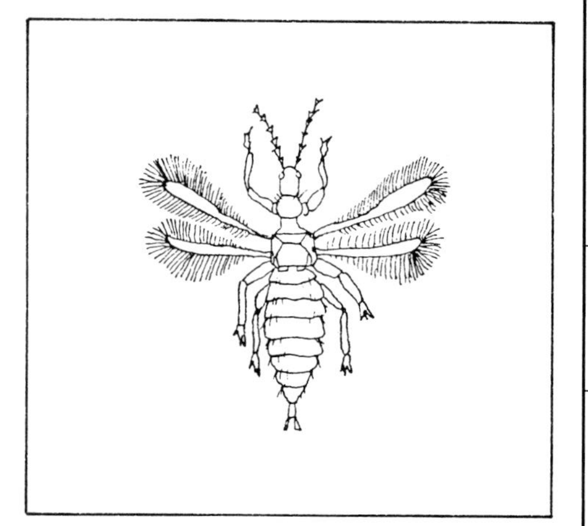

Thrips

ENNEMIS DES PLANTES À FLEURS

Nom	Dégâts	Traitement
Puceron	Dépérissement de la plante par succion entraînant le dessèchement des boutons	Insecticides en cours de végétation, traitement huileux en hiver
Aleure des serres (mouche blanche)	Succion de la sève par la larve entraînant le dépérissement des feuilles	Fumigation, pulvérisation de lindane
Cochenille des serres	Succion de la sève, sécrétion de cire	Fumigation, pulvérisation d'huile blanche
Tigre du rhododendron	Décoloration des feuilles par piqûres entraînant leur chute	Insecticides en cours de végétation
Aphophore	Larve émettant une bave mousseuse sur les feuilles et les bourgeons	Insecticides en cours de végétation, traitement huileux en hiver
Thrips	Perforation des feuilles entraînant décoloration et étiolement, fleurs irrégulières	Destruction des plants atteints, insecticides en cours de végétation, traitement huileux en hiver
Tordeuse	Torsion des feuilles par la larve enfermée dans un fourreau soyeux, perforation des boutons floraux	Destruction des chenilles par pulvérisations phosphoriques
Teigne	Attaque des feuilles par les chenilles	Insecticides dès l'apparition des chenilles
Ver blanc	Attaque des racines entraînant le dépérissement de toute la plante	Labour profond, insecticides dans le sol

LES PLANTES GRIMPANTES

LA PLANTATION

Il faut planter des grimpantes en grand nombre sur les balcons et terrasses afin de couvrir les parois de verdure. Ces plantes à croissance rapide sont faciles à cultiver, à condition de choisir des espèces rustiques. Plantez des annuelles et des vivaces.

Les plantes grimpantes créent toujours des décors intéressants sur les balcons où la culture « verticale » doit être privilégiée. Les clématites donnent des résultats remarquables sur les treillages en situation ensoleillée (laissez toutefois le pied à l'ombre), pour leur belle floraison de longue durée.

Les plantes grimpantes sont intéressantes pour les terrasses, les balcons, les fenêtres. Qu'elles soient vivaces ou annuelles, elles ont généralement pour caractéristique commune une vitesse de croissance remarquable. Elles sont faciles à cultiver.
Elles présentent l'avantage de n'occuper qu'une petite surface au sol, eu égard à l'importance de leur feuillage et à leurs possibilités décoratives. Les plantes grimpantes proprement dites ont des organes qui leur permettent de s'accrocher sur différents supports : la vigne vierge et le lierre possèdent des crampons qui tiennent sur le mur le plus lisse.
La glycine, le pois de senteur et le volubilis (plantes volubiles) ont des vrilles qui leur permettent de s'enrouler sur un fil, un pilier, un treillage ou un tronc d'arbre.
D'autres plantes, considérées comme grimpantes, ne sont en fait que des lianes sans moyen propre de s'accrocher : leur port naturel est rampant, mais, palissées sur un support par des liens, elles sont utilisées comme grimpantes. Il en est ainsi du chèvrefeuille, de la bougainvillée, du jasmin, de la clématite ou de la bignone.
Avant de planter une grimpante, il faut prendre un certain nombre de précautions. Assurez-vous qu'il y a suffisamment d'espace pour que la plante se développe. Il faut aussi prévoir des supports pour que les plantes non pourvues d'organes d'accroche puissent prendre de l'ampleur. Du point de vue de la décoration, l'utilisation des grimpantes présente de grands avantages sur les terrasses et les balcons : elle permet de créer un environnement de

Les bougainvillées ne doivent être sorties sur la terrasse qu'après les gelées (mai).

Les passiflores (fleurs de la passion) donnent des fleurs étranges, et se palissent facilement.

Lierre panaché, de développement rapide et décoratif en toute saison ; à utiliser sur les treillages en association avec d'autres espèces.

verdure agréable tout en dissimulant des murs parfois inesthétiques.

On peut ainsi donner à une terrasse l'aspect d'un vrai jardin. Attention : les plantes éparpillées sur une terrasse ont l'air « perdues » : quelques taches de verdure ne suffisent pas à faire oublier des mètres carrés de béton.

Les plantes grimpantes confèrent encore une autre dimension à la terrasse, au balcon (ou à la serre) : elles peuvent couvrir des surfaces verticales, s'installer en suspension. Ainsi un réseau de fils de fer tendu au-dessus d'une terrasse permet de la couvrir entièrement, de lui donner l'aspect d'une tonnelle, donc de la rendre particulièrement agréable pour tout séjour, même l'été par temps très chaud.

Certaines plantes grimpantes sont attrayantes par leur feuillage, en particulier le lierre, sans doute la plus répandue des grimpantes à cause de sa culture facile et de son peu d'exigences, tant en ce qui concerne le sol que l'exposition.

Les vignes vierges (parthenocissus et ampelopsis), elles aussi, sont très décoratives et peu exigeantes, ainsi que les aristoloches dont la croissance est tout à fait spectaculaire.

D'autres espèces sont plus particulièrement recherchées pour leur floraison : il en est ainsi de nombreuses espèces, parmi lesquelles les glycines et leurs grosses grappes odorantes blanches, roses ou mauves, les chèvrefeuilles (lonicera) aux fleurs blanches ou jaunes, les clématites (de toutes couleurs), les jasmins, très odorants, les polygonums, les passiflores, les bougainvillées (pour les régions chaudes).

Toutes les plantes précitées sont des vivaces. Certaines ne posent aucun problème de culture et peuvent être plantées facilement.

Le lierre *(Hedera)* par exemple, indigène en Europe occidentale, peut se cultiver dans tous les terrains, mais il croît particulièrement bien dans un substrat composé d'un mélange de terreau de feuilles, de terreau de couche, de terre franche et de tourbe. Il a besoin d'assez peu d'espace (au sol) et peut donc être installé dans un pot relativement petit. En effet, comme toutes les plantes grimpantes, le lierre est largement tributaire de son feuillage et de ses racines aériennes (crampons) pour sa croissance et son développement. La multiplication de l'espèce ne présente aucune difficulté ; elle se fait généralement par bouturage, en prélevant les extrémités des tiges sur la plante mère. Ces boutures peuvent s'enraciner sous abri, sans chaleur de fond. Mises en place au printemps, elles donnent des plantes très vigoureuses qui grandissent rapidement.

Les jeunes plants de grimpantes se mettent en place en général au début du printemps : mars ou avril, selon la région. Les espèces les plus rustiques doivent être plantées assez tôt pour donner des sujets déjà bien développés en été.

Certaines variétés plus fragiles comme les **bougainvillées**, demandent quelques précautions. En effet, ces grimpantes, assez peu rustiques, ne doivent être mises en place à l'extérieur qu'une fois tout risque de gel écarté. Auparavant on les garde dans une serre ou à l'intérieur de l'appartement, près d'une fenêtre, dans une pièce peu chauffée. Les bougainvillées, très résistantes sur une terrasse, ont un aspect fort décoratif : leur floraison, abondante, dure particulièrement longtemps (il s'agit en fait de bractées roses ou violettes).

Dans de bonnes conditions de culture, la croissance se fait souvent très rapidement.

La passiflore, originaire de l'Amérique du Sud, assez peu rustique elle aussi, est très décorative, avec ses nombreuses fleurs curieuses et un beau feuillage persistant. Si elle se plaît, elle prend en peu de temps une

Le feuillage de la vigne vierge, ou ampélopsis, vert l'été, vire dès l'automne au rouge flamboyant ; il se développe très rapidement.

Le jasmin, très rustique, supporte l'exposition au nord. Ses fleurs délicates sont très odorantes.

Feuillage de la glycine de Chine. Feuilles et fleurs apparaissent souvent simultanément en mai.

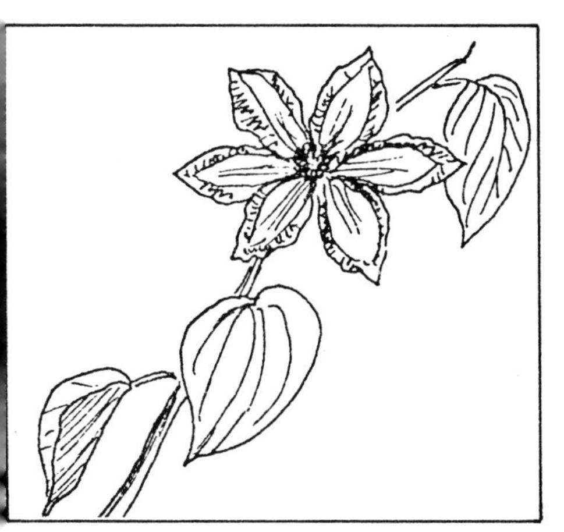

La fleur de la clématite, qui apparaît en été, est délicate. Vous devez utiliser des liens (de préférence en raphia) pour bien la fixer.

très grande ampleur. Placez-la sur un mur exposé au sud afin qu'elle bénéficie d'un bon ensoleillement. Elle peut faire une très bonne plante de serre froide, dans une serre adossée, par exemple, pour tapisser le mur du fond. Elle craint l'humidité stagnante. Aussi faut-il lui assurer un très bon drainage. Elle se multiplie généralement par bouturage, en été. Apportez une chaleur de fond pour favoriser l'enracinement. Prenez des précautions en hiver pour les plantes placées à l'extérieur ; vous pouvez, par exemple, recouvrir leur pied d'un paillage.
Parmi les plantes rustiques, citons le **jasmin**, facile à cultiver, très intéressant pour sa jolie floraison particulièrement odorante. Certaines personnes estiment toutefois qu'un jasmin sur un balcon gêne à la longue à cause de son parfum « entêtant ». Cette espèce a peu d'exigences quant au sol et à l'exposition (elle supporte même l'exposition au nord, comme le lierre). La multiplication s'effectue très simplement par boutures aoûtées, placées ensuite sous abri pendant l'hiver.
Les glycines, plantes volubiles, faciles à cultiver, de croissance assez rapide, couvrent un mur en peu de temps. Elles conviennent particulièrement pour habiller les terrasses. Elles peuvent vivre très longtemps ; les vieilles glycines ont de grosses branches, qui peuvent déformer les supports les plus robustes (balustrades de balcon en fer forgé). Ces plantes doivent être mises en caisses assez volumineuses et placées en exposition ensoleillée.
La plantation de la **clématite** est un peu particulière. Les racines de cette plante sont très fragiles : il faut donc prendre garde à ne pas abîmer la motte. Pour une mise en place en pleine terre, cassez le pot dans le trou, laissez les tessons en place.
Pour que la croissance se fasse dans de bonnes conditions, il faut maintenir le pied à l'ombre et laisser le feuillage se développer au grand soleil. La meilleure solution est donc de protéger le pot de clématite par d'autres pots contenant des arbustes qui apportent l'ombre nécessaire au-dessus du pied de la plante. Une tuile ou une ardoise, placées au pied de la plante, suffisent parfois mais sont peu décoratives.
Parmi les annuelles, la **cobée** *(Cobaea scandens)* doit être semée assez tôt (février), en caissette sous abri (en appartement ou serre). La germination donne des résultats inégaux : il vaut donc mieux semer beaucoup de graines. La meilleure solution consiste à se procurer des plants dans le commerce, cela permet de gagner du temps. La cobée se met en place en mai (en juin au plus tard) et croît très bien en pot, où elle se développe à une vitesse impressionnante. (Placez-la dans un compost assez léger et bien drainé.) Ses belles fleurs violettes sont très décoratives.
La plantation du **pois de senteur** répond aux mêmes préoccupations. Cette plante annuelle doit être mise en place le plus tôt possible dans la saison, pour qu'elle ait le temps de se développer et qu'elle puisse donner tout son effet décoratif au milieu de l'été. Il est donc préférable de semer en automne. Pour ramollir la coque très résistante des graines, laissez tremper celles-ci une bonne journée dans l'eau avant le semis. Au besoin, entaillez légèrement la coque avec une lame de rasoir. Les jeunes plants passent l'hiver sous châssis ou en serre froide ; le repiquage se fait à la fin du printemps.
Les pois de senteur aiment le soleil, mais peuvent toutefois réussir dans une situation à ombre très légère. Il faut systématiquement couper les fleurs fanées pour obtenir une floraison pendant toute la période estivale. Les pois de senteur installés sur les balcons permettent de jouir de leur délicate odeur (il faut les arroser très régulièrement).

Fleur de clématite (Clematis jackmanii). De croissance rapide (il peut atteindre 4 m), le pied de cet arbuste doit obligatoirement être protégé du soleil.

LA TAILLE

Les grimpantes vivaces ou sarmenteuses doivent le plus souvent être taillées, ne serait-ce que pour leur donner une forme et pour limiter leur développement, souvent trop important.

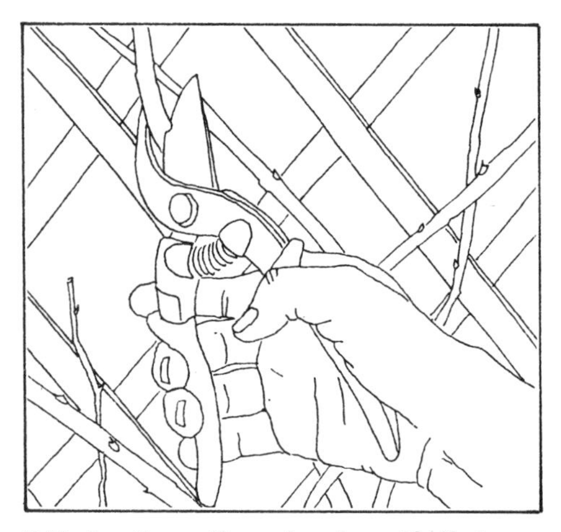

Taille de nettoyage d'un rosier grimpant à effectuer en été pour éliminer le bois mort.

Les chèvrefeuilles (Lonicera) se développent rapidement ; ils ne demandent généralement qu'une taille de mise en forme.

Le développement des grimpantes vivaces doit être contrôlé. En effet, nombre de ces plantes ont tendance à envahir les autres végétaux. Il faut veiller en particulier à ce que les grimpantes n'envahissent plus les gouttières : elles risquent de les déformer ou de les obstruer. De même, écartez-les des fils électriques ou de ceux du téléphone. Sur une terrasse ou un balcon, elles risquent de poser des problèmes de voisinage si on ne contrôle pas leur croissance. Une taille s'impose donc dans la plupart des cas. Pour certaines plantes, la taille peut s'effectuer à n'importe quel moment ; c'est le cas, en particulier, pour le lierre ou la vigne vierge. Les grimpantes cultivées pour leurs fleurs doivent être rabattues au début du printemps afin de ne pas compromettre la floraison.

La glycine, par exemple, extrêmement vigoureuse, doit être taillée sévèrement, sauf les deux ou trois premières années, afin que les branches principales aient le temps de se former. La taille doit s'effectuer en janvier ou en février ; les rameaux partant des branches principales doivent être rabattus à 15 ou 20 cm. Cela permet d'obtenir une floraison plus belle et plus fournie.

Le jasmin, quant à lui, demande une taille assez courte, mais seulement après la floraison. Ne rabattez pas au début du printemps, afin de ne pas empêcher la formation des fleurs. S'il s'est beaucoup développé, vous pouvez pratiquer une taille d'éclaircie en hiver, afin d'éliminer les branches inutiles et de conserver sa forme à la plante.

Le jasmin de Virginie, ou *Campsis* (feuilles caduques et exposition ensoleillée), doit bénéficier également d'une taille de fin d'hiver. Il produit de très belles fleurs estivales, rouges, en trompette. Il s'avère souvent nécessaire de rabattre la plante en hiver pour qu'elle reparte plus vigoureusement au printemps.

La clématite, en particulier, doit être taillée à une trentaine de centimètres du sol dès le premier hiver après la mise en place ; non taillée, la plante se dessèche dans sa partie supérieure.

Les lierres, nous l'avons vu, se taillent surtout au début du printemps, mais vous pouvez procéder à d'autres tailles de mise en forme au cours de l'année si la plante prend trop d'ampleur.

Les rosiers grimpants non remontants doivent être taillés en septembre. Il s'agit surtout d'une taille de nettoyage, destinée à éliminer les anciennes tiges ayant déjà fleuri. Les grandes pousses qui se sont développées à partir du pied doivent être conservées : elles fleuriront la saison suivante.

Les rosiers grimpants remontants doivent être taillés dès le début de leur vieillissement : il s'agit d'abord d'une taille de nettoyage effectuée en mars. Éliminez tous les rameaux abîmés ; coupez aussi les rameaux secondaires ainsi que les plus gros (à mi-longueur).

De nombreuses grimpantes sont des plantes vivaces par leurs racines, mais leurs tiges herbacées meurent en hiver et repoussent au printemps suivant. Vous pouvez donc les couper à la base lorsque le feuillage fane. C'est le cas du lathyrus, excellente plante rustique, pourvue de vrilles, qui atteint 2 m et donne de jolies fleurs estivales, blanches ou rouges.

LA CULTURE

Clématites, vignes vierges et chèvrefeuilles poussent sans difficulté dans un bon compost. Les soins de culture concernent surtout les supports qui doivent être adaptés au style de la terrasse.

Les plantes grimpantes sont des espèces vigoureuses qui ne posent pas, en général, de gros problèmes de culture. Pour qu'elles poussent vite, il faut les installer dans un compost assez riche en humus.
Pour favoriser l'extension du feuillage, utilisez périodiquement des engrais solubles. Respectez l'exposition au sud exigée par de nombreuses espèces : actinidia, bougainvillée, glycine, passiflore, tecoma.

Les supports

Le problème principal posé par la culture des grimpantes est celui du support.
Les espèces pourvues de ventouses ou de crampons (vigne vierge, lierre) se passent de tuteur. Toutefois, il faut en général les guider au début de leur développement afin qu'elles croissent dans la direction choisie. A cet effet, plantez donc quelques clous dans le mur ou attachez les jeunes rameaux.
Pour entourer une porte ou une fenêtre avec du lierre ou de la vigne vierge, il faut placer un pot de chaque côté. Guidez d'abord les rameaux en hauteur, puis horizontalement. Les deux plantes se rejoignent au-dessus de la porte.
Les plantes volubiles s'enroulent d'elles-mêmes autour du support, qu'il s'agisse d'un grillage, d'un simple fil de fer ou des branches d'un arbuste. Il faut donc prévoir un support solide, car le poids de ces plantes peut devenir important lorsqu'elles sont agitées par le vent ou alourdies par la pluie. Un scellement de pattes métalliques dans la maçonnerie et la pose de fils de fer horizontaux bien tendus (deux fils espacés de 30 ou 40 cm) permettent de prévenir tout incident. Les plantes volubiles peuvent aussi grimper sur un treillage ou sur une pergola.
Les plantes dépourvues de tout organe de fixation ont besoin d'un palissage sur un mur ou sur un treillage. Utilisez des liens en raphia (si vous en trouvez) ou en matière plastique souple. N'appliquez pas directement la tige contre le support et ne serrez pas avec le lien : vous risquez de pincer la tige et d'interrompre le passage de la sève. Le lien de raphia doit décrire un 8 et serrer la tige assez lâchement. Il existe des liens spéciaux en matière plastique pour le palissage de toutes les espèces de plantes ; ils présentent un crantage qui permet de les régler en fonction de la section de la tige.

Le chèvrefeuille doit être palissé sur les treillages avec des liens en matière plastique ou en raphia, matériau traditionnel pour fixer les grimpantes ; il est parfois difficile à trouver aujourd'hui, mais toujours efficace. Il blesse moins que le plastique. Le fil métallique est à proscrire impérativement.

Une pergola en bois apporte une note charmante à une terrasse et permet de profiter des grimpantes.

Vous pouvez réaliser vous-même cette pergola en rondins assemblés par boulons et écrous.

Les pergolas

Une pergola, installation appréciable sur une terrasse, constitue un toit de verdure, source d'ombre agréable par temps chaud. Construites en bois ou en métal, elles doivent bien sûr s'harmoniser avec le style architectural de la maison. Construisez-les solidement : en s'y engouffrant, le vent exerce une traction importante.

Il vaut mieux choisir des formes simples pour une pergola, afin de mettre en valeur les plantes plutôt que la structure. Attention : les peintures silicatées et certains produits acryliques peuvent se révéler nuisibles au développement des végétaux.

Il convient de traiter le bois des pergolas avec des produits de protection contre l'humidité et l'attaque des insectes et des parasites.

Le treillage

Le treillage présente l'avantage d'être décoratif tout en constituant un excellent support pour les plantes volubiles et à palisser. Il existe aujourd'hui des treillages extensibles en bois ou en matière plastique qui se déplient plus ou moins ; ils forment alors des losanges ou des carrés. Mais vous pouvez les réaliser vous-même à l'aide de lattes en bois (western red cedar, par exemple) et de pointes galvanisées. N'oubliez pas de traiter le bois contre l'humidité et les insectes ; peignez-le avant de le placer contre le mur. Les couleurs utilisées habituellement sont le vert et le blanc. Le treillage peut être posé contre un mur ; il transforme complètement le décor. La fixation, qui doit être solide, se fait au moyen de pitons ou de pattes de scellement. Vous pouvez aussi installer un treillage supporté par des piliers, ne s'appuyant pas contre un mur. Il sert alors de séparation verdoyante, une fois garni de plantes, au centre d'une terrasse.

Les arceaux

D'autres éléments décoratifs peuvent servir de support pour des plantes grimpantes. Les arceaux, en particulier, ont connu une certaine vogue par le passé ; ils sont aujourd'hui moins à la mode. Mais si l'architecture s'y prête, employez-les pour ajouter une note originale, un peu « kitsch », à la terrasse.

Pour faire pousser des plantes grimpantes sur un balcon, vous pouvez placer un treillage contre le mur, tendre des fils de fer, ou un grillage à grosses mailles au-dessus de la balustrade. Ce dernier dispositif, outre ses qualités décoratives, présente l'intérêt de constituer une sécurité pour les jeunes enfants et les animaux d'appartement. Faites attention : les plantes grimpantes obstruent complètement l'ouverture ; elles cachent le soleil. Il faut donc rejeter cette solution pour les balcons mal exposés et peu éclairés. Choisissez des plantes au feuillage peu fourni afin que le soleil puisse passer, de préférence des espèces à feuillage caduc afin que la pièce devant laquelle se trouve le balcon ne soit pas trop assombrie en hiver.

Les grandes variétés de pois de senteur couvrent rapidement un treillage. Elles peuvent constituer une séparation originale et parfumée sur une terrasse ou un balcon. Plantez-les dans une longue jardinière ; tendez, pour les supporter, un filet de plastique d'1,50 m de haut. Les pois de senteur, en grimpant, le dissimuleront complètement. Pour supporter des annuelles (pois de senteur, capucine grimpante, qui pousse très facilement), vous pouvez aussi enfoncer de grosses branches mortes dans la terre des bacs. Elles seront recouvertes rapidement de jolie façon.

En serre, le palissage des grimpantes s'effectue sur un treillage fixé au mur de fond (serre adossée) ou sur des fils métalliques tendus contre le vitrage. Le plumbago du Cap, par exemple, très jolie plante de serre froide qui atteint 2 ou 3 m, apporte de l'ombre et produit de belles fleurs bleues. Il doit être rabattu en février.

Le treillage est idéal en séparation de balcon ; fixez-le avec des pattes métalliques, elles-mêmes vissées sur le mur après perçage et chevillage.

Les grands arceaux permettent de réaliser des décors romantiques particulièrement fleuris sur les terrasses (ici le rosier grimpant Clair Matin).

CHOIX DE GRIMPANTES

Plante	Mode de végétation	Hauteur	Principal intérêt décoratif	Exposition
Akébia (Akebia)	Semi-persistant	2 à 4 m	Fleurs parfumées, pourpres ou violettes, au printemps	Ensoleillée
Ampélopsis - voir vigne vierge -				
Bignone (Campsis ou Tecoma)	Caduc	5 à 6 m	Grandes fleurs rouges, orange ou jaunes, en été	Ensoleillée
Bougainvillée (Bougainvillea)	Persistant	4 m	Fleurs pourpres, violettes ou roses, en été	Très ensoleillée
Capucine grimpante (Tropoeolum)	Annuelle	3 à 4 m	Fleurs rouges ou jaunes ou panachées, en été	Ensoleillée
Chèvrefeuille (Lonicera)	Caduc ou persistant	5 m	Fleurs blanches, roses, pourpres ou jaunes, en été	Ensoleillée
Clématite (Clematis)	Vivace	3 à 5 m	Fleurs bleues, violettes, blanches ou roses, au printemps ou en été	Mi-ombragée pied à l'ombre
Cobée (Coboea)	Annuelle	8 à 10 m	Fleurs violettes ou jaunes, en été	Ensoleillée
Coloquinte (Cucurbita pepo)	Annuelle	5 m	Fruits	Ensoleillée
Glycine (Wistaria)	Caduc	5 à 10 m	Fleurs mauves ou blanches parfumées, en été	Ensoleillée
Géranium-lierre (Pelargonium peltatum)	Vivace	3 m	Fleurs rouges, roses ou blanches, en été	Ensoleillée
Hortensia grimpant (Hydrangea petiolaris)	Caduc	8 à 10 m	Fleurs blanches, en été	Mi-ombragée
Ipomée (Ipomoea)	Vivace	3 à 6 m	Fleurs bleues, blanches, rouges, en été	Très ensoleillée
Jasmin (Jasminum)	Semi-persistant ou caduc	4 à 5 m	Fleurs blanches, roses ou jaunes, en été-automne, parfum délicieux	Ensoleillée
Lierre (Hedera)	Persistant	10 m	Feuillage vert ou panaché	Toutes expositions
Passiflore (Passiflora)	Vivace	5 à 6 m	Fleurs blanches, en été	Ensoleillée
Thunbergia (Thunbergia alata)	Vivace cultivée comme annuelle	1,5-2 m	Fleurs jaunes, orange, blanches, en été-automne	Ensoleillée
Vigne vierge (Ampelopsis)	Caduc	10 à 15 m	Feuillage vert virant au rouge à l'automne	Ensoleillée

Bougainvillée

Jasmin

Passiflore

LES ROSIERS

LES ROSIERS MINIATURES

La mode est sans conteste aux rosiers miniatures. Les obtenteurs proposent des sujets très florifères, tout à fait adaptés à la culture en caisse ou même en pot ou en jardinière. Ces rosiers présentent l'avantage d'être faciles à cultiver et de fleurir du début du printemps à la fin de l'été.

On désigne sous cette appellation les petits rosiers buissonnants (ils ne dépassent guère une trentaine de centimètres) aux petites fleurs délicates et abondantes, et qui tolèrent d'être cultivés en pot et en bac. D'une grande finesse, ils offrent des coloris vifs et purs qui ajoutent encore à leur originalité. Qui plus est, ils gagneront à être rentrés dans le jardin d'intérieur ou même dans l'appartement pendant la mauvaise saison, où leur floraison s'en trouvera prolongée au point de devenir presque continue.

Une carence en phosphore se traduit rapidement par une floraison très faible et un dessèchement des feuilles, sans jaunissement.

Les soins

Comme leurs cousins du jardin, les rosiers miniatures ne sont guère exigeants. Inutile de leur réserver un riche terreau : une bonne terre franche de jardin leur convient parfaitement, à condition qu'elle ne soit pas trop argileuse pour permettre un bon drainage de l'eau d'arrosage. Ils s'accommodent cependant d'une terre un peu lourde, tandis qu'ils végéteront dans un compost trop léger auquel on devra alors ajouter un peu d'argile.
Comme tous les rosiers, ils préfèrent les sols légèrement acides, ayant un pH de l'ordre de 6. Au-dessous, on ajoutera un peu de calcaire, au-dessus de 8 un peu de sulfate d'ammoniac.
Plus qu'un sujet de pleine terre, le rosier miniature risque de souffrir de déséquilibres chimiques qui font naître des maladies de carence. Le compost de culture est en effet limité, et sa structure chimique peut se trouver facilement déséquilibrée, ne fût-ce que par l'eau d'arrosage.
L'engrais classique est du type 6-8-12 ; il évite les carences par sa structure propre et par la présence d'oligoéléments. En apportant l'engrais plusieurs fois au printemps et en été, vous éviterez les déficits qui provoquent ces maladies dites de carence.

• **Un déficit en fer** entraîne la chlorose et se traduit par un jaunissement des feuilles, dès leur formation, seules les nervures restant vertes. Cette maladie est propre au sol calcaire (pH supérieur à 8) qui fixe peu, ou pas, le fer. Il est difficile d'y remédier autrement que par un apport régulier d'engrais pour rosiers, ou par pulvérisation d'un sulfate ferreux.

• **Une carence en potasse** entraîne la nécrose des feuilles, qui se caractérise par un brunissement du bord des feuilles, lesquelles ont alors tendance à se fripper.

• **Un manque d'azote** modifie la couleur du feuillage, qui devient vert pâle ou jaunâtre, et entraîne l'apparition de taches rouges sur les tiges et les nervures.

• **Un manque de magnésium** porte particulièrement préjudice à la floraison et se traduit sur les feuilles par un jaunissement du limbe entre les nervures qui, elles, restent bien vertes.

La rouille résulte d'une carence en potasse qui favorise le développement de champignons ; elle se traduit par des taches brunes sur les feuilles.

« Swany »

• **Une carence en phosphore** porte aussi préjudice à la floraison ; le feuillage reste vert foncé, mais les feuilles se dessèchent en fin de végétation sans jaunir.
Mise à part la carence en fer, toujours difficile à réduire, tous ces déficits peuvent être palliés par l'apport d'engrais appropriés. Prenez conseil auprès d'un grainetier professionnel. Vous trouverez des produits spécifiques pour la carence en fer (poudre).

La taille

Les rosiers miniatures n'ont pas besoin d'être taillés aussi sévèrement que les rosiers buissonnants de pleine terre. On se limite généralement à l'élimination des pousses grêles qui se dirigent vers le centre du buisson, et l'on procède, pendant la période de dormance — souvent très courte —, à une taille assez longue (au-dessus du 6ᵉ œil) si le sujet est vigoureux, plus courte lorsqu'on veut le fortifier. Comme pour un rosier de jardin, veillez à privilégier les yeux tournés vers l'extérieur du buisson. Eliminez les fleurs qui se fanent pour encourager la floraison.

Les variétés et les couleurs

Ce sont les variétés naines issues du rosier du Bengale nain (ou Rosier de Miss Lawrence). Leur taille dépasse rarement 25 cm de hauteur. Ils se couvrent, durant l'été, de petites fleurs bien pleines, de 4 à 5 cm de diamètre.

Ces minuscules buissons, au feuillage trè fin, sont particulièrement adaptés à la cul ture en pot ou en bac, pour la garniture de fenêtres ou des balcons. Ils conviennen également à la décoration des rocailles e des petites plates-bandes.
Sélection de variétés classées par coloris :

Blanc
— « Swany » (Meilland) : plante robuste à végétation rampante, à utiliser comme couvre-sol ou pour la décoration des rocailles. Elle se garnit l'été d'une multitude de grappes de fleurs d'un blanc pur. Hauteur 30 à 40 cm.
— « White Gem » (Meilland) : petit buisson à port dressé, résistant au froid, très florifère, à fleurs blanches doubles, d'une bonne tenue. Hauteur : 20 à 30 cm.

Rouge et orangé
— « Colibri 79 » (Meilland) : rosier bien vigoureux, à port buissonnant, se couvrant, l'été, de jolies petites fleurs orange. A cultiver en pleine terre ou en potées. Hauteur : 20 à 30 cm.
— « Coralin » (Dot) : à port touffu, et à fleurs rouge corail relativement grandes.
— « Chanteclerc » (Gaujard) : à fleurs rouge vif.
— « Fête des mères » (Grootendorst) : variété remontante, à végétation touffue, à fleurs pleines d'un lumineux rouge vif.
— « Fête des pères » (Tantau) : semblable au précédent, mais à fleurs orangées.
— « Meillandina » (Meilland) : très bonne variété vigoureuse à port buissonnant, se couvrant d'une profusion de fleurs rouge

« White Gem »

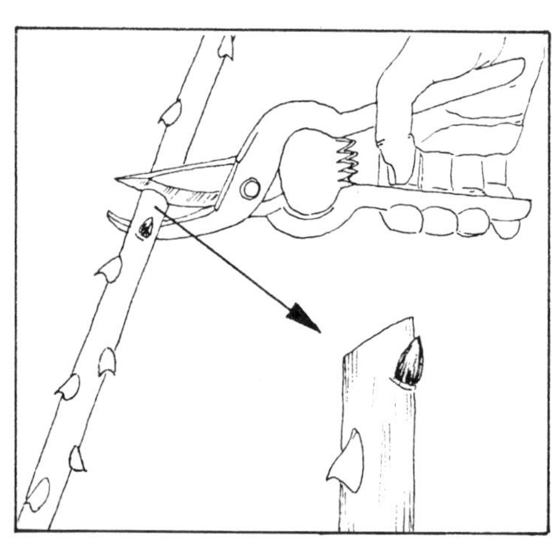

Taille longue

« Meillandina »

groseille vif. Elle convient à la culture en pot. Hauteur : 30 à 40 cm.
— « Minuetto » (Meilland) : une des meilleures variétés pour la garniture des fenêtres et des balcons. Elle épanouit des fleurs bien formées, très lumineuses, d'un rouge mandarine teinté de vermillon. Hauteur : 20 à 30 cm.
— « Orange Meillandina » (Meilland) : à recommander pour ses grandes fleurs de longue durée, dont le coloris rouge minium ne vire pas au soleil. Ce rosier à port buissonnant convient aux rocailles et aux potées. Hauteur : 20 à 30 cm.
— « Scarlet Gem » (Meilland) : la meilleure variété à floraison spectaculaire, à fleurs doubles aplaties, de couleur rouge sang et à port compact. Hauteur : 30 à 40 cm.
— « Starina » (Meilland) : buisson à feuillage résistant et à petites fleurs rouge vif à revers carmin. Hauteur : 20 à 30 cm.
— « Tapis persan » (N.I.R.P.), à fleurs semi-doubles.

Rose
— « Féerie » (Dot) : variété à port étalé, idéale en couvre-sol ou en rocailles. Elle possède un feuillage fin, vert brillant, très sain, et des fleurs doubles rose clair, réunies en grappes. Hauteur : 30 à 40 cm.
— « Marquisette » (Ducher) : à abondante floraison rose saumoné.
— « Mimi » (Meilland) : à fleurs d'un rose phlox lavé de pourpre, grandes et doubles.
— « Minijet » (Meilland) : rosier touffu à port dressé, à fleurs rose carminé. Ce rosier très vigoureux, à port érigé, a un feuillage dense et résistant. Hauteur : 40 à 50 cm.
— « Rosada » (Dot) : à fleurs rose pâle dessus, rose plus soutenu dessous.
— « Rosa Rouletti » : cette variété naine du rosier du Bengale nain (15 cm de hauteur), à petites fleurs roses doubles, est l'ancêtre des rosiers miniatures modernes.
— « Perle d'Alcanada » (Dot) : une des premières variétés miniatures. Ses fleurs, assez plates et d'un rose carmin terne, ont été améliorées par d'autres hybridations.
— « Perle de Montserrat » (Dot), à fleurs parfumées d'un rose frais, bien formées.
— « Rosmarin » (Kordès) : elle éclôt durant tout l'été des fleurs étoilées d'un beau rose argenté.

Jaune
— « Baby Gold » (Vizier) : à fleurs semidoubles, jaune d'or et parfumées, et à feuillage vernissé. Hauteur : 30 à 35 cm.
— « Baby Mascarade » (Tantau) : variété remontante très florifère, à fleurs jaunes.
— « Joséphine Wheatcroft » (Dot) : à fleurs jaune pâle.
— « Tapis jaune » (N.I.R.P.) : minipolyantha à feuillage brillant, se couvrant de fleurs jaune vif. Cette variété est légèrement sensible aux maladies.

Bicolore
— « Marquisette », à fleurs d'un rose saumoné. Ce rosier, de végétation très dense, a un feuillage assez découpé, fort particulier. Hauteur : 30 cm.
— « Petite Folie » (Meilland) : un des plus hauts de la série, puisqu'il atteint 50 cm, à fleurs doubles, rouge vermillon à l 'avers et rose carminé au revers.

« Mimi »

« Orange Meillandina »

« Starina »

« Scarlet Gem »

« Minijet »

LES ROSIERS GRIMPANTS

Qu'ils soient remontants ou qu'ils ne fleurissent qu'en fin de printemps en une splendide gerbe de roses, les rosiers grimpants sont toujours très décoratifs sur les terrasses et sur les balcons.

« Gr. Papa Meilland »

« Papa Meilland »

Plus que de vraies fleurs « grimpantes », il s'agit de rosiers développant de longues branches sarmenteuses, qu'il faut d'ailleurs palisser pour éviter qu'elles ne tombent sur le sol. A grosses ou à petites fleurs en bouquets, ils permettent de fleurir une terrasse ou un balcon de façon éblouissante, tout en ne demandant qu'un minimum de soin.
Ils sont sujets aux mêmes carences que les rosiers miniatures (voir plus haut) et ont les mêmes maladies et parasites que tous les rosiers (voir plus loin). Leur développement pouvant être très important, ils ont besoin d'un volume de terre assez conséquent, ce qui interdit leur culture en pot ou dans un bac de contenance limitée.
Il leur faut, on l'a vu, un support de développement, qui se résume parfois à de simples fils de fer tendus horizontalement à plusieurs niveaux sur un mur, mais qui peut prendre la forme d'un treillage adossé, ou formant séparation (entre deux balcons, par exemple), ou encore d'une tonnelle.

La taille

D'une façon générale, les rosiers grimpants se taillent toujours moins courts que les rosiers buissons de jardin. Quel qu'en soit le type, on s'efforce de conserver une charpente, à partir de laquelle on fait se ramifier les rameaux florifères.
Les rosiers grimpants remontants, c'est-à-dire fleurissant plusieurs fois dans la saison, se taillent à la même époque que les rosiers buissons, soit en fin d'automne ou en fin d'hiver. Les rosiers non remontants, dont la floraison est limitée à une seule période, entre juin et juillet, seront taillés en fin d'été, les fleurs apparaissant exclusivement sur le jeune bois, qui se développera à partir de cette taille au printemps suivant.

Les variétés et les couleurs

Il existe trois types de rosiers grimpants, d'origines différentes : les rosiers grimpants remontants à grandes fleurs uniques, les remontants à fleurs groupées, et les rosiers grimpants non remontants à grandes ou petites fleurs. Ils se différencient notamment par la vigueur de la croissance.

Remontants à grandes fleurs uniques
Tous les rosiers de ce type proviennent d'une variation accidentelle et spontanée, de variétés de rosiers buissons à fleurs uniques. Un plant, au lieu de se présenter en buisson à rameaux dressés, a des tiges plus longues et sarmenteuses, ce qui lui donne un port grimpant. Ce pied, muté pour le seul caractère de son port, et semblable à la variété mère pour tous ses autres caractères morphologiques, est ensuite multiplié par greffage.
Les nouvelles variétés reproduites, gardant le caractère sarmenteux du greffon, portent le nom du type, précédé du mot anglais « *Climbing* » (C.I.) ou du mot français « grimpant » (Gr.) pour les en différencier. Vérifiez donc l'appellation lors de l'achat.

Blanc
— « Gr. Mrs Stevens » : parfumée blanc pur ; « Gr. Reine des neiges ».

Rouge
— « Gr. Chrysler Imperial », rouge pourpre satiné ; « Gr. Crimson Glory », rouge pourpre ; « Gr. Criterion », rouge rosé ; « Gr. Ena Harkness », rouge vif ; « Gr. Étoile de Hollande », rouge cramoisi ; « Gr. Karl Herbst », rouge carminé ; « Gr. New-Yorker », rouge ; « Gr. Papa Meilland », pourpre foncé ; « Gr. Président Léopold Senghor », rouge groseille ; « Rouge Meilland », rouge sang écarlate.

Rose
— « Gr. Carina », rose clair carminé ; « Gr. Caroline Testout », rose pur ; « Gr. Princesse Margaret », rose phlox ; « Gr. Tiffany », rose ; « Gr. Sonia Meilland », rose porcelaine.

Rose orangé
— « Gr. Astrée » ; « Gr. Michèle Meilland » ; « Gr. Odette Joyeux ».

Jaune
— « Gr. Candora », « Gr. Mme P.S. Dupont », « Gr. Royal Gold ».

Jaune teinté
— « Gr. Bettina », orange saumoné ; « Gr. Grand-Mère Jenny », jaune ocré ; « Gr. Mme A. Meilland », jaune nuancé de carmin.

Mauve
— « Gr. Éminence », très parfumée.

Bicolore
— « Gr. Miss Univers », rouge orangé à centre jaune cuivré ; « Gr. Rose Gaujard », vermillon dessus, argentée en dessous.

Remontants à fleurs groupées
Dans cette catégorie se trouvent des « Mutants *Climbing* », hybrides de Polyanthas ou de Floribundas, et des rosiers sarmenteux dès leur origine, c'est-à-dire n'ayant pas leur équivalent en rosier buisson. Ces vrais grimpants sont souvent plus vigoureux et plus remontants que les *Climbing* (grimpants).

Blanc
— « Gr. Vison blanc ».

Rouge
— « Gr. Alain », rouge vif.
— « Altissimo » (Delbard), plutôt bas pour un sarmenteux, à fleurs simples d'un rouge sang très lumineux et à nombreuses étamines jaunes.
— « Gr. Florian », rouge groseille.
— « Grand Hôtel » (Mac Greedy), hybride de thé sarmenteux, atteignant 2,40 m, à feuillage dense vert foncé et à fleurs d'un rouge brillant stable.
— « Interville » (Robichon), atteignant rapidement 3 m de hauteur, à fleurs de bonne qualité, rouge écarlate.
— « Iskra » (Meilland), très remontant, à fleurs moyennes, rouge écarlate.
— « Gr. Lily Marleen », rouge vif.
— « Messire » (Laperrière), aux très nombreuses fleurs rouge vif.
— « Messire Delbard » (Delbard), à nombreuses fleurs rouge carminé velouté, de grande taille, s'épanouissant tout au long de la saison.
— « Sensass Delbard », à feuillage vert brillant et à fleurs rouge velouté.
— « Tropique » (Delbard), à floraison abondante rouge velouté.

Rouge orangé
— « Cocktail » (Meilland), sarmenteux, plutôt recommandé pour les régions au climat plus doux, à feuillage très sain vert brillant, à floraison abondante et continue, et à fleurs parfumées, simples, rouge géranium à centre jaune clair.
— « Danse des sylphes » (Mallerin), rosier vigoureux, moyennement remontant, à petites fleurs bien doubles, rouge minium.
— « Danse de feu » (Mallerin), de plus petite taille que le précédent, moyennement remontant, à fleurs de type Floribunda, d'un rouge géranium vif.
— « Gr. Porthos », rouge minium.
— « Gr. Rusticana », vermillon orangé.
— « Zénith » (Delbard), sarmenteux bien remontant, à feuillage sain, vert brillant, et à fleurs orangé vif, d'une hauteur de 2,50 m.

« Rouge Meilland »

« Gr. Mme A. Meilland »

« Iskra »

« Zénith »

« Altissimo »

« Parure d'or »

« Tropique »

« Parure d'or »

« Rose céleste »

« Neige rose »

Rose

— « Clair Matin » (Meilland) : très bon sarmenteux atteignant 2 m de hauteur, à petits bouquets de fleurs moyennes, rose tendre, s'épanouissant sans interruption jusqu'aux gelées.

— « Neige rose » (Delbard) : haut de plus de 2 m, à l'abondante floraison rose soutenu.

— « New Dawn » (Dreer) : sarmenteux de grande taille, moyennement remontant, à nombreuses et grosses fleurs, rose tendre pâle, et à feuillage sain.

— « Pink Cloud » (Boerner) : sarmenteux de grande végétation, très remontant et bien vigoureux, à feuillage sain vert brillant, et à fleurs parfumées, moyennes doubles, d'un rose carminé.

— « Rose céleste » (Delbard) : rosier sain bien remontant, à fleurs parfumées, moyennes, rose clair, de bonne tenue.

Rose orangé

— « Gr. Tip-Top », rose-saumon.

Jaune

— « Gr. All Gold », jaune d'or.

— « Gr. Golden Shower », jaune citron.

— « Parure d'or » (Delbard), jaune bordé de carmin.

Non remontants à fleurs en bouquets

Ces rosiers, souvent anciens, descendant du rosier de Wichura, sont de grande taille. Leur floraison, bien que limitée à la période mi-juin, mi-juillet, reste très spectaculaire par son abondance. On peut fort bien les associer à des rosiers remontants.

Blanc

— « Albéric Barbier » (Barbier), rosier ancien très vigoureux et rustique, à abondantes fleurs doubles. Sans nul doute un des plus beaux cultivars blancs.

— « City of York » (Tantau), à fleurs parfumées.

Rouge

— « Cascade » (Mallerin), à fleurs simples rouges.

— « Excelsa » (Walsh), mutant rouge vif de « Dorothy Perkins ».

Rose

— « Albertine » (Barbier), à grandes fleurs doubles chamois cuivré, très parfumées.

— « American Pillar » (Van Fleet), à grandes fleurs rose carminé brillant.

MALADIES ET PARASITES DU ROSIER

Le rosier est une plante assez robuste, mais certains cultivars sont parfois fragiles et sensibles aux maladies. Les rosiers botaniques (*Rosa rugosa* en particulier) conviennent bien aux jardiniers qui n'ont pas le temps d'effectuer des traitements. Ils sont cependant moins florifères que les cultivars qui doivent, eux, être protégés.

Tous les rosiers sont sujets à un certain nombre de maladies qui, le plus généralement, ne font qu'entraver la floraison, mais peuvent aller jusqu'au dépérissement total. Beaucoup d'entre elles ont pour origine un excès d'humidité, tant au niveau de la ramure que des racines.
Il existe des traitements préventifs polyvalents ayant également un effet insecticide. La première des précautions consistera cependant à éviter l'excès d'arrosage, à contrôler le drainage et, pour les rosiers miniatures en pot, à éviter la rétention d'eau causée souvent par une soucoupe ou un dessous de pot. Un apport d'engrais équilibré régulier contribuera, par ailleurs, à accroître la vigueur de la plante, qui, de ce fait, résistera mieux aux maladies.

Les parasites

Plante vigoureuse développant une végétation abondante par production d'une sève assez riche, le rosier est naturellement l'objet d'attaques de très nombreux parasites, insectes et acariens. Les dégâts qu'ils causent sont particulièrement redoutables, compte tenu de la vitesse de prolifération de certains de ces ennemis du rosier. La contagion d'une roseraie se produit rapidement si l'on n'y prend garde ; d'où la nécessité de savoir reconnaître l'attaquant pour lui appliquer le traitement qu'il mérite dans les plus brefs délais. Prêtez une attention particulière aux attaques des pucerons qui se développent très rapidement en colonies sur les jeunes pousses. Ils peuvent ruiner la floraison et causer de grands dégâts.

Le blanc (oïdium) est une maladie cryptogamique qui atteint les feuilles et les boutons. Elle est surtout fréquente lors des étés pluvieux ou orageux. Pour l'éviter, n'arrosez pas les feuilles et les boutons, particulièrement sensibles à cette maladie qui n'est en fait qu'une moisissure.

MALADIES ET TRAITEMENTS

Symptômes	Insecte ou maladie	Traitements
Jaunissement des feuilles	Rouille	Drainage du sol, anticryptogame
Poudre blanche recouvrant tiges, feuilles et boutons	Blanc ou oïdium	Drainage, fongicide
Taches noires sur les feuilles	Marsonia ou « black spot »	Brûlage des feuilles, produits soufrés
Racines se couvrant d'un feutrage blanc	Pourridié	Drainage, brûlage des plantes atteintes
Pétales décolorés, boutons qui ne s'ouvrent pas	Moisissure grise	Drainage et désinfection du sol, fongicide
Boursouflure, craquellement et jaunissement de l'écorce	Chancre	Désinfection du sol, brûlage des plantes atteintes
Taches brunes, plus claires au centre, sur les sépales et les feuilles	Mildiou	Drainage, fongicide
Éclaircissement des nervures, taches en forme de mosaïque	Mosaïque	Brûlage des plantes atteintes
Feuilles et tiges couvertes d'un duvet noir	Fumagine	Pulvérisation d'albolineum
Taches brunes couvertes de poudre orange sur feuilles et tiges	Chlorose	Drainage du sol, anticryptogame

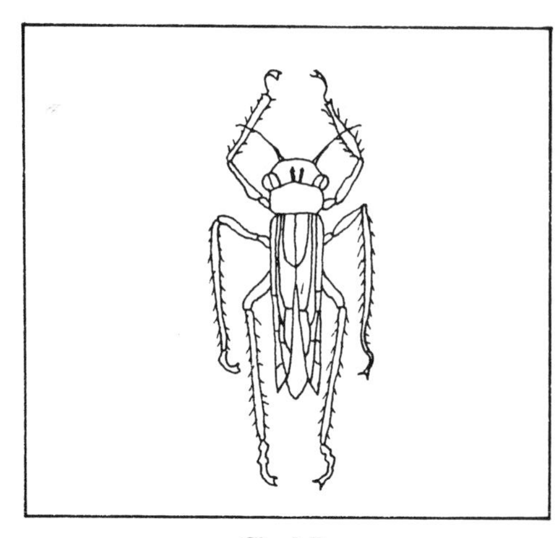

Cicadelle

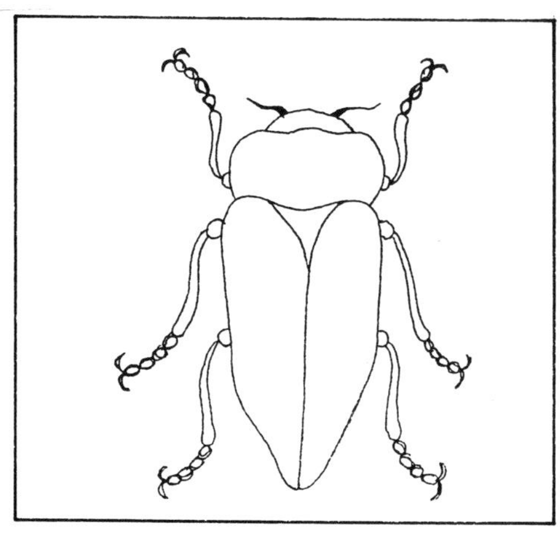

Bupestre

Tenthrède

Si vous voulez composer vous-même vos produits de traitement, vous pouvez utiliser :
— du soufre (pulvérisé) et du permanganate de potassium (1,5 ‰) pour lutter contre le blanc ;
— du sulfate de fer (arrosage) à raison de 25 g/l pour lutter contre la chlorose ;
— du savon noir, du carbonate de soude ou du pétrole pour lutter contre la fumagine ;
— de la bouillie bordelaise ou du permanganate de potassium (1,5 ‰) pour lutter contre la rouille ;
— du bisulfite de chaux (pulvérisation) à raison de 5 ‰ pour lutter contre la pourriture grise.

INSECTES ET TRAITEMENTS

Phalène (chenille)

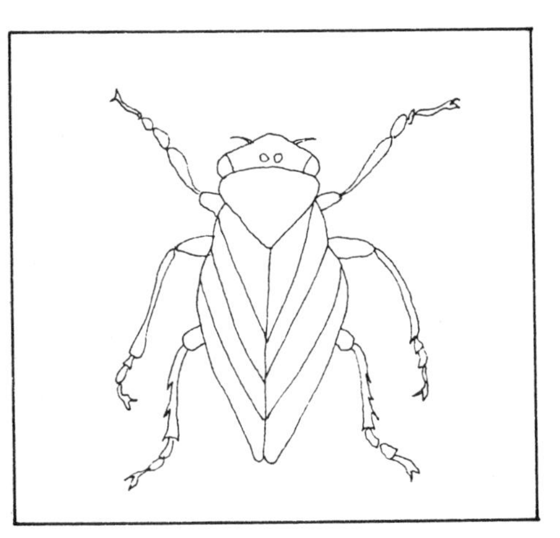

Aphophore

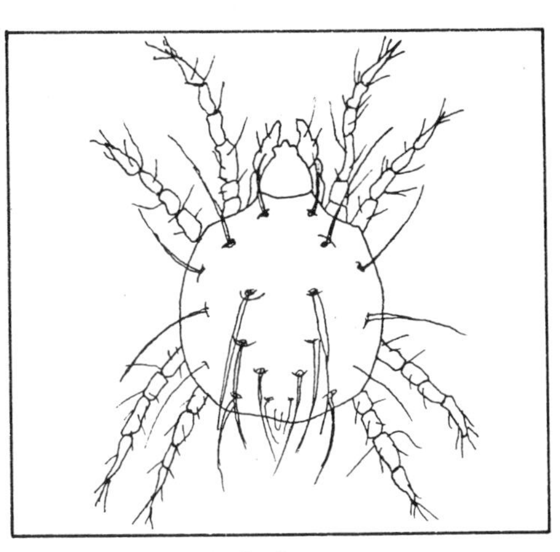

Araignée rouge

Symptômes	Insecte	Traitements
Tiges et boutons couverts de minuscules insectes verts ou noirs formant des grappes	Pucerons	Insecticide spécialisé appliqué au moment de la prolifération
Minuscules insectes s'envolant en grand nombre lorsqu'on secoue le rosier. Ecorce des jeunes rameaux profondément entaillée	Cicadelles	Taille courte, brûlage des rameaux, insecticide en été, pulvérisation huileuse en hiver
Gros coléoptère mordoré de 1 cm de long. Boursouflures de l'écorce tige percée de multiples galeries	Bupestres	Insecticide en été, pulvérisation huileuse en hiver
Minuscules abeilles. Encoches sur les feuilles, larves gris-vert roulant les feuilles et dévorant le limbe, galeries dans les pousses	Tenthrèdes	Poudrage des larves avec un insecticide à base de parathion
Chenilles atteignant 2 à 3 cm. Attaque des pousses, des boutons,des feuilles et des fleurs	Phalènes (chenille arpenteuse)	Insecticide, collecte des chenilles, engluage du pied du rosier
Larves engluant les feuilles et les boutons d'un tissu laineux et les dévorant	Tordeuses	Poudrage des larves avec un insecticide
Apparition de cuticules cireux sur les tiges	Cochenilles	Traitement huileux en hiver (albolinéum), brossage des tiges, brûlage des rameaux taillés
Petites mouches noires s'attaquant aux pétales qu'elles frippent et tachent	Thrips	Insecticide avant éclosion des boutons
Bave écumeuse en collerettes blanches autour des tiges	Aphophores	Traitement insecticide
Coloration grise du revers des feuilles, lesquelles se dessèchent puis tombent. Absence de floraison	Araignées rouges (acariens)	Traitement acaricide, taille sévère, ramassage des feuilles tombées

LES ARBRES ET LES ARBUSTES

LA PLANTATION

La plantation des arbres et arbustes cultivés en caisse est grandement facilitée depuis qu'ils sont livrés en conteneurs (plutôt qu'à racines nues). On peut ainsi les planter presque toute l'année, en respectant tout de même quelques règles essentielles.

De nombreux arbustes décoratifs et même des arbres peuvent être plantés sur les terrasses. Le dallage d'une terrasse de plain-pied peut fort bien être ouvert en son centre pour permettre la croissance d'un arbre, qui offrira un ombrage naturel appréciable. Un charme commun (carpinus), par exemple, est agréable et très décoratif. Sur ce genre de terrasse, vous pouvez aussi utiliser des arbustes et des arbrisseaux plantés en pleine terre pour la border ou la clore. Ils constituent une séparation qui a pour avantage de couper le vent.
Sur les terrasses en étage et sur les balcons, les arbres et les arbustes se cultivent généralement en caisse. Ils atteignent des hauteurs beaucoup moins importantes qu'en pleine terre, mais enrichissent néanmoins le décor. Ils se placent en général en fond de terrasse, les plantes de moindre hauteur étant disséminées sur toute la surface. Sur un balcon, les arbustes peuvent encadrer une fenêtre ou être disposés tout le long de la balustrade (à condition que le balcon soit suffisamment vaste).
Pour sélectionner les arbres et les arbustes à cultiver, il faut tenir compte de l'exposition du balcon ou de la terrasse, du climat de la région et des exigences esthétiques. Il est habile de marier les arbustes à feuillage persistant avec ceux à feuillage caduc et de cultiver des espèces qui ne fleurissent pas toutes en même temps : on obtient ainsi des fleurs pendant une bonne partie de la saison. Certains arbustes sont cultivés pour leur floraison, d'autres pour leur feuillage (décoratif pour sa couleur en pleine saison ou en automne), d'autres enfin pour leur fructification esthétique. Si vous possédez

Conifères et arbustes ornementaux (cotoneaster horizontalis en premier plan) en conteneur.

La motte de l'arbuste est ici conservée et protégée par un filet (à enlever à la plantation).

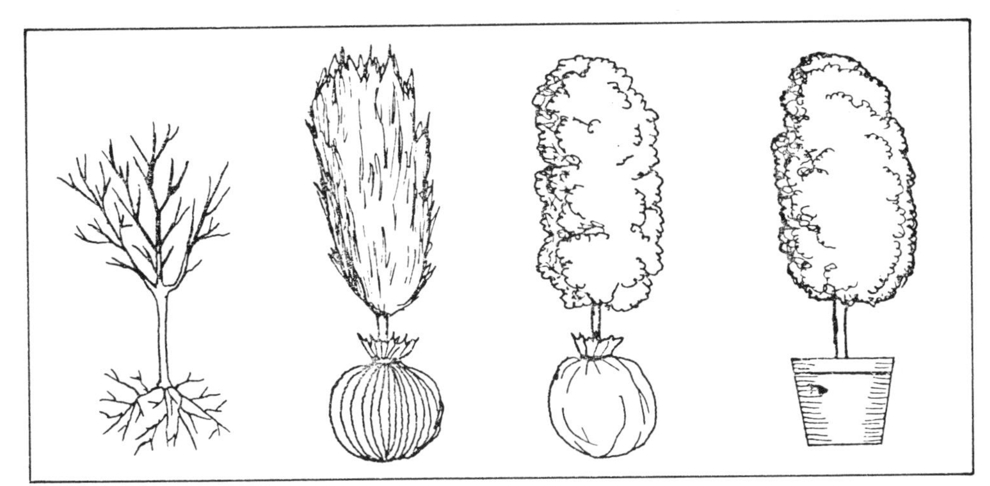

Présentation des sujets. De gauche à droite : à racines nues, en tontine (paille tressée), en motte entourée d'un filet, en conteneur. Les sujets en conteneur peuvent être plantés toute l'année, la motte de terre conservée facilitant la reprise des racines dans leur nouvel emplacement.

La tontine en toile de jute protège la motte et permet de garder l'humidité aux racines.

La préservation de la motte favorise considérablement la reprise.

Pour ne pas abîmer la motte, il est souvent préférable de couper le conteneur avec un couteau. Enlevez également la tontine en matière plastique qui retient la terre pour laisser la motte à nu.

une serre froide ou une orangeraie, vos possibilités de culture en sont multipliées : vous pouvez élever des sujets ne supportant pas le climat de nos régions pendant l'hiver. Certaines espèces sont particulièrement recommandées pour la culture en caisse (voir tableau).
Les pépiniéristes livrent les arbustes à racines nues ou en motte (dans un conteneur, un filet ou un paillasson appelé tontine) ; la plantation est plus facile dans le second cas. Les arbres à racines nues ne doivent pas rester ainsi trop longtemps. Si, pour une raison ou pour une autre (période de gel, etc.), la plantation tarde, il faut les mettre en jauge. Ouvrez, au jardin, une tranchée en V, placez les racines des arbustes dans ce trou, tête vers le nord, et recouvrez de terre. Les plantes pourront ainsi attendre le moment favorable.
La plantation en pleine terre ne présente pas de difficultés particulières, l'opération étant la même pour tous les arbres et les arbustes. Creusez un trou (de préférence quelques semaines avant la mise en terre) suffisamment large et profond pour que les racines y tiennent à l'aise. Si le sous-sol est imperméable, drainez en plaçant des pierres et des graviers au fond du trou afin d'éliminer toute humidité stagnante. Placez l'arbuste dans le trou ; tournez-le de manière que son côté le plus décoratif se trouve dans la bonne orientation.
Recouvrez d'une terre fine enrichie de fumier très décomposé (attention, le fumier frais brûle les racines) et de tourbe. La nature de ce compost sera adaptée aux exigences de la variété. La séparation entre les parties souterraine et aérienne (collet) est visible sur le tronc. Veillez à bien respecter cette limite lors de la mise en terre. Tassez fermement la terre avec le pied pour qu'elle adhère bien aux racines. Arrosez immédiatement : les jeunes sujets ont besoin de beaucoup d'eau pour reprendre rapidement. Il est souvent nécessaire de placer un tuteur près d'un jeune pied. En effet, la plante, encore fragile et mal ancrée au sol, est particulièrement sensible aux vents forts. Attachez-la avec un lien en matière plastique ou un chiffon (jamais avec un fil de fer). Vous pouvez aussi arrimer les arbustes avec des filins en plastique (régions très ventées). Attachez la plante en

Placez une couche de compost au fond du bac après avoir mis en place le drainage (graviers).

Une fois mis en terre, les arbustes connaissent une période de stagnation. Elle correspond au temps nécessaire au végétal pour s'adapter à son nouveau milieu. Arrosez souvent pour que la terre adhère parfaitement aux racines. Un pralinage favorise la reprise. Cette opération, pratiquée sur les sujets à racines nues, consiste à tremper le système radiculaire de la plante dans un mélange spécial à base d'hormones de croissance.
Certains arbustes mis en terre d'octobre à mars sont un peu fragiles la première année, même s'il s'agit d'espèces rustiques. Il vaut mieux les protéger contre les grands froids au moyen d'un paillis ou les abriter des vents froids par un film de plastique. Attention à la neige : son poids risque de casser les rameaux encore grêles.
Pour planter un arbuste livré en tontine, commencez par le débarrasser de la paille ou du filet qui protège sa motte. Évitez de briser la motte, toujours moins cohérente qu'en conteneur. Pour les arbustes livrés à racines nues, vérifiez, au moment de l'achat ou de la réception, que le sujet est en bon état : n'acceptez pas un arbuste aux racines sèches et dont les branches principales sont cassées. Habillez légèrement le système radiculaire ; coupez au sécateur les parties abîmées ou endommagées. Préparez le récipient. S'il a déjà servi, désinfectez-le. Un récipient de terre cuite n'ayant jamais servi doit d'abord tremper.

formant un 8 avec le lien pour que le tronc ne se trouve pas en contact avec le tuteur.
Les arbustes à feuilles caduques se plantent entre octobre et mars en dehors des périodes de gel. Les arbustes à feuilles persistantes doivent être mis en terre en septembre ou en avril ; il vaut mieux opérer par temps pluvieux, dans un sol mouillé mais non détrempé.
Les arbustes et les arbres livrés en conteneurs conservent leur motte et peuvent donc être mis en terre à n'importe quel moment de l'année, mais il vaut mieux respecter la période habituelle de plantation. Il suffit de retirer le conteneur et de placer la motte dans le trou creusé à l'avance. Pour assurer une bonne reprise, creusez un trou de plus grande dimension et comblez avec du fumier bien décomposé et de la tourbe.
La plantation d'arbustes en pot ou en bac, un peu plus délicate, se fera en octobre ou en novembre. Choisissez des récipients assez grands pour permettre à l'arbuste d'atteindre un développement satisfaisant. Un arbuste d'une hauteur supérieure à 1,50 m doit prendre place dans un bac profond d'au moins 50 cm. Disposez une couche de pierres, de cailloux et de graviers au fond du bac. Elle remplit une double fonction : elle assure le drainage et leste le récipient, qui risque d'être renversé par le vent lorsque la plante grandit.
Les racines de certains arbustes (rosiers, en particulier) doivent être raccourcies (habillage) au sécateur avant la plantation.
Ajoutez au compost une petite quantité d'engrais à action lente pour permettre à la plante de bien démarrer.

Placez la motte au centre du bac, et remplissez de compost. Tassez fermement. Pour décorer le bac, placez des annuelles (pétunias par exemple, ou bégonias pour les arbustes de terre de bruyère) ; arrosez abondamment en diluant dans l'eau de l'engrais liquide pour favoriser la reprise.

LA TAILLE

La taille des arbustes décoratifs est un sujet assez controversé. D'une manière générale, l'amateur doit chercher à effectuer une taille assez légère, car les tailles trop sévères entraînent bien souvent des déboires. Il faut cependant connaître un minimum de règles concernant les tailles spécifiques des différentes variétés.

Sécateur à lames frottantes, le plus classique : la lame doit être parfaitement aiguisée.

Sens d'utilisation : la contre-lame se trouve du côté où le rameau tombe.

Sécateur à enclume, ne comportant pas de sens d'utilisation. Il permet de couper des branches assez épaisses sans risque pour la lame.

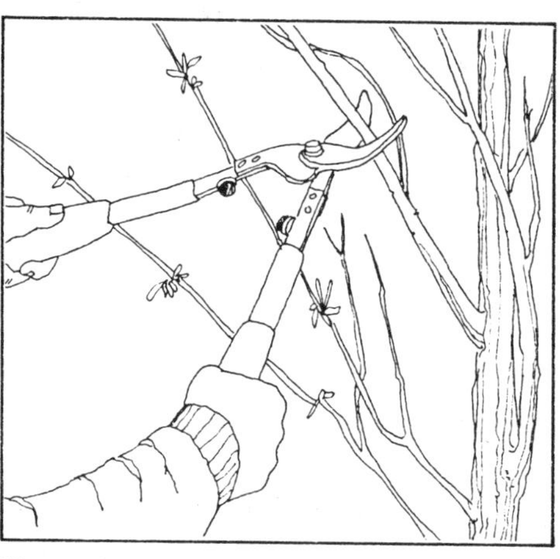

Sécateur-élagueur : manœuvré à deux mains, cet outil très résistant permet de couper des branches très épaisses ou de tailler en hauteur.

La taille des arbustes est tout un art. La connaissance de quelques rudiments en la matière vous permettra de ne pas commettre trop d'erreurs avec les sujets décoratifs qui prennent place sur votre balcon ou sur votre terrasse.

La taille a plusieurs buts. Elle vise au développement harmonieux de la plante tout en éliminant toutes les parties malades ou inutiles qui épuisent les forces du végétal. Elle permet de conserver en permanence un sujet à l'aspect vigoureux, toujours renouvelé, dont le feuillage ou la floraison restent très décoratifs.

Il faut toujours employer des outils de taille en bon état.

Le plus utilisé, le sécateur à lame frottante, doit être bien aiguisé et comporter un ressort en bon état. La contre-lame de l'outil doit toujours se trouver, au moment de la coupe, du côté où le rameau tombe. Pour éviter tout risque d'erreur, vous pouvez utiliser un sécateur à enclume, qui n'a pas de sens d'utilisation. Le sécateur à deux mains, à long manche, permet de couper des branches plus résistantes. Engagez toujours la branche au fond des lames.

Le greffoir ou la serpette, outre leurs fonctions propres dans le cadre du greffage, permettent de rectifier les coupes faites au sécateur ou à la scie arboricole (scie couteau ou scie égoïne à monture).

D'une manière générale, il faut toujours couper juste au-dessus d'un nœud ou d'une ramification. La coupe au sécateur doit se faire en biais, la pente orientée de façon à évacuer l'eau de pluie ; le nœud doit se trouver dans la partie pointue du biseau.

L'époque de la taille a une très grande importance et varie avec les espèces ; d'une manière générale, les arbustes à feuilles caduques se taillent en automne et en hiver. Cependant, il faut distinguer les sujets dont la floraison s'effectue sur le bois de l'année et ceux chez qui elle se fait sur celui de l'année précédente. Le forsythia, par exemple (qui supporte très bien la culture en bac), doit être taillé en avril, immédiatement après la floraison. Une taille plus tardive éliminerait les boutons à fleurs déjà en formation et supprimerait toute floraison l'année suivante. Les arbustes à feuilles persistantes (les conifères, par exemple) demandent une taille printanière.

La taille doit être plus ou moins sévère en fonction de l'espèce. Les arbustes à croissance lente sont généralement taillés avec modération. Les variétés plus vigoureuses peuvent être rabattues sévèrement. Se taillent « court » les buddleia, le forsythia, le kerria, l'hydrangea paniculata. Au contraire, le viburnum, le tamaris, le laburnum doivent être taillés avec modération. Les arbustes en bac à feuillage décoratif peuvent être taillés une fois le feuillage bien développé : ainsi du buis et des troènes, taillés de mai à septembre.

De nombreux arbustes cultivés en bac n'ont besoin d'aucune taille ; l'aucuba, le berbéris, la véronique arbustive (hebe), le houx, le skimmia, le magnolia. Le camélia peut être légèrement taillé pour prendre sa forme les premières années mais il faut éviter d'y toucher dès qu'il commence à vieillir.

La scie-couteau à lame fixe ou repliable est utilisée pour tailler les gros rameaux et pour élaguer. Son débit est important.

Les espèces qui ne se taillent pas demandent cependant un nettoyage en hiver : éliminez toutes les parties malades ou endommagées.

Le lilas représente un cas particulier : il faut couper les branches ayant porté les fleurs quand celles-ci sont fanées, au printemps, puis rabattre les rameaux les plus longs pour que la lumière pénètre bien la masse du feuillage. Pour préparer la floraison de l'année suivante, coupez à mi-longueur les jeunes rameaux qui n'ont pas fleuri.

Veillez à contenir la croissance des arbustes cultivés en bac afin qu'ils ne grandissent pas trop. Certaines espèces très vigoureuses devront être replantées en pleine terre après un certain temps.

Les rosiers subissent une taille particulière, pratiquée d'ordinaire en mars, après les gelées (sauf les rosiers non remontants, qui ne fleurissent qu'une fois et doivent être taillés après la floraison). Les rosiers buissons, hybrides de thé et floribunda, ont besoin d'une taille assez sévère lors de la plantation (15 cm environ). Cette opération permet le bon développement des racines. Lorsque les rosiers sont en place depuis quelques années, rabattez les grosses tiges (les plus anciennes) à la moitié de leur longueur. Les rameaux secondaires doivent être rabattus au niveau de cette branche principale. Les rosiers remontants n'ont presque pas besoin de taille ; ils demandent seulement un nettoyage et un léger élagage.

Nettoyez toujours soigneusement les lames avec un tissu imbibé d'alcool, après et avant utilisation ; il faut même les désinfecter à la flamme pour ne pas transmettre les maladies dont les germes pourraient gagner les tissus végétaux de la plante mis à nu par l'opération de taille.

DICTIONNAIRE DES ARBUSTES

Le choix des espèces d'arbres et d'arbustes entrant dans la composition d'un jardin d'agrément obéit à des critères précis. Les contraintes principales résident dans les conditions climatiques et la nature du terrain.

En ce domaine, il vaut mieux ne pas prendre trop de risques car les plants coûtent cher et un échec retardera d'une année le résultat souhaité. Ne tentez pas, par exemple, d'implanter une espèce très peu rustique dans une région à hiver rude. Prenez plutôt exemple sur la nature, et cultivez des sujets qui poussent communément dans votre région.

Floraison printanière

De très nombreuses espèces et variétés d'arbustes fleurissent au printemps; les floraisons s'étalent des derniers froids de l'hiver à la fin juin mais la précocité de ces plantes dépend de la région et de son climat : elles s'épanouissent plus tardivement dans les pays froids.

AMÉLANCHIER (rosacées). — Les différentes espèces du genre se caractérisent par une remarquable floraison blanche, en grappes terminales très fournies. Ces arbustes atteignent 2 ou 3 m de hauteur et portent des feuilles caduques, le plus souvent dentées. Ils sont originaires d'Amérique du Nord et de différentes régions d'Asie. Ils se plaisent dans les composts fertiles et frais. Ils se multiplient par semis et surtout par greffage (l'aubépine sert de porte-greffe). Les espèces les plus cultivées dans nos jardins sont *A. asiatica*, qui donne à la fin du printemps des grappes très odorantes, légèrement laineuses ; le feuillage de cette espèce, très décoratif, prend une teinte rougeâtre en automne. *A. canadensis grandiflora*, un peu plus grand, porte des feuilles pointues ; il fleurit en longues grappes retombantes, en avril. *A. florida* présente des grappes dressées à la fin du printemps et ses feuilles prennent une belle teinte ocre-jaune en automne.
• Hauteur : 2 ou 3 m. Feuillage : caduc, vert puis rougeâtre. Floraison : blanche, mai-juin. Croissance : moyenne.

ARBRE DE NEIGE (*Chionanthus,* oléacées). — Originaire de Virginie, cet arbuste épanouit en juin de belles grappes blanches retombantes. Il peut atteindre 2 ou 3 m de hauteur dans de bonnes conditions et porte de grandes feuilles. Il se cultive en isolé dans un compost frais, et se multiplie par bouture ou par marcottage. Il faut le tailler avec précaution, car la floraison se forme sur le bois de l'année précédente.
• Hauteur : 2 m. Feuillage : caduc, vert clair. Floraison : blanche, en juin. Croissance : moyenne.

ARBRES AUX CLOCHES D'ARGENT (*Halesia carolina,* styracacées). — Les fleurs blanches en forme de clochette de cet arbuste s'épanouissent au mois de mai ; très décoratives, elles apparaissent groupées par 3 ou 4. Cette espèce remarquable, originaire d'Amérique du Nord, atteint 2 m. Elle se cultive en isolée, en sol assez riche, plutôt siliceux. L'arbuste, au port assez étalé, porte des feuilles ovales.
• Hauteur : 2 m. Feuillage : caduc, vert-jaune. Floraison : blanche, en mai. Croissance : moyenne.

AUBÉPINE (*Crataegus,* rosacées). — Le genre *Crataegus* regroupe de très nombreux arbustes plus ou moins élevés, originaires de différentes régions tempérées de l'hémisphère Nord, en particulier des États-Unis et du Canada. Ce sont en général des plantes à feuilles caduques et épineuses. Cette dernière caractéristique en fait de très bons arbustes pour la constitution de haies défensives. Les différentes espèces, peu exigeantes, se développent dans tous les terrains (sauf en composts calcaires). Elles supportent fort bien la sécheresse et la taille. Les variétés cultivées s'obtiennent le plus souvent par greffe sur des pousses de *C. oxyacantha.* La floraison, blanche (rose chez certains cultivars), se produit au mois de mai, dégageant une odeur forte et très agréable.
C. oxyacantha, l'espèce la plus cultivée, connue sous le nom d'aubépine ou d'épine blanche, mesure 2 ou 3 m et porte de nombreuses épines. Elle a donné naissance à de nombreux cultivars à fleurs simples ou doubles (blanches, roses ou rouges). Les fruits sont de petites boules rouges, décoratives.
Parmi les autres espèces, *C. Crus-galli*, très cultivé dans sa variété Salicifolia (aubépine parasol), au port très étalé, porte de fortes épines et un feuillage qui se colore joliment à l'automne.
C. monogyna, espèce un peu plus grande que l'aubépine ordinaire, épanouit des fleurs abondantes et odorantes. On trouve en culture un grand nombre de cultivars à fleurs doubles, blanches, rouges ou roses.
Parmi les espèces originaires d'Amérique du Nord se trouve notamment *C. tomentosa*, espèce assez petite (1 ou 2 m), faiblement épineuse, à feuilles vert sombre et velues dessous, se colorant à l'automne d'un très bel orange ; cette espèce épanouit d'abondantes fleurs blanc ivoire.
• Hauteur : 1 à 3 m. Feuillage : vert foncé. Floraison : blanche. Croissance : rapide.

CAMÉLIA (*Camellia,* théacées). — Le feuillage persistant, brillant et élégant, de cette espèce ainsi que sa remarquable floaison, très abondante, l'ont rendue célèbre et très recherchée. Originaire de Chine et du Japon, le camélia mesure de 1 à 4 m selon les variétés. Il présente des feuilles alternes, acuminées et dentées. Les fleurs, blanches, rouges ou roses ont un très court pédoncule. La culture des camélias ne présente pas de difficultés car ces plantes sont rustiques. Un climat doux et tempéré leur convient très bien ; les régions de l'ouest de la France leur plaisent particulièrement. Il faut les placer dans une bonne terre de bruyère, maintenir un arrosage régulier, et bassiner le feuillage pendant les grosses chaleurs. Il convient d'apporter un surfaçage de terreau de feuilles. Cet arbuste se développe en exposition mi-ombragée. Il se cultive parfaitement en potée. La multiplication se fait surtout par bouturage ; la croissance n'est pas très rapide. Il est possible aussi de procéder par greffage.

La plupart des cultivars ont été obtenus à partir de l'espèce *Camellia japonica* ; les horticulteurs ont produit fleurs simples ou doubles aux coloris très variés : rouge vif, rouge carmin, rouge cerise, rose tendre ou rose foncé, blanc pur, panaché de rose, de rouge et de blanc. L'époque de floraison, différente selon les variétés, s'étale du début de l'hiver à la fin du printemps.

• Hauteur : 1 à 4 m. Feuillage : vert foncé brillant. Floraison : rouge, rose, blanche, de janvier à mai. Croissance : lente.

CHÈVREFEUILLE (*Lonicera,* caprifoliacées). — Les espèces non grimpantes de chèvrefeuille embaument les terrasses de l'odeur suave et caractéristique de leurs fleurs. Ces petits arbustes, de 2 à 3 m, viennent de diverses régions tempérées du vieux continent ; rustiques, ils se plaisent dans tous les terrains sains. Ils se multiplient par semis et bouturage. Les espèces les plus courantes sont : *Lonicera alpigena* (chèvrefeuille des Alpes), à floraison jaune qui apparaît à la fin du printemps ; *L. fragrantissima*, à longues branches étalées, épanouissant des fleurs blanc ivoire à la fin de l'hiver ; *L. nitida*, qui ne dépasse pas 2 m, à tiges étalées et rougeâtres à l'extrémité, et à feuilles persistantes.

• Hauteur : 2 à 3 m. Feuillage : glauque ou vert foncé. Floraison : blanche, jaune ou rose, de la fin de l'hiver à la fin du printemps. Croissance : rapide dès que la plante est enracinée (seconde année).

Le camélia est l'un des tout premiers arbustes à fleurir (à partir de janvier).

Camellia japonica est l'espèce de base. Il permet de réaliser de très belles potées.

L'aubépine peut être cultivée en bac de grande contenance sur une terrasse bien exposée. Elle fleurit blanc, parfois rouge ou rose.

Le cognassier du Japon offre au printemps une remarquable floraison orangée (parfois blanche). C'est un arbuste très rustique.

COGNASSIER (*Cydonia oblonga,* rosacées). — Le joli feuillage vert sombre et brillant et les larges fleurs blanc rosé de ce petit arbre fruitier en font un bon arbuste décoratif. Il atteint souvent 2 ou 3 m de hauteur et présente un port très étalé. Sa rusticité sous nos climats le rend intéressant. Un compost fertile et frais, pas trop calcaire, lui convient. Les fruits ne viennent à maturité que dans les régions où l'hiver n'est pas précoce. Cette plante se cultive pour ses qualités décoratives sous tous les climats. La multiplication se fait par greffage, par bouturage et par marcottage. Il existe de nombreux cultivars.

• Hauteur : 2 ou 3 m. Feuillage : vert sombre brillant. Floraison : blanc rosé, en mai. Croissance : moyenne.

COGNASSIER DU JAPON (*Chaenomeles,* rosacées). — Très épineux, ne dépassant pas 1,50 m, cet arbuste à port buissonnant a une forme irrégulière. Il porte des feuilles caduques, dentées et brillantes. La floraison, remarquable, se produit en avril-mai. Les fleurs, rouge foncé, pratiquement dépourvues de pédoncule, atteignent plus de 5 cm de diamètre ; elles apparaissent regroupées en bouquets sur les rameaux. Cette espèce, originaire de Chine, ne pose aucun problème de culture : rustique et peu exigeante, elle s'accommode de tous les composts. Elle se multiplie par bouturage ou par greffage. L'arbuste, cultivé surtout pour sa floraison, produit aussi des fruits arrondis jaunes, qui persistent longtemps sur les rameaux. Les variétés se distinguent surtout par le coloris des fleurs : rouge, orangé ou blanc.

On cultive notamment la variété Cathayensis, plus grande que le type, et Simonii, à floraison très abondante.

• Hauteur : 1,50 m. Feuillage : vert franc. Floraison : rouge foncé, en avril-mai. Croissance : rapide.

CORNOUILLER (*Cornus*, cornacées). — Les espèces du genre *Cornus* viennent d'Amérique du Nord et de différentes régions d'Asie (Chine et Japon). Les cornouillers se caractérisent par leurs feuilles caduques et opposées, qui leur confèrent une apparence assez décorative, et par leur floraison printanière remarquable ; plusieurs espèces présentent de charmantes bractées blanches. Ils se cultivent à mi-ombre ou au soleil, en terre de bruyère *(C. florida)* ou en compost calcaire (*C. alba, C. mas* ou cornouiller mâle). Les différentes espèces supportent bien la taille, qui améliore l'aspect du feuillage. Ils s'emploient, sur les terrasses, en isolés ou en alignement en bordure de terrasse de plain-pied. La multiplication se fait par marcottage.
Cornus alba, haut de 1 à 3 m, présente un port étalé. Les feuilles, vert foncé dessus et glauques dessous, tranchent sur le rouge des rameaux. Les fleurs blanches apparaissent à la fin du printemps. L'espèce a un feuillage intéressant ; certaines variétés portent des feuilles panachées. *C. florida*, plus grand (3 à 4 m), porte un feuillage vert bleuté sous les feuilles, qui prend une belle teinte rougeâtre en automne. Les fleurs, épanouies en avril, ont de grandes bractées blanches. *C. mas* (cornouiller mâle), haut de 4 m, présente des fleurs jaunes en ombrelle, apparaissant à la fin de l'hiver, et un feuillage vert clair. *C. sanguinea* (cornouiller femelle), haut de 4 ou 5 m, arbore un beau feuillage vert clair porté par des rameaux rouge sang lorsqu'ils sont jeunes.

• Hauteur : 1 à 4 m. Feuillage : caduc, vert sombre ou vert clair. Floraison : avec bractées blanches, de février à juin. Croissance : moyenne.

DEUTZIA (saxifragacées). — Les belles grappes de fleurs de ces petits arbustes apparaissent à la fin du printemps ; de couleur rose ou blanche, elles sont très décoratives. Les deutzias, originaires de différentes régions d'Asie (Himalaya, Chine, Japon), ont des feuilles caduques, opposées et pubescentes. L'écorce des rameaux s'exfolie chez la plupart des espèces. Il faut les installer dans des sols fertiles, pas trop calcaires. Ils supportent très bien la mi-ombre. Un nettoyage de la plante, effectué en hiver (suppression des vieilles branches), permet le développement des jeunes pousses. La multiplication se fait surtout par bouturage.
D. discolor major présente une floraison en corymbes denses, blanc rosé, au début du mois de juin. Il atteint 2 m et porte des rameaux verticaux rougeâtres. *D. gracilis*, haut de 1 m, à port buissonnant et à rameaux fins, porte des feuilles pointues vert clair ; ses grappes de fleurs blanches apparaissent en mai-juin. *D. lemoinii*, très décoratif, présente une remarquable floraison en grappes blanches très denses, apparaissant en mai-juin. Il existe plusieurs cultivars à fleurs blanches ou roses très florifères (en particulier Fleur de pommier ou Compacta). *D. scabra*, haut de 2,50 m, porte des feuilles pointues, vert foncé. Ses fleurs blanches tachées de rouge apparaissent en juin en belles panicules. Il existe plusieurs hybrides : Mont-Rose, haut de 1,50 m, à port buissonnant, porte des rameaux légèrement retombants ; il fleurit en grandes panicules roses ; Magnifica, haut de 2 m, présente en juin des panicules blanches de fleurs doubles.

• Hauteur : 1 à 2,50 m. Feuillage : caduc, vert clair ou vert foncé. Floraison : blanche ou rose, en mai-juin. Croissance : moyenne.

FORSYTHIA (oléacées). — Le genre regroupe des espèces hautes de 1 à 2 m, originaires du sud-est de l'Europe et d'Asie occidentale. Ces arbustes à feuilles caduques ont des rameaux à moelle, souvent allongés et retombants. Leur belle floraison jaune, très précoce, se produit avant la formation des feuilles sur les rameaux de l'année précédente ; en mars ou en avril, ces arbustes forment de belles masses jaune lumineux. Rustiques, ils se plaisent dans tous les composts, mais n'aiment pas l'humidité stagnante. La taille s'effectue chaque année, juste après la floraison, pour nettoyer, en épargnant les pousses nouvelles. La multiplication par bouturage et par marcottage réussit bien. *Forsythia suspensa*, haut d'environ 2 m, porte de longues feuilles dentées sur ses rameaux creux ; la floraison a lieu en mars-avril. Diverses variétés sont cultivées : Fortunei, à fleurs jaune foncé ; Spencer Farrer à fleurs jaune pâle. Il est très courant de rencontrer

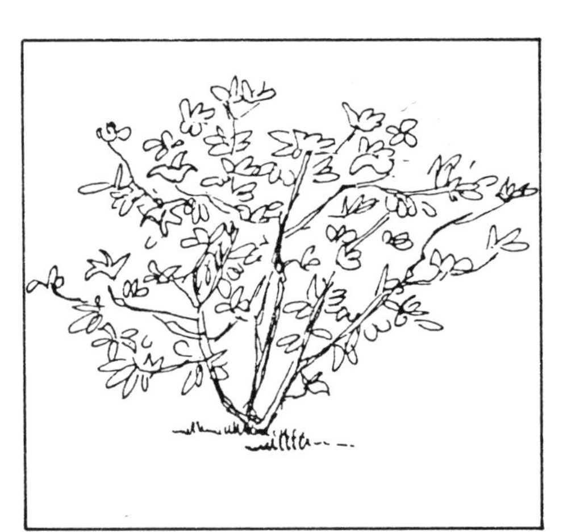

Les cornouillers sont faciles à cultiver et supportent la mi-ombre ou le soleil. Ils viennent fort bien en bacs avec apport d'engrais.

Le cornouiller à feuillage panaché est un précieux décor pour les terrasses ; ses fleurs, en bractées blanches, sont aussi très décoratives.

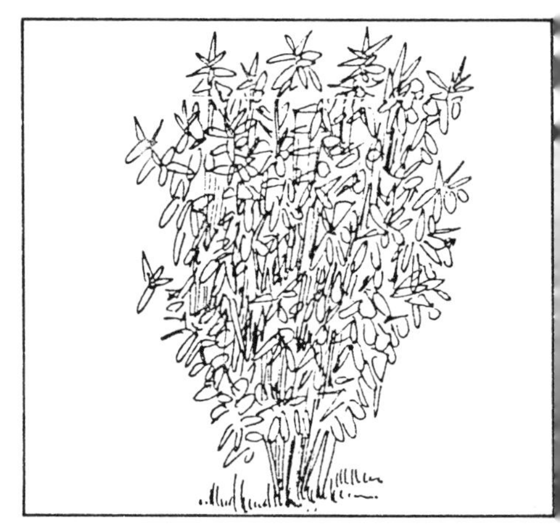

Le deutzia est un arbuste résistant ; exposé à la mi-ombre ou au soleil, il offre une remarquable floraison blanche ou rose au printemps.

Le forsythia fleurit au début du printemps en véritable feu d'artifice (au soleil).

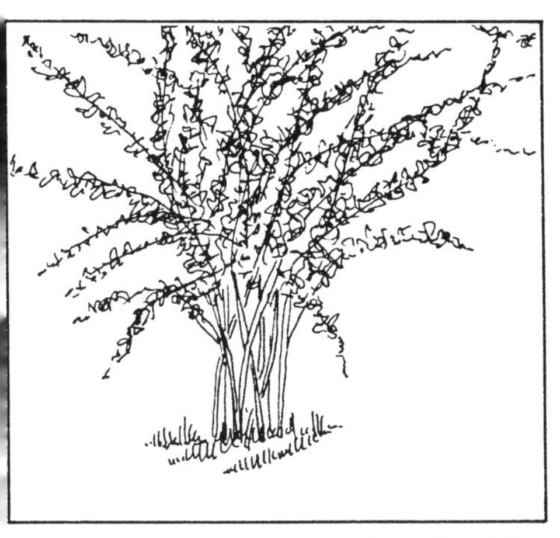

Le forsythia, pour garder un port décoratif, doit être taillé tous les ans après la floraison.

l'hybride *F. intermedia*, appelé communément mimosa de Paris ; proche de l'espèce précédente, il est plus florifère. Il produit de beaux cultivars : Beatrix Farrand, à grandes fleurs jaune foncé ; Lynwood, jaune vif ; Karl Sax, jaune foncé, très florifère. *F. ovata*, plus petit (1 m), épanouit des fleurs jaune crème en février-mars.

• Hauteur : 1 à 2 m. Feuillage : caduc, vert clair. Floraison : février à avril. Croissance : rapide.

FORTHERGILLA (hamamélidacées). — La floraison des espèces du genre est très jolie : les fleurs n'ont pas de corolles, mais de nombreuses et longues étamines blanches à anthères jaunes. Ces arbustes, originaires des régions chaudes d'Amérique du Nord, mesurent 2 m. A port compact, ils présentent des feuilles vert clair, caduques. La floraison a lieu en avril. Ils se cultivent en isolé, dans un sol frais et fertile, à mi-ombre.

• Hauteur : 2 m. Feuillage : caduc, vert clair. Floraison : blanche et jaune, en avril. Croissance : lente.

GENÊT À BALAI ou **GENÊT COMMUN** (*Cytisus scoparius*, papilionacées). — Originaire d'Europe centrale et méridionale, cette espèce, très répandue dans nos régions, atteint 3 m de hauteur. Elle présente de nombreux rameaux flexibles vert gris. Les nombreuses petites fleurs, jaune d'or, s'épanouissent en mai-juin. Le genêt se cultive en isolé ou en groupe, dans un sol acide, caillouteux, même sec. Il n'aime pas l'humidité, ni l'excès de calcaire. Il faut tailler annuellement la plante pour lui conserver une forme compacte (1,50 m). La multiplication, simple, s'effectue par bouturage. Les cultivars, nombreux, se différencient par les nuances de la floraison : Andreanus, jaune panaché de carmin ; Burkwoodii, rouge, brun et jaune ; Killiney Red, rouge vif ; Radiance, blanc et brun ; Red Wings, rouge et mauve.

• Hauteur : 1,50 à 3 m. Feuillage : vert clair. Floraison : jaune, en mai-juin. Croissance : rapide.

GROSEILLIER SANGUIN (*Ribes sanguineum*, grossulariacées). — En mars-avril, ce petit arbuste à port buissonnant produit une charmante floraison rouge intense. Il ne dépasse pas 2 m de hauteur et présente des feuilles caduques, vert foncé, portées par des rameaux rougeâtres. Cette espèce aime les situations ensoleillées et les composts légers et bien drainés. Il convient de tailler tous les ans.

LAURIER AMÉRICAIN (*Kalmia latifolia*, éricacées). — Originaire d'Amérique du Nord, cette espèce atteint 1 à 3 m de hauteur et porte un feuillage persistant d'un vert soutenu. Sa floraison rose se produit à la fin du printemps, en bouquets terminaux. Ces arbustes se plaisent dans une terre légère, pas trop calcaire. La multiplication se fait par bouturage ou marcottage. Il existe plusieurs cultivars, en particulier Rubra, rose foncé.

• Hauteur : 2 à 3 m. Feuillage : vert franc, persistant. Floraison : rose, en juin. Croissance : moyenne.

Fleurs de deutzia en grappes terminales à la fin du printemps. On taille légèrement après la floraison en coupant quelques vieux rameaux.

Floraison du genêt au début de l'été. Les espèces doivent être cultivées en grands bacs bien drainés et en exposition ensoleillée.

Le groseillier sanguin (Ribes sanguineum) fleurit remarquablement au tout début du printemps (mars-avril). Il faut le tailler après la floraison.

La beauté et le parfum de ses fleurs font du lilas l'un des arbustes les plus populaires.

Le lilas bleu est surtout intéressant pendant la floraison ; il vient bien en bac.

Le Magnolia soulangeana est un des meilleurs arbustes de balcon ; les bacs doivent être arrosés très régulièrement durant la période chaude. Il a donné des cultivars à fleurs presque blanches, mais aussi à fleurs rose soutenu, et même à fleurs rouges qui fleurissent dès le mois de Mars.

LILAS (*Syringa*, oléacées). — Les 30 espèces du genre ont donné naissance à de nombreux hybrides et cultivars, très répandus en culture. Ces arbustes, originaires du sud-est de l'Europe et d'Asie, mesurent 2 à 10 m selon les espèces. Ils portent un feuillage caduc. Les fleurs à calice campanulé s'épanouissent au printemps, en mai-juin le plus souvent, parfois plus tôt pour certaines espèces. Les panicules, très odorantes, ont des teintes charmantes : mauve, rose, bleu ou blanc. On a obtenu des variétés très florifères, très décoratives. Les lilas sont également intéressants après la floraison pour leur feuillage frais. Ces arbustes très rustiques se plaisent dans un sol fertile, humide et argileux. Ils n'aiment pas la sécheresse et demandent une exposition ensoleillée. La taille s'effectue tous les ans, après la floraison, en supprimant les fleurs fanées et en rabattant les vieilles branches. Tous les 5 ans, il faut pratiquer une taille plus importante en hiver et supprimer les pousses apparaissant à la base de l'arbuste. La multiplication se fait par marcottage, bouturage ou greffage.
L'espèce la plus répandue est sans doute *S. vulgaris* (lilas commun), qui mesure en général de 2 à 4 m. Il présente un port assez érigé et des rameaux à l'écorce très rugueuse, des feuilles codiformes vert foncé. Il épanouit en mai-juin de longues panicules dressées très odorantes. Il existe de très nombreux cultivars à fleurs simples ou doubles. Cultivars à fleurs simples : Congo, pourpre ; Firmament, bleu clair ; Marceau, pourpre violacé ; Marie Legraye, crème ; Mont Blanc, blanc pur. Cultivars à fleurs doubles : Charles Joly, carmin ; Général Pershing, violet ; Katherine Havemeyer, lilas ; Madame Lemoine, blanc ; Paul Thirion, pourpre. Il existe aussi des hybrides : *S. prestoniae*, à floraison rose et tardive ; *S. hyacinthiflora*, à floraison assez précoce (début mai), rose ou rouge. Citons d'autres espèces cultivées : *S. emodi*, intéressant pour son feuillage ; *S. persica* (lilas de Perse), aux fleurs pâles très odorantes.
• Hauteur : 2 à 5 m. Feuillage : caduc, vert foncé. Floraison : en panicules de diverses nuances, en mai-juin. Croissance : moyenne.

MAGNOLIA (magnoliacées). — Les magnolias à feuilles caduques sont le plus souvent des arbustes fleurissant au printemps. Les espèces à feuilles persistantes sont des arbustes à floraison estivale. Origi-

naire d'Asie (Chine, Japon) et d'Amérique septentrionale, ils portent des feuilles entières, souvent de forme ovale, parfois très grandes. Les grandes fleurs très décoratives, généralement blanches ou rouges, apparaissent isolées au bout des rameaux. Les magnolias sont assez rustiques ; mais certaines espèces peuvent souffrir du froid. Il faut les installer dans des composts profonds et non calcaires. La multiplication se fait par marcottage et bouturage.
M. acuminata, assez grand (3 m), porte des feuilles pointues et des fleurs jaunes inodores, apparaissant en mai-juin. *M. lobus*, haut de 1 à 3 m, présente un feuillage vert clair. Les fleurs, roses et allongées, précoces (mars-avril), s'épanouissent avant l'apparition des feuilles. *M. liliflora*, petit arbuste (2 m) à port buissonnant, épanouit en avril-mai des fleurs roses, allongées. L'hybride *M. soulangeana*, très cultivé, mesure 3 à 4 m et porte un feuillage vert clair. Les fleurs, ressemblant à des tulipes allongées (10 cm), blanches à l'intérieur et roses à l'extérieur, apparaissent précocement (mars). Il existe plusieurs cultivars à grosses fleurs rouges, pourpres ou roses.
• Hauteur : 1 à 4 m. Feuillage : caduc, vert clair. Floraison : blanche ou rouge, de mars à mai. Croissance : moyenne ou lente.

MAHONIA (berbéridacées). — Intéressants à cause de leur feuillage persistant, ces arbustes, originaires d'Amérique du Nord et d'Asie, présentent une belle floraison jaune au début du printemps. Hauts de 2 à 3 m, ils ont en général un port buissonnant. Rustiques, ils se plaisent dans tous les sols. Ils conviennent en terrasse abritée du soleil car la floraison est plus belle à mi-ombre. La taille s'effectue une fois par an (simple égalage) ; la multiplication par semis est la plus employée. *M. aquifolium*, au feuillage vert foncé, arbore une charmante floraison au début du printemps (février), d'un beau jaune d'or. L'hybride M. Charity présente un beau feuillage, d'un vert foncé brillant et des fleurs très précoces, jaune d'or (février-mars), apparaissant en grappes.
• Hauteur : 2 à 3 m. Feuillage : vert foncé luisant. Floraison : jaune, en grappes, de février à avril. Croissance : généralement lente.

POMMIER À FLEURS (*Malus*, rosacées). — La floraison de ces arbustes à feuilles caduques est remarquable. On rencontre le plus souvent en culture des hybrides à port buissonnant ou ayant l'aspect de petits arbres. Ils présentent des feuilles alternes, dentées et ovales. Les fleurs blanches, roses ou rouges s'épanouissent en mars-avril, en ombelles. Ces arbustes, rustiques et faciles à cultiver, se plaisent dans tous les composts et à toutes les expositions : ils supportent bien la taille. La multiplication se fait par greffage. *M. moerlandsii Profusion* a une floraison assez tardive (avril-mai), carmin ; *M. zum Golden Hornet* donne des fleurs blanches en avril.
• Hauteur : 2 à 3 m. Feuillage : vert foncé ou rougeâtre, caduc. Floraison : blanche, rose ou rouge, en avril-mai. Croissance : moyenne.

RHODODENDRON (éricacées). — Le genre regroupe de très nombreuses espèces, originaires de différentes parties du monde. Sous nos climats, elles se cultivent en plein air, ou en serre (sous le nom d'azalées). Ces arbustes, hauts de quelques mètres, présentent un feuillage persistant, composé de feuilles entières, coriaces, plus foncées sur le dessus. Les fleurs à corolle tubulaire, irrégulières, apparaissent le plus souvent regroupées en grappes terminales ; elles ont des teintes tendres : rose, mauve, jaune pâle, crème. Les rhododendrons se plaisent dans les composts non calcaires. Il faut les installer dans de la terre de bruyère, en situation mi-ombragée. En effet, le plein soleil nuit aux feuilles et aux fleurs. Il faut

Fleurs de pommier décoratif : elles apparaissent en mars-avril (en ombelles). Blanches, roses ou rouges, elles sont parfois plus tardives, certaines variétés ne fleurissant qu'en mai. Rustique, le pommier décoratif n'a pas besoin d'être rentré pendant l'hiver. Il supporte parfaitement la taille.

Les rhododendrons fleurissent en grappes terminales qu'il faut couper lorsqu'elles sont fanées.

garder le sol humide à l'aide d'arrosages fréquents. Au moment de la plantation, préparez un compost fertile et pratiquez un surfaçage chaque année. Les hybrides, cultivés sur les terrasses, rustiques, s'emploient surtout en isolés ou en bacs de bordure pour la décoration des endroits ombragés. Il existe de nombreuses espèces naines, utilisées dans les rocailles. Toutes les espèces peuvent se multiplier par semis et par marcottage. Les cultivars pour massif, très nombreux, se différencient surtout par la taille et la couleur de leurs fleurs. Il existe des hybrides blancs, de toutes les nuances de rose, de rouge, d'orangé, d'autres jaune pâle et même des bleus. Les espèces de serre (*R. indicum* : azalées), très appréciées comme plantes d'intérieur, atteignent parfois 1 m de haut. Il faut les placer dans un terreau bien drainé et les arroser copieusement en été. Ces plantes se prêtent facilement au forçage.

• Hauteur : 1 à 4 m ; moins de 1 m pour les espèces naines. Feuillage : persistant, vert foncé. Floraison : rose, rouge, blanche, de mars à mai. Croissance : moyenne.

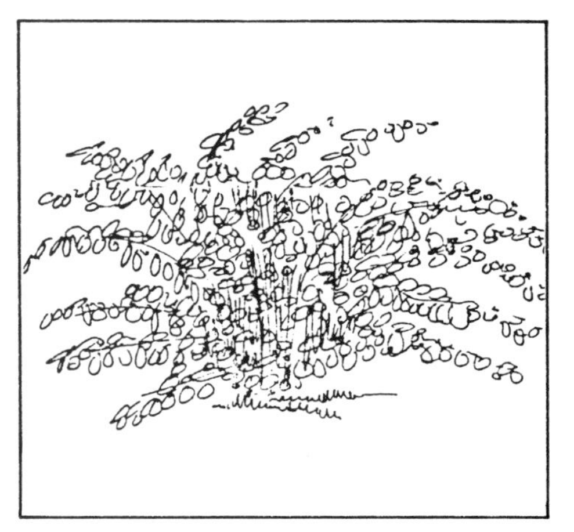

Le feuillage caduc vert clair du seringat est charmant, et sa floraison est spectaculaire.

Fleurs doubles (au mois de mai) d'un seringat hybride (Philadelphus x cymosus).

C'est en mai-juin que les fleurs (doubles ici) du seringat apparaissent sur les rameaux ; d'un blanc de neige, elles sont délicieusement parfumées.

Bouquets de fleurs simples de Philadelphus x cymosus. Ce cultivar, « Belle Étoile », est remarquable pour la dimension des fleurs.

SERINGAT (*Philadelphus,* saxifragacées). — Originaires de nombreuses régions tempérées de l'hémisphère Nord, ces arbustes mesurent en général de 1 à 3 m. A port dressé ou élancé, ils présentent un feuillage caduc, composé de feuilles souvent ovales et lancéolées, vert soutenu ou vert clair. Les fleurs, épanouies en mai-juin, apparaissent le plus souvent en grappes ; très odorantes, elles ont diverses nuances de blanc. Les espèces acceptent tous les sols, mais préfèrent les expositions plutôt ensoleillées. Elles se cultivent en grands bacs en isolées et se prêtent bien à la taille (juillet). La multiplication se fait par bouturage en automne. Le plus cultivé est *P. coronarius* (seringat des jardins), qui atteint 2 ou 3 m de hauteur et produit en juin des fleurs blanches à odeur caractéristique et apparaissant en grappes. Il y a de nombreux seringats hybrides, en particulier les cultivars de *P. lemoinei* et de *P. virginalis.* Parmi les premiers, citons : Avalanche, à rameaux minces et arqués, à fleurs simples, grandes, blanches et parfumées ; Erectus, à fleurs simples, apparaissant en petites grappes blanches. Parmi les seconds, mentionnons Argentine, haut de 2 à 3 m, à nombreuses fleurs doubles ; Girandole, plus petit, à fleurs doubles d'un blanc pur, apparaissant en grosses grappes.

• Hauteur : 1 à 3 m. Feuillage : vert, parfois bordé de blanc crème. Floraison : blanc de neige ou blanc crème, parfois taché de rouge ou de rose, en juillet-août.

SPIRÉE (*Spiraea*, rosacées). — Le genre *Spiraea* regroupe des arbustes et des plantes vivaces. Toutes les espèces viennent de régions tempérées. Parmi les arbustes, certains fleurissent au printemps ; hauts de 1 ou 2 m, et à port buissonnant, ils présentent des feuilles caduques ou semi-persistantes. Les fleurs s'épanouissent en avril ou mai, en ombelles blanches. Les sujets, très florifères, s'accommodent de tous les sols frais. La taille se pratique en général à la fin de l'hiver, pour nettoyer. Citons les espèces cultivées : *S. cantoniensis*, au port très étalé, aux rameaux fins et retombants, aux feuilles semi-persistantes et aux fleurs blanches apparaissant en ombelles serrées en mai ; *S. thumbergii*, ne dépassant pas 1 m de hauteur, port étalé et à rameaux fins, à feuilles caduques vert tendre prenant une belle couleur orange à l'automne et à fleurs blanches épanouies en petites ombelles, en avril. Il existe aussi en culture de très beaux hybrides : *S. arguta*, à port buissonnant, à feuilles caduques d'un vert soutenu, et à nombreuses fleurs venant sur les rameaux fin avril ; *S. vanhouttei*, très décoratif avec son port buissonnant, ses rameaux arqués et ses fleurs blanches apparaissant en corymbes axillaires fin mai.

• Hauteur : 1 ou 2 m. Feuillage : caduc ou semi-persistant, vert vif. Floraison : blanche, d'avril à juin. Croissance : moyenne ou rapide. Les fleurs de *V. tinus* (ou laurier-tin) apparaissent dès l'hiver.

VIORNE (*Viburnum*, caprifoliacées). — Ce genre regroupe de nombreuses espèces d'arbustes à feuilles caduques ou persistantes. Cultivées dans les jardins, les viornes mesurent de 1 à 3 m de hauteur. Leur floraison blanche, qui apparaît de mars à mai, présente un grand intérêt. Rustiques, elles s'accommodent de tous les composts ; elles ont généralement un feuillage et une fructification (baies) décoratifs. *V. fragrans*, haut de plus de 2 m, présente un feuillage vert foncé et de petites fleurs blanches, réunies en grappes très denses, apparaissant très tôt, avant les feuilles, en février. *V. lantana*, indigène en France, mesure 2 m de hauteur. Il présente un feuillage vert foncé et des fleurs blanches épanouies début juin. *V. opulus*, boule-de-neige, de même taille et très florifère, a fort bel aspect lorsque ses fleurs blanc ivoire apparaissent fin mai. *V. burkwoodii*, très bel hybride, de petite taille (il ne dépasse pas 50 à 80 cm en bac), à port buissonnant, épanouit en mars des fleurs rosées très odorantes.

• Hauteur : 1 à 3 m. Feuillage : caduc ou persistant, vert foncé. Floraison : blanche, de février à juin. Croissance : moyenne.

Les fleurs de la viorne boule-de-neige sont, à juste titre, très renommées. A couper après floraison.

Viburnum opulus, connu sous le nom de boule-de-neige pour la forme de ses grosses fleurs blanches.

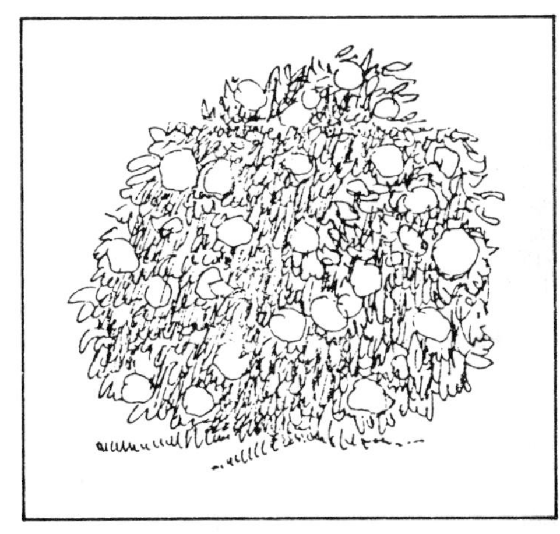

Les viornes doivent recevoir une taille de mise en forme qui entretient le port buissonnant.

Sprirea arguta offre en fin d'avril une abondante floraison. C'est un bon arbuste pour bac à port buissonnant et à feuillage vert très soutenu.

La spirée est un arbuste qui reste plutôt bas quand il est cultivé en bac ; ses rameaux fins et étalés sont très intéressants sur les terrasses.

Les petites feuilles de la spirée sur les longs rameaux arqués sont souvent colorées de rouge ; ici, la variété Prunifolia flore-pleno.

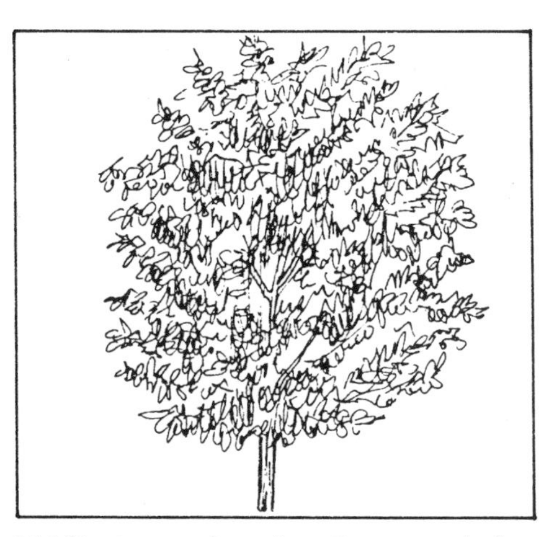

L'abélia n'est pas très rustique ; il est surtout intéressant pour sa belle floraison.

Le buddléia porte ses fleurs en grappes au bout de longs rameaux joliment arqués.

Les buddléias ont la réputation, nullement usurpée, d'attirer les papillons, d'où leur nom vernaculaire d'arbre aux papillons. L'odeur de leurs grappes violettes, mauves, rouges ou même blanches est caractéristique. En hiver, le buddléia peut être sévèrement rabattu (il fleurit sur le jeune bois).

Floraison estivale

ABÉLIA (caprifoliacées). — Originaires d'Amérique centrale, ces arbustes ont une très belle floraison, blanche ou rose, de longue durée. Peu rustiques sous le climat de la région parisienne, ils doivent être placés en terre bien drainée, et en situation protégée. De port buissonnant, ils portent de petites feuilles vert foncé et des fleurs en panicules. Citons les plus cultivés : *A. grandiflora*, hybride à grandes fleurs blanc rosé ; *A. floribunda*, à fleurs blanches et à feuillage persistant (serre froide).
• Hauteur : 1 à 2 m. Feuillage : caduc ou persistant, vert foncé. Floraison : blanche ou rose, de juin à octobre. Croissance : moyenne.

ARBUSTE AUX PAPILLONS (*Buddleia*, loganiacées). — Atteignant 2 à 4 m, ces arbustes originaires d'Asie, à feuilles persistantes ou caduques, ont un port étalé et des rameaux longs et grêles. Certaines espèces sont rustiques. La floraison, spectaculaire, dure longtemps ; les fleurs apparaissent en longues grappes de différentes nuances : blanc, violet, bleu, rose, rouge. Il faut les installer dans des composts légers et bien drainés, en plein soleil. Les espèces cultivées sont : *B. alterniflolia*, à longs rameaux retombants, à feuilles grises, à floraison lilas, se produisant à partir de juin ; *B. davidii*, le plus cultivé, atteignant 2 m (ou un peu plus) en bac, à longs rameaux fins et étalés, et à feuilles caduques vert foncé. Ce dernier a donné naissance à de nombreux cultivars à fleurs pourpres, violettes, bleues, roses et blanches.
• Hauteur : 2 à 4 m. Feuillage : toujours caduc, vert foncé ou grisâtre. Floraison : de diverses nuances, de juin à octobre. Croissance : rapide.

CARYOPTERIS (verbénacées). — La floraison bleue des différentes espèces se produit en août ou en septembre. Ces arbustes à feuilles caduques, de forme arrondie, mesurent de 1 à 1,50 m. Assez rustiques, ils doivent être placés dans un sol bien drainé, en situation très ensoleillée. Il faut tailler tous les ans et multiplier par bouturage herbacé. *C. incana*, variété cultivée à port buissonnant et à feuilles grises odorantes, épanouit des fleurs violettes ou bleues, apparaissant en cymes, en août. L'hybride *clandonensis* porte des fleurs d'un splendide bleu vif.

• Hauteur : 1 à 1,50 m. Feuillage : caduc, grisâtre. Floraison : bleue, en août-septembre. Croissance : rapide.

CÉANOTHE (*Ceanothus*, rhamnacées). — Ces petits arbustes touffus viennent du Mexique et des États-Unis ; ils portent un feuillage caduc ou persistant, le plus souvent vert foncé ou brillant. Ils présentent des rameaux grêles et des fleurs disposées en panicules très denses, de nuances diverses (blanc, bleu, violet, rose), épanouies du début de l'été à l'automne. Il faut les placer en sol léger, non calcaire, à mi-ombre, et effectuer une taille assez vigoureuse, au début du printemps. Les sujets les plus cultivés sont des hybrides. *G. delilianus*, haut de 1,50 m, porte un feuillage vert foncé, caduc ; sa floraison en panicules se produit de juillet à octobre (les fleurs des cultivars ont différentes nuances de bleu). *C. burkwoodii*, de même hauteur, présente un feuillage brillant et persistant ; il fleurit deux fois, en mai et en septembre. *C. pallidus*, plus petit et très décoratif, fleurit joliment de juillet à octobre ; il a donné de nombreux cultivars blancs, roses et bleus.
• Hauteur : 1,50 m. Feuillage : caduc ou persistant, vert foncé. Floraison : bleue, violette, rose, de juin à octobre. Croissance : moyenne.

CLÉRODENDRON (verbénacées). — Originaires des pays chauds, les espèces cultivées du genre sont rustiques sous nos climats. Les clérodendrons mesurent 2 ou 3 m ; ils ont un port dressé et des feuilles dentées, vert foncé. La floraison blanche et odorante se produit en août ou septembre. Les fleurs, regroupées en panicules, ont un calice rouge. *C. fargesii* et *C. trichotomum*, les deux espèces les plus cultivées, demandent une exposition ensoleillée. Elles donnent des fruits bleus décoratifs. Il existe également de très belles espèces de serre froide ou chaude.
• Hauteur : 2 à 3 m. Feuillage : vert foncé, caduc. Floraison : blanche tachée de rouge, en août-septembre. Croissance : rapide.

CORONILLE (*Coronilla*, légumineuses). — Haut de 2 m, cet arbuste à port buissonnant et à feuillage persistant est indigène dans la région méditerranéenne. Il porte des feuilles composées et de nombreuses fleurs jaunes, apparaissant en bouquets pendant tout l'été. L'espèce la plus cultivée, *C. glauca*, au feuillage grisâtre, a besoin d'une protection sous le climat parisien.
• Hauteur : 2 m. Feuillage : persistant, grisâtre. Floraison : jaune, de juin à octobre. Croissance : moyenne.

FAUX-INDIGO (*Amorpha*, légumineuses). — De forme arbustive, *Amorpha fructicosa*, l'espèce la plus cultivée du groupe, vient d'Amérique du Nord. Cet arbuste de 2 m, à feuilles caduques et composées, épanouit des fleurs décoratives d'un bleu pourpre, de juillet à août. Les fleurs apparaissent disposées en épis allongés. Cette espèce rustique doit être placée en compost fertile et frais.
• Hauteur : 2 m. Feuillage : caduc, vert glauque. Floraison : bleue, de juillet à octobre. Croissance : rapide.

FUCHSIA *(Œnothéracées)*. — Originaires d'Amérique du Sud pour la plupart, ces petits arbustes ont un feuillage caduc et une forme buissonnante. Ils donnent une floraison spectaculaire et abondante de juillet à septembre ; les fleurs, longuement pédiculées, pendantes, à calice allongé ou arrondi, et aux coloris délicats, apparaissent isolées. Moyennement rustiques, les fuchsias doivent être rabattus avant l'hiver et protégés contre les froids rigoureux. Il faut les placer en exposition ensoleillée ou mi-ombragée, dans un sol léger et fertile. L'espèce la plus cultivée, *F. magellanica*, mesure 2 m (ou un peu moins). Originaire du Pérou et du Chili, elle épanouit de juillet à septembre des fleurs pendantes à pétales bleuâtres. Il existe plusieurs variétés, en

Les fleurs blanches et odorantes du clérodendron apparaissent en août-septembre.

La coronille peut être cultivée en bac, surtout pour son avalanche de fleurs jaunes en juillet.

Les fuchsias font toujours de remarquables potées ; il faut entretenir l'humidité du compost et apporter périodiquement des engrais.

Fleurs de coronille. Rustique dans les régions méditerranéennes, l'arbuste a besoin d'être protégé l'hiver sous le climat de Paris.

particulier Gracilis à sépales rouges et pétales pourpres, et Riccartonii à calice pourpre et pétales violets. De nombreux hybrides sont très recherchés pour les couleurs remarquables de leurs fleurs.

• Hauteur : 2 m. Feuillage : caduc, vert foncé. Floraison : bicolore, de juillet à septembre. Croissance : assez rapide.

GENÊT (*Genista*, légumineuses). — La floraison de ces arbustes ressemble à celle du genêt à balai. De petite taille, souvent très ramifiés, ils portent des feuilles caduques, simples, vert foncé ou grises. La floraison, abondante, dure assez longtemps. Les fleurs apparaissent groupées en grappes jaune d'or. Ces arbustes se plaisent surtout dans les composts acides, très bien drainés. Il faut tailler tous les ans en automne.

Le plus cultivé, *G. tinctia*, présente un feuillage vert foncé et une belle floraison de juin à août, surtout chez le cultivar Royal Gold. Plusieurs espèces, plus petites, sont destinées aux petits récipients : *G. lydia*, très florifère (juin), et *G. pulchella*, de forme prostrée, qui fleurit en juillet.

• Hauteur : moins de 1 m. Feuillage : caduc, vert foncé ou grisâtre. Floraison : jaune, de juin à août. Croissance : moyenne ou rapide.

HIBISCUS (malvacées). — Le genre regroupe de très nombreuses espèces, la plupart réservées à la serre. En plein air, il est possible de cultiver *H. syriacus*, qui atteint 2 m et présente un port dressé, des feuilles caduques vert foncé et de belles fleurs solitaires de nuances diverses selon les cultivars. Il faut les installer dans des sols frais, fertiles et bien drainés, et les tailler en hiver. Citons les plus beaux cultivars : Hamabo, à petites fleurs roses ; Oiseau bleu, à grandes fleurs bleues ; Monstrosus, à grandes fleurs blanches ; Boule de feu, à fleurs doubles rouge vif ; Ardens, à fleurs doubles violettes. Ces cultivars préfèrent les situations ensoleillées, mais ils peuvent supporter la mi-ombre. Arrosez régulièrement les bacs et apportez périodiquement un bon engrais pour favoriser la croissance.

• Hauteur : 2 m. Feuillage : caduc, vert foncé brillant. Floraison : coloris variés, en août-septembre. Croissance : moyenne ou rapide.

Les fleurs pendantes de ce fuchsia bicolore s'épanouissent de juillet à septembre.

C'est en juin qu'apparaissent les fleurs jaune d'or sur les rameaux du genêt (genista).

Les fleurs d'hibiscus sont très étalées ; elles offrent de superbes coloris allant du rouge au blanc.

De nombreuses espèces de fuchsias doivent être multipliées et élevées en serre. On obtient ainsi les sujets les plus décoratifs (souvent délicats).

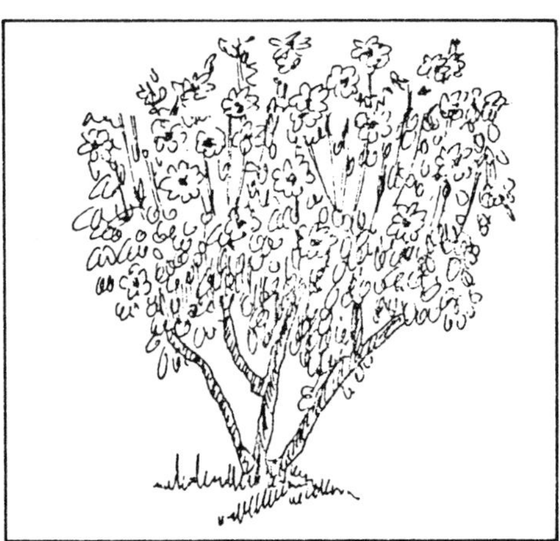

L'hibiscus syriacus, le plus répandu, atteint 2 m dans les bacs ; son port peut être contrôlé par une taille, même assez sévère.

Les couleurs les plus éclatantes — ce rouge clair par exemple — sont recommandées pour les balcons ensoleillés où l'hibiscus réussit fort bien.

HORTENSIA (*Hydrangea*, saxifragacées). — Très appréciés pour leur floraison en grosses boules (corymbes) roses, bleues, rouges ou blanches, les hortensias ont un port érigé et mesurent de 0,50 m à 3 m. Le genre regroupe différentes espèces plus ou moins rustiques. Mais on cultive surtout les cultivars de *H. macrophylla*, sous-arbrisseau à rameaux peu ligneux, à placer en situation mi-ombragée et dans un sol frais. L'élimination des fleurs fanées améliore l'aspect du feuillage. Les fleurs s'épanouissent de juin à novembre selon les cultivars, qui se différencient aussi par leur couleur : Chaperon rouge, hâtif, carmin ; Sœur Thérèse, hâtif, blanc ; Merveille, mi-hâtif, bleu ; King George, tardif, rouge ; Land Express, tardif, rose.

L'hortensia est précieux pour les endroits mi-ombragés, il vient bien en terrasse.

Les hortensias violets ou bleus aiment une terre très acide ; en bac, cet arbuste peut atteindre plus de 1,50 m (on le limite par la taille).

D'autres espèces sont intéressantes. L'hortensia de Virginie *(H. arborescens grandiflora),* haut de plus de 2 m, porte de juin à août des panicules blanc jaunâtre. *H. bretschneiderii,* plus grand et très étalé, porte de grandes feuilles ovales et des fleurs en corymbes, d'un blanc nuancé de violet (août-septembre).

• Hauteur : 1 à 3 m. Feuillage : caduc, vert soutenu. Floraison : blanche, rose, bleue, de juin à novembre. Croissance : moyenne ou rapide.

INDIGOTIER (*Indigofera*, légumineuses). — L'espèce cultivée, *I. gerardiana*, intéressante pour sa rusticité, a aussi une belle floraison. L'arbuste, haut d'environ 2 m, très ramifié, a généralement une forme buissonnante. Il porte des feuilles caduques, vert glauque et composées ; il épanouit en juillet-août des grappes de fleurs roses. Il faut tailler tous les ans en mars (rabattage).

• Hauteur : 2 m. Feuillage : caduc, vert glauque. Floraison : rose, juillet-août. Croissance : rapide.

LESPEDEZA (légumineuses). — Les charmantes fleurs roses de ces arbustes hauts de 2 m décorent les terrasses du Midi et de l'Ouest ; en effet, les espèces ne sont pas rustiques dans la région parisienne. De port buissonnant, ces arbustes présentent des feuilles caduques composées de trois folioles, vert foncé dessus, glauque dessous. Il faut les installer dans un sol sec et fertile, au soleil, et pratiquer une taille annuelle, en mars. La multiplication se fait par bouturage et marcottage. *L. bicolor*, belle espèce à floraison rose, épanouit en juillet-août des panicules terminales. *L. thunbergii*, moins rustique, donne une splendide floraison en longues grappes de petites fleurs violacées (septembre).

• Hauteur : 2 m. Feuillage : vert foncé, caduc. Floraison : rose violacé, de juillet à septembre. Croissance : assez rapide.

MILLEPERTUIS (*Hypericum*, hypéricacées). — De petite taille, originaire des régions tempérées, le millepertuis se cultive pour son feuillage souvent persistant et sa belle floraison jaune. Ces plantes, très étalées, buissonnantes et parfois dressées, présentent des feuilles vert foncé dessus et plus claires dessous. Elles s'adaptent à tous les sols mais craignent l'humidité excessive. La taille s'effectue au printemps (nettoyage) et la multiplication se fait par bouturage ou par drageons *(H. calycinum).* Une installation à mi-ombre leur convient bien. *H. calycinum*, très cultivé pour son feuillage persistant et ses grandes fleurs jaunes à anthères rouges (tout l'été), ne mesure que 50 cm, alors que *H. hookerianum* atteint 1,50 m. Ce dernier épanouit des fleurs jaune d'or, apparaissant en grappes terminales (on trouve surtout ses variétés Hidcote et Rowallane). L'hybride moserianum Tricolor, à petites fleurs jaunes, épanouies tout l'été, présente un beau feuillage panaché blanc et rose.

• Hauteur : 50 cm à 1,50 m. Feuillage : persistant ou caduc, vert foncé. Floraison : jaune d'or, de juillet à octobre. Croissance : lente ou moyenne.

Fleurs de millepertuis, d'un jaune vif tranchant sur le beau feuillage vert brillant.

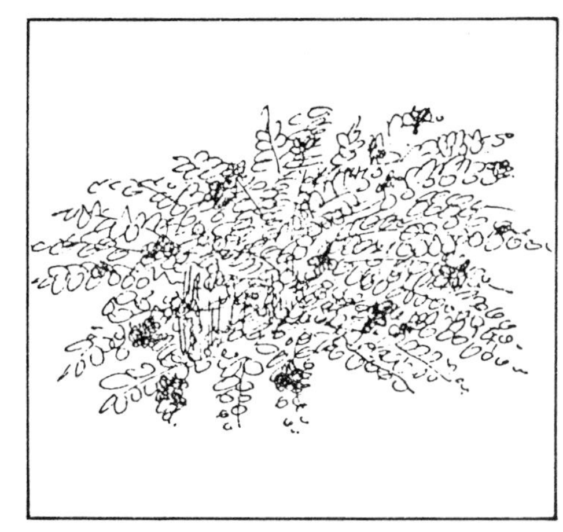

Le millepertuis mérite d'être cultivé sur terrasse pour son remarquable feuillage persistant ; c'est un petit arbuste rustique, plein de charme.

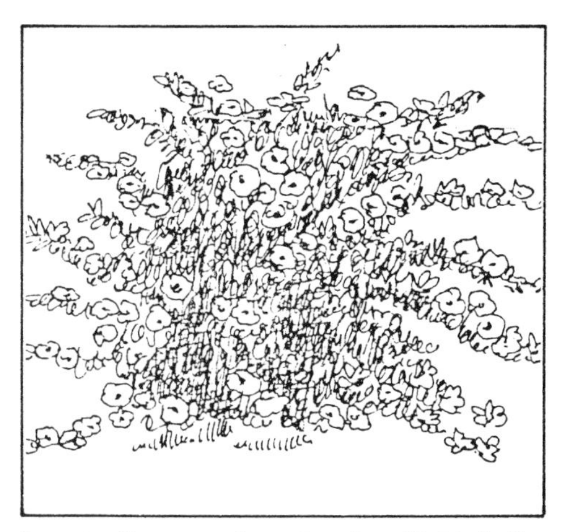

La potentille est un arbuste de petite taille à belle floraison estivale jaune vif.

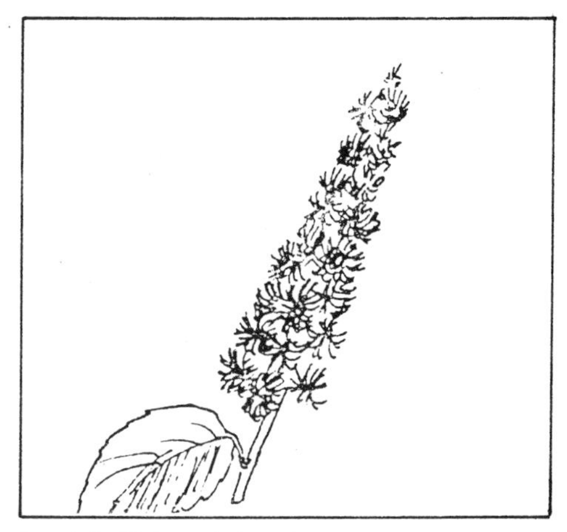

La spirée d'été est très florifère ; elle supporte les expositions mi-ombragées.

Cette variété de spirée (S. prunifolia) présente un port très buissonnant. Cet arbuste, rustique et très vigoureux, vient bien en bac.

POTENTILLE (*Potentilla*, rosacées). — Les espèces ligneuses de potentille, très ramifiées, ne dépassent pas 1,50 m de hauteur. Elles se caractérisent par leurs rameaux longs et retombants, leurs feuilles caduques vert foncé dessus et blanchâtres dessous, et leurs fleurs jaune vif, apparaissant solitaires ou en petits bouquets. La potentille croît en sol fertile et plutôt frais, et dans une exposition ensoleillée. La multiplication se fait par bouturage et marcottage. *P. fructicosa* fleurit de juin à août. Il existe de nombreux cultivars à fleurs blanches, jaune pâle, jaune d'or. Citons les plus beaux : Goldfinger, à grandes fleurs jaunes d'or ; Longacre, petit, très étalé, à fleurs jaune foncé.
• Hauteur : 0,50 à 1,50 m. Feuillage : vert foncé, caduc. Floraison : jaune ou blanche, de juin à août. Croissance : moyenne ou rapide.

SPARTIUM (légumineuses). — Ces arbustes à feuilles caduques réussissent très bien dans le midi et l'ouest de la France. Sous le climat de la région parisienne, ils peuvent croître en situation très abritée ; mais il vaut mieux les placer en serre froide pendant la mauvaise saison. Les espèces sont intéressantes pour les grosses grappes lâches de fleurs jaunes, très odorantes, qui s'épanouissent de juin à août.
• Hauteur : 2 à 3 m. Feuillage : caduc, vert foncé. Floraison : jaune ou blanche, de juin à août. Croissance : assez rapide.

SPIRÉE (*Spiraea*, rosacées). — Les spirées qui fleurissent en été, de culture facile, ont les mêmes exigences que celles fleurissant au printemps.
L'hybride *S. billardii*, haut d'environ 2 m, présente des feuilles caduques, vert franc dessus et plus claires dessous, portées par des rameaux dressés. Il épanouit des fleurs rose vif, apparaissant en panicules terminales, en juillet. L'hybride *S. bulmada*, plus petit (80 cm), porte un beau feuillage panaché de rose et donne des fleurs roses en août. Ses cultivars, Anthony Waterer, très florifère, carmin, et Fortunei, rose et vigoureux, sont très cultivés. Les spirées à floraison estivale peuvent être associés dans les bacs à des rosiers ; les deux feuillages se mêlent harmonieusement et les roses sont joliment mises en valeur.
• Hauteur : 0,80 cm à 2 m. Feuillage : caduc, vert ou panaché. Floraison : rose, de juillet à août. Croissance : moyenne ou rapide.

TAMARIS (*Tamarix*, tamaricacées). — Ces arbustes très résistants conviennent bien sur les terrasses des bords de mer. Ils se caractérisent par leur feuillage très léger : les feuilles caduques vert foncé sont des aiguilles. Ils atteignent 3 à 5 m de hauteur et portent des fleurs de petite taille, blanches ou roses, en grappes ou en panicules. Très rustiques, ils croissent dans tous les sols, même secs, sauf s'ils comportent du calcaire. Ils sont souvent placés en alignement en rideaux contre le vent. *T. odessana*, à rameaux érigés, épanouit en août des fleurs rose foncé. *T. pentandra*, très étalé, produit de grandes panicules roses en août ; ses cultivars : Pink Cascade et Rubra.
• Hauteur : 2 à 4 m. Feuillage : vert foncé, caduc. Floraison : rose, blanche ou rouge, de mai à septembre. Croissance : moyenne.

Tamaris à floraison estivale (Tamaris odessana) ; il mesure 1 à 2 m en bac.

La spirée est intéressante car elle permet de créer des touffes de feuillage léger qui deviennent très décoratives lors de la floraison.

Floraison hivernale

ARBOUSIER (*Arbutus*, éricacées). — De port buissonnant, cet arbuste atteint environ 2 m de hauteur. Il porte un feuillage persistant, vert foncé. Les fleurs blanches ou rosées apparaissent à la fin de l'automne ou au début de l'hiver (en novembre le plus souvent). Il produit des fruits comestibles rouges. Rustique sous nos climats, il n'aime cependant pas les grands froids. Il faut donc le placer en situation protégée et à mi-ombre (il croît bien sous le climat méditerranéen).
• Hauteur : 2 m. Feuillage : persistant, vert foncé. Floraison : blanche ou rosée, en novembre. Croissance : moyenne.

CHIMONANTHUS (calycanthacées). — Cet arbuste, originaire de Chine, assez fragile, est surtout cultivé pour l'odeur exceptionnelle de ses fleurs d'un blanc de lait, qui s'épanouissent à la fin de l'hiver. Il convient de le placer à l'abri, dans une situation ensoleillée, et de le protéger contre le froid. Il se multiplie surtout par marcottage. Ce petit arbuste, dépassant rarement 2,50 m, est souvent palissé contre un mur.
• Hauteur : 2 m. Feuillage : vert clair. Floraison : blanc de lait et odorante, de janvier à mars. Croissance : moyenne.

CORNOUILLER MÂLE (*Cornus mas*, cornacées). — Voir page 136.

DAPHNÉ (thyméléacées). — A feuilles caduques ou persistantes, ces arbustes mesurent moins de 1 m. Les espèces indigènes en France, les plus cultivées pour leur floraison précoce, se caractérisent par leurs feuilles entières et simples et leurs fleurs petites et sans corolle, souvent odorantes. Il faut les placer dans des composts fertiles, à mi-ombre. *D. mezereum* (bois-joli), remarquable pour sa floraison odorante, rose violet, apparaissant dès le début de février, produit des fruits rouges en grappes, décoratifs (vénéneux). Les feuilles apparaissent après les fleurs. Il existe plusieurs variétés de cette espèce notamment à fleurs blanches (alba). *D. laureola* (laurier des bois), à feuillage persistant, composé de feuilles coriaces, ne dépasse pas 80 cm ; ses fleurs jaune pâle viennent en février et donnent des baies noires. *D. cneorum* (thyménées des Alpes), espèce voisine à feuillage persistant, haut de 50 cm, épanouit des fleurs rouges très odorantes.
• Hauteur : 0,50 à 1 m. Feuillage : persistant ou caduc, vert franc. Floraison : blanche, rose ou jaune, en février-mars. Croissance : lente.

EDGEWORTHIA (thyméléacées). — Originaire du Japon, cette espèce atteint 1 m de hauteur sur les terrasses de l'Ouest et du Midi ; ailleurs elle n'est pas rustique. Elle présente un port dressé et un feuillage caduc. Les petites fleurs jaunes, disposées en ombelles denses, s'épanouissent dès la fin du mois de janvier. Il y a une seule espèce cultivée : *E. papyfera.*
• Hauteur : 1 m. Feuillage : caduc. Floraison : jaune, en février. Croissance : moyenne.

ERICA. — Certaines espèces de bruyères ont une floraison très précoce. Voir page 154.

HAMAMÉLIS (hamamélidacées). — La floraison de ces jolis arbustes présente un grand intérêt puisqu'elle se produit au cœur de l'hiver. Les hamamélis, originaires d'Amérique du Nord ou d'Asie, mesurent de 2 à 3 m (un peu plus haut pour *H. mollis*). Ils présentent des feuilles vert foncé qui prennent une jolie couleur en automne. Les fleurs, jaunes à calice rouge, ont des pétales en lanières. La plante, rustique, s'emploie en isolée. La multiplication se fait par greffage et marcottage. *H. japonica*, à port étalé, porte des feuilles assez coriaces. Il épanouit en plein hiver (décembre-janvier) des petites fleurs jaunes groupées en bouquets. *H. mollis* se caractérise par ses grandes feuilles ; sa floraison, qui se produit un peu plus tôt que chez l'espèce précédente, est d'un beau jaune d'or.
• Hauteur : 2 m. Feuillage : caduc, vert foncé. Floraison : jaune taché de rouge, de novembre à janvier. Croissance : moyenne (rapide pour *H. mollis*).

JASMIN D'HIVER (*Jasminum nudiflorum*). — Voir page 153.

PIERIS (éricacées). — En fin d'hiver, ces arbustes au feuillage décoratif épanouissent leurs abondantes panicules blanches. L'espèce la plus cultivée, *P. japonica*, atteint 2 m de hauteur. A port très étalé, elle porte des feuilles persistantes, vert foncé dessus et brillantes dessous. Ses fleurs apparaissent en même temps que les jeunes feuilles rouge brun. Elle a donné plusieurs cultivars dont Pygmea, plante naine, et Variegata, à feuillage panaché de jaune.
• Hauteur : 2 m. Feuillage : persistant, vert foncé. Floraison : blanche, en mars. Croissance : moyenne.

PRUNUS (rosacées). — Le genre regroupe de très nombreux arbustes, originaires de régions à climat tempéré, dont beaucoup sont cultivés pour leur floraison décorative ou pour leurs fruits. Certaines espèces ont une floraison très précoce comme *P. davidiana* (ou pêcher de David). Cette plante, haute de 2 à 3 m, à port dressé, porte des feuilles allongées et pointues, qui lui donnent un bel aspect estival par leur couleur vert brillant. Les petites fleurs rose pâle s'épanouissent en février. La multiplication se fait par greffage ou marcottage. Le culti-

Les espèces de daphnés sont basses (de 0,50 à 1 m en bac) ; les fleurs sont généralement odorantes.

Les hamamélis méritent d'être davantage cultivés sur les terrasses pour leur exceptionnelle floraison hivernale, jaune, ou jaune et rouge.

En fin d'hiver, les rameaux du prunus se couvrent de fleurs délicates (Prunus cerasus).

Prunus persica (pêcher) est aussi apprécié pour la beauté de la floraison.

Floraison de Prunus serrulata « Kiku-shidarezakura ». Les fleurs très doubles, blanc rosé, s'épanouissent sur les branches pendantes.

var Rubra épanouit des fleurs d'un rose plus vif que celles du type, en janvier-février. *P. mume*, originaire du Japon (où l'on s'en sert pour les Bonsaï), connu sous le nom d'abricotier japonais, a l'aspect d'un petit arbre à cime ronde. Il porte un feuillage dense sur des rameaux fins et de petites fleurs, nombreuses, roses et odorantes chez le type, blanches chez le cultivar alba, roses et doubles chez alphandii. La multiplication se fait par greffage.

• Hauteur : 2 ou 3 m. Feuillage : caduc, vert brillant. Floraison : rose, en janvier-février. Croissance : moyenne, rapide pour *P. davidiana.*

Les rhododendrons fleurissant en fin d'hiver font de très bons sujets pour terrasse à mi-ombre.

Les rhododendrons à floraison hivernale doivent bénéficier des mêmes soins de culture que les autres espèces ; les fleurs sont toujours somptueuses.

RHODODENDRON (éricacées). — Certaines espèces de plein air ont une floraison hivernale. *R. dauricum*, haut de 1,50 m, porte un feuillage caduc ou semi-persistant, et de petites fleurs rouges, épanouies dès le mois de janvier. Le cultivar Early Gem donne des fleurs roses. *R. lutescens* épanouit de larges fleurs jaunes en février-mars ; il porte un feuillage vert-jaune. *R. moupinense* ne dépasse guère 50 cm ; ses fleurs blanches tachées de rouge apparaissent en février. La culture et la multiplication sont les mêmes que pour les autres espèces (voir Floraison printanière).

STACHYURUS (stachyuracées). — Ce petit arbuste originaire du Japon mesure 2 m et porte des feuilles caduques vert clair. La floraison très abondante apparaît en février. Les fleurs blanches sont regroupées en grosses grappes. Il faut installer la plante dans un compost fertile et léger (pas d'humidité stagnante) et la reproduire par bouturage. L'espèce la plus cultivée est *S. praecox.*

• Hauteur : 2 m. Feuillage : caduc, vert clair. Floraison : blanche, en février. Croissance : moyenne.

Les arbustes à feuillage décoratif

BERBÉRIS (berbéridacées). — Les nombreux arbustes du genre sont parmi les plus décoratifs pour le feuillage. Originaires d'Asie ou d'Amérique, ils portent un feuillage persistant ou caduc, souvent épineux, de taille modeste (moins de 2 m), ils présentent une floraison jaune ou orangée, décorative chez certaines espèces. Ces arbustes s'emploient en isolé ou servent à constituer des séparations et des bordures sur les terrasses. Parmi les berbéris cultivés, citons *B. buxifolia nana*, à l'aspect d'une boule dense, d'environ 50 cm de haut, à petites feuilles vert foncé persistantes. L'hybride *B. carminea* ne dépasse pas 1 m de haut ; épineux, il porte des feuilles caduques, pruineuses dessus et grisâtres dessous. Il s'emploie pour la constitution de bordures ; son cultivar Buccaneer donne des fruits rouge carmin très décoratifs. *B. gagnepainii*, haut de 2 m, porte des feuilles persistantes, un peu ondulées, longues de 5 à 10 cm, coriaces et vert foncé. Ses fleurs jaune pâle s'épanouissent en mai-juin. *B. ottawensis*, à port érigé, arbore un remar-

quable feuillage caduc, pourpre. Très épineux, il sert à constituer des bordures défensives. *B. stenophylla*, haut de 1,50 m et à port buissonnant, porte des feuilles persistantes vert foncé dessus et jaune-vert dessous ; cet épineux produit une floraison précoce (avril) ; il supporte bien l'atmosphère des villes. Les berbéris se plaisent dans tous les sols et se prêtent bien à la taille.
• Hauteur : 0,50 à 2 m. Feuillage : caduc ou persistant, vert foncé ou pruineux. Floraison : jaune, d'avril à juin. Croissance : moyenne.

BUIS (*Buxus*, buxacées). — Originaire des rivages de la Méditerranée, cet arbuste célèbre porte un feuillage persistant et coriace. Il peut atteindre plus de 3 m et présente une floraison jaunâtre insignifiante. Il croît très bien en sol calcaire mais tolère tous les terrains et supporte bien la taille. Il s'emploie surtout pour les bordures hautes ou basses *(B. sempervirens suffruticosa)*. Il existe différents cultivars de l'espèce la plus cultivée, *B. sempervirens*. Ils se différencient par le port, en boule pour Elegans, érigé pour Pyramidalis, et par la couleur des feuilles, vert foncé brillant dans le type, panachées de jaune pour Elegans et de blanc pour Variegata.
• Hauteur : jusqu'à 3 m. Feuillage : persistant, vert foncé. Floraison : jaunâtre, en avril. Croissance : lente.

CARAGAN (*Caragana*, légumineuses). — Très rustique, cet arbuste de 2 ou 3 m porte des feuilles caduques, composées de 8 à 10 folioles, elliptiques et vert clair, constituant un feuillage léger et gracieux. *C. arborescens*, le plus cultivé, demande une exposition ensoleillée, et un sol léger et plutôt calcaire. Cette espèce épanouit en mai des petites fleurs jaune clair décoratives.
• Hauteur : 2 m. Feuillage : caduc, vert clair. Floraison : jaune pâle, en mai. Croissance : lente.

COTONEASTER (rosacées). — Les arbustes du genre, originaires d'Asie pour la plupart, sont parmi les plus cultivés sur les terrasses pour leur feuillage persistant ou caduc et pour leur fructification. Ils portent des feuilles simples, entières et acuminées. Les petites fleurs blanches ou rosées s'épanouissent à la fin du printemps et donnent de nombreux fruits, petites boules rouges qui restent longtemps sur la plante. Selon les espèces, ils s'emploient en isolés et surtout en bordures, dans une terre saine et au soleil. La multiplication se fait par bouturage ou par marcottage.
C. franchetti, à port buissonnant, mesure 1 m ; ses rameaux portent des feuilles semi-persistantes vert-gris et luisantes dessus, argentées dessous ; les fleurs blanches s'épanouissent en juin et donnent de nombreux fruits orangés qui persistent en hiver.
C. lacteus, plus grand (2 m), présente des rameaux duveteux retombants et des feuilles persistantes vert foncé dessus, blanches et tomenteuses dessous ; les fleurs blanches donnent de gros fruits rouges.
C. microphyllus ne dépasse pas 1 m ; de port étalé, il porte des feuilles persistantes vert foncé dessus, blanchâtres dessous ; les fleurs blanches donnent des fruits rouge-violet en août-septembre. Cette espèce a donné naissance à plusieurs cultivars dont Red Pearl, très fructifère, et Thymifolius, plus petit, convenant pour les petits bacs.
C. salicifolius, haut de plus de 2 m, au port étalé, au feuillage un peu plus clair, est très fructifère (boules rouges en automne et tout l'hiver chez les cultivars).
• Hauteur : 0,50 m à 2 m. Feuillage : caduc ou persistant, vert foncé ou glauque. Floraison : blanche ou rose, suivie d'une belle fructification. Croissance : moyenne ou rapide.

Berberis thumbergii à feuillage pourpre (atropurpurea). En bac, il ne dépasse pas 1 m ; de port compact, il porte des rameaux légèrement arqués.

Le berberis est précieux pour le rouge cuivré de son feuillage très dense, à petites feuilles.

Les fruits décoratifs du cotoneaster (C. salicifolius) restent très longtemps sur l'arbuste.

Les fruits du cotoneaster sont le plus souvent rouges (parfois noirs chez certaines variétés). Ils attirent toutes les espèces d'oiseaux sur les terrasses.

Fusain du Japon (Euonymus japonicus). Un des meilleurs persistant pour les cultures en bac.

Certaines variétés de fusain du Japon présentent un feuillage panaché vert et blanc.

Le fusain peut être multiplié par bouturage, en automne. Cette bouture est placée en pot et arrosée légèrement pendant tout l'hiver.

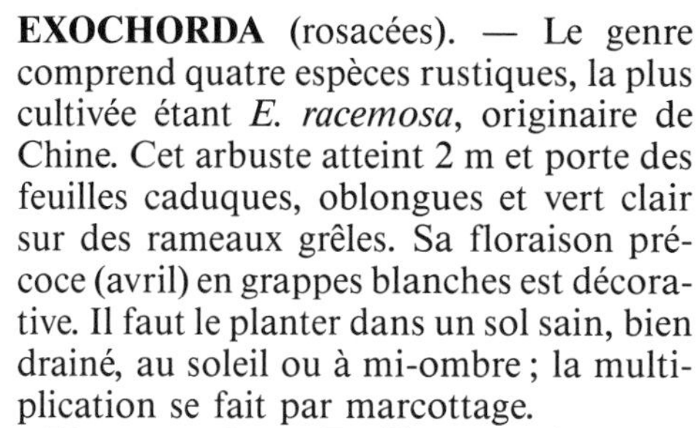

EXOCHORDA (rosacées). — Le genre comprend quatre espèces rustiques, la plus cultivée étant *E. racemosa*, originaire de Chine. Cet arbuste atteint 2 m et porte des feuilles caduques, oblongues et vert clair sur des rameaux grêles. Sa floraison précoce (avril) en grappes blanches est décorative. Il faut le planter dans un sol sain, bien drainé, au soleil ou à mi-ombre ; la multiplication se fait par marcottage.
• Hauteur : 2 m. Feuillage : caduc, vert clair. Floraison : blanche, en avril. Croissance : moyenne.

FILARIA (*Phillyrea*, oléacées). — Originaire de la région méditerranéenne, *P. latifolia* est intéressant pour son feuillage persistant, vert foncé. De port arrondi, il atteint 2 ou 3 m. Il porte des feuilles légèrement coriaces et ovales, et présente une floraison printanière blanche. Il se cultive aisément dans n'importe quel sol, en situation abritée. La multiplication se fait par bouturage.
• Hauteur : 4 m. Feuillage : persistant, vert foncé. Floraison : blanche, en mai. Croissance : moyenne.

Les houx panachés sont très appréciés en bac où ils viennent facilement.

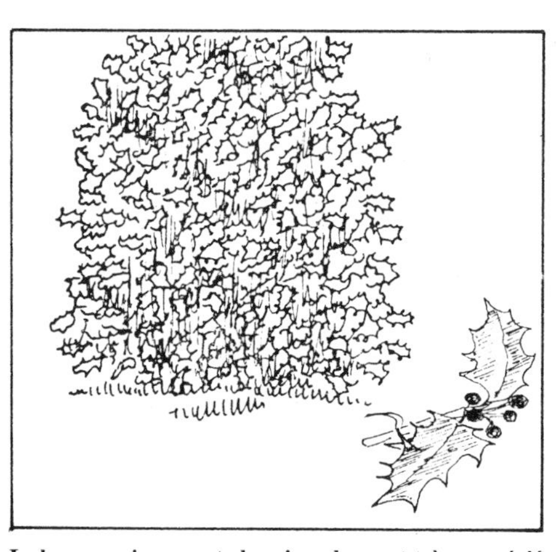

Le houx, qui supporte la mi-ombre, est très apprécié pour son élégant feuillage vert sombre, mais aussi pour ses petits fruits rouges.

FUSAIN (*Euonymus*, célastracées). — A feuillage persistant ou caduc, ces arbustes ont des tailles très diverses (de 1 à 4 m) ; ils réussissent en tous terrains. Les espèces à feuilles caduques sont recherchées pour leurs belles couleurs d'automne et pour leur fructification. Les espèces à feuilles persistantes, à cultiver en grands bacs, se prêtent bien à la taille. *E. europaeus* (bonnet carré) mesure plus de 4 m ; les feuilles caduques, allongées et pointues, deviennent rouges en automne ; les fleurs blanches donnent des fruits en capsules à quatre lobes, roses. *E. fortunei* est un petit arbuste à feuilles persistantes ; son cultivar Silver Gem a un beau feuillage panaché de blanc. *E. japonicus*, à port buissonnant et à feuillage persistant, vert foncé, est renommé pour sa bonne résistance à l'atmosphère des villes. Ses cultivars Albomarginatus et Aureomarginatus ont un feuillage panaché.
• Hauteur : 1 à 4 m. Feuillage : caduc ou persistant, vert foncé. Floraison : blanc-vert. Croissance : moyenne.

HOUX (*Ilex*, aquifoliacées). — Le houx commun *(Ilex aquifolium)*, originaire d'Europe et d'Afrique du Nord, atteint parfois 4 m mais souvent moins (1 à 3 m). Son tronc très droit, son port pyramidal caractéristique et son feuillage sombre et brillant en font un grand arbuste très élégant. Il porte des feuilles rigides, épineuses et plus claires dessous. Ses fleurs blanches (petites) s'épanouissent en mai et donnent des fruits rouges décoratifs. Il existe de très nombreux cultivars, qui se différencient par la forme et l'aspect des feuilles (plus ou moins épineuses, souples ou rigides), et par leur couleur (panaché de blanc ou de jaune).
• Hauteur : 1 à 4 m. Feuillage : persistant, vert foncé. Floraison : blanche, en mai. Croissance : moyenne.

OSMANTHUS (oléacées). — Le feuillage persistant de cet arbuste, sa rusticité et son odorante floraison blanche en font un bon

sujet, qui supporte bien la taille. De forme arrondie, il atteint 2 ou 3 m et porte des feuilles assez épaisses, épineuses, vert foncé dessus et jaunâtres dessous. Il croît en sol fertile, à mi-ombre. La multiplication se fait par bouturage ou marcottage. On cultive surtout l'espèce *O. heterophyllus* et son cultivar Variegatus (panaché de blanc).
• Hauteur : 2 m. Feuillage : persistant, vert foncé. Floraison : blanche, en été. Croissance : lente.

PYRACANTHA (rosacées). — Surtout décoratif en arrière-saison grâce à sa belle fructification rouge (petites boules) persistant jusqu'au cœur de l'hiver, cet arbuste (du moins l'espèce la plus cultivée) porte le nom de buisson-ardent *(P. coccinea)*. Le pyracantha, épineux, porte des feuilles persistantes. Haut de 2 m et à port buissonnant, il présente une jolie floraison blanche en mai-juin. Peu rustiques, ces arbustes doivent être placés en situation abritée, à mi-ombre. Il est possible de les palisser contre un mur. La multiplication s'effectue par bouturage ou marcottage. *P. coccinea* a donné des cultivars à fruits blancs, jaunes ou orangés ; l'un d'eux, Kasan, est très rustique ; Pendula a des rameaux arqués.
• Hauteur : 2 m. Feuillage : persistant. Floraison : blanche, en mai-juin. Croissance : moyenne.

SUMAC DE VIRGINIE (*Rhus typhina*, anacardiacées). — Originaire d'Amérique du Nord, il s'élève à 2 m environ et porte des feuilles composées, de 40 cm de long, à folioles lancéolées et acuminées, vert clair dessus et vert bleuté dessous. Les fleurs vertes s'épanouissent en juin et donnent naissance à des fruits caractérisés par un long péricarpe pourpre et poilu. Cette particularité s'ajoute au très beau coloris des feuilles à l'automne. Tout cela fait du sumac un arbuste décoratif en septembre-octobre. Cette plante traçante se multiplie par séparation des rejets. Un sol riche et humide lui convient.
• Hauteur : 4 m. Feuillage : vert clair, caduc. Floraison : verte en juin, suivie par des fruits rouges. Croissance : moyenne.

VACCINIUM (éricacées). — Beaucoup d'espèces du genre sont des rampants mais *V. corymbosum*, à port buissonnant, atteint 2 m. Cet arbuste à feuilles caduques, entières et elliptiques, vert clair, prend de très belles couleurs en automne. Il porte en mai de petites fleurs blanches et des fruits bleutés. La culture se fait en sol léger, bien drainé, de préférence en terre de bruyère.
• Hauteur : 2 m. Feuillage : caduc, vert clair. Floraison : blanche, en mai. Croissance : moyenne.

Le pyracantha est cultivé pour ses fruits globuleux autant que pour son feuillage persistant. Les fruits du pyracantha sont regroupés en grappes denses ; ils sont jaunes, blancs ou même orangés sur les cultivars de P. coccinea. Placez toujours cet arbuste en situation abritée.

Les espèces grimpantes

AKEBIA (lardizabalacées). — Venant de Chine et du Japon, ces arbustes volubiles (s'accrochant d'eux-mêmes au support par enroulement) ont l'aspect de longues lianes d'une dizaine de mètres. Ils sont intéressants pour leur feuillage persistant et pour leur floraison printanière violette. Les feuilles vert clair quand elles sont jeunes deviennent vert foncé ensuite. Les fleurs apparaissent en mai, regroupées en panicules pendantes. La culture se fait en terre légère bien drainée. Ces arbustes conviennent pour les treillages.
• Hauteur : jusqu'à 10 m. Feuillage : persistant, vert foncé. Floraison : violette, en avril. Croissance : rapide.

BIGNONIA (*Campsis*, bignoniacées). — Munis de crampons, les rameaux de ces arbustes, cassants, doivent être palissés. Ils portent des feuilles caduques, opposées (à 7 folioles), vert clair ou vert foncé. Les fleurs rouges ou orange apparaissent en panicules. Les espèces cultivées, peu rustiques, croissent bien en sol fertile et au soleil. La multiplication se fait par boutu-

rage et greffage. *C. grandiflora* atteint 3 ou 4 m ; il porte des feuilles vert clair et des fleurs rouge rosé en juillet. *C. radicans* (jasmin de Virginie), à rameaux plus longs (7 ou 8 m), à feuillage vert foncé, épanouit des fleurs orangées en juillet. L'hybride Tagliabuana, remarquable pour sa floraison importante, épanouit en juillet-août de grandes fleurs d'un rouge écarlate.
• Hauteur : 3 à 8 m. Feuillage : vert clair ou vert foncé, caduc. Floraison : rouge ou orangée, en juillet. Croissance : plutôt rapide.

CHÈVREFEUILLE (*Lonicera*, caprifoliacées). — Les espèces grimpantes du genre conviennent particulièrement pour la garniture des tonnelles et des treillages. Le chèvrefeuille se caractérise par des rameaux pubescents à feuilles caduques ou persistantes, et des fleurs estivales jaunes, blanches ou rosées. Les hybrides rustiques, les plus cultivés, se plaisent dans les sols sains et fertiles. Le palissage s'impose souvent. L'hybride Brownii, haut de 3 ou 4 m, porte des feuilles caduques vert-gris sur des rameaux fins ; ses fleurs rouge orangé s'épanouissent de juin à août. *L. japonica*, très belle espèce aux longs rameaux volubiles (10 cm), pubescents et creux, porte des feuilles caduques, rouges d'abord, vert violacé ensuite. Les fleurs, très odorantes, d'abord blanches, prennent ensuite une teinte jaunâtre. Il existe plusieurs cultivars qui se différencient par la couleur des feuilles : Halliana, vert clair ; Reticulata, panaché de jaune.
• Hauteur : 3 à 10 m. Feuillage : caduc ou persistant. Floraison : blanche ou jaune, en été. Croissance : rapide.

CLÉMATITE (*Clematis*, renonculacées). — Les nombreuses espèces du genre sont le plus souvent des lianes, portant des feuilles caduques ou persistantes, simples ou composées, souvent duveteuses dessous. Les fleurs, de divers coloris, apparaissent groupées ou isolées. La culture se fait en sol fertile, bien drainé, à mi-ombre, et la taille s'effectue en mars. *C. jackmanii*, à rameaux fins de 4 m, à feuilles composées vert foncé, épanouit des fleurs violettes en été ; il existe de nombreux cultivars à fleurs roses, bleues, blanches. *C. lanuginosa* (clématite laineuse) porte des rameaux volubiles de 2 m et des feuilles au dessous duveteux, ovales et longues ; il produit tout l'été ses grandes fleurs lilas ; on cultive de nombreux cultivars aux fleurs de diverses nuances. *C. viticella* atteint 4 m ; il présente des tiges grêles qui se lignifient à l'automne. Il porte des feuilles duvetées et des fleurs, épanouies en été, bleues, roses ou rouges selon les cultivars (nombreux).
• Hauteur : 2 à 4 m. Feuillage : caduc ou persistant, vert foncé. Floraison : divers coloris, du printemps à la fin de l'été. Croissance : généralement rapide.

FLEUR DE LA PASSION (*Passiflora*, passifloracées). — Espèce peu rustique qui se cultive surtout dans l'Ouest et le Midi. Cette plante grimpante très vigoureuse vient d'Amérique tropicale. Les rameaux cassants, munis de vrilles, portent des feuilles vert foncé semi-persistantes. Les fleurs solitaires, très curieuses, d'un blanc bleuté avec des filaments rouges et bleus, s'épanouissent durant tout l'été.
• Hauteur : 5 m. Feuillage : semi-persistant, vert foncé. Floraison : blanc bleuté, en été. Croissance : rapide.

GLYCINE (*Wisteria*, légumineuses). — Ces excellentes plantes grimpantes, très rustiques, se cultivent bien en grands bacs. Elles se caractérisent par leurs feuilles caduques et composées, et par leurs belles fleurs printanières en grappes pendantes. Il faut guider la progression d'une glycine sur un mur à l'aide d'un tuteurage. Cette plante convient pour la décoration des parois ou des treillages. *W. floribunda*, à branches torsadées et à feuilles composées vert franc, donne en avril-mai de grosses grappes de fleurs, violettes chez le type, mauves, blanches ou roses chez les cultivars. *W. sinensis* porte des rameaux volubiles qui atteignent 10 m, des feuilles composées, à folioles ovales et duveteuses dessous ; les fleurs bleues, en grappes pendantes, s'épanouissent en avril-mai (une deuxième floraison apparaît parfois en automne).
• Hauteur : jusqu'à 10 m. Feuillage : caduc, vert franc. Floraison : violette, bleue, blanche, jaune, en avril-mai. Croissance : rapide.

Fleurs de Campsis radicans, ou jasmin de Virginie. Arbuste grimpant pouvant atteindre 2 ou 3 m en bac ; il doit être placé à bonne exposition.

Le chèvrefeuille (Lonicera) est très recommandé pour garnir treillages et arceaux ; les fleurs printanières ou estivales sont souvent odorantes.

La passiflore est très élégante, mais malheureusement assez peu rustique en région parisienne. Il faut donc l'abriter en hiver en orangerie.

JASMIN (*Jasminum*, oléacées). — Les très nombreuses espèces du genre regroupent surtout des lianes volubiles. Les rameaux très longs (jusqu'à 10 m) portent des feuilles caduques ou persistantes et des fleurs solitaires ou en bouquets, odorantes. Les espèces cultivées, de rusticité limitée, doivent être abritées ; il faut les placer en terre légère. *J. beesianum* présente des rameaux de 2 ou 3 m, très emmêlés, des feuilles semi-persistantes et vert foncé et des fleurs roses, odorantes (mai). *J. nudiflorum*, à rameaux souples de 2 m portant des feuilles caduques vert foncé, épanouit des fleurs jaunes très précoces, de janvier à mars. *J. officinale* (jasmin blanc) présente de longs rameaux (jusqu'à 10 m), portant des feuilles composées, caduques, et des fleurs blanches, groupées en cyme terminale, très odorantes.
• Hauteur : 2 à 10 m. Feuillage : caduc ou persistant, vert foncé. Floraison : jaune, rose ou blanche, de janvier à mai. Croissance : rapide.

LIERRE (*Hedera*, araliacées). — Ces arbustes, fréquents en culture, ont des tiges ligneuses munies de crampons qui leur permettent de s'accrocher à tous les supports. Les feuilles persistantes, longuement pétiolées, sont vert foncé ou panachées chez les cultivars. Les fleurs ne présentent aucun intérêt. Le lierre, très rustique, se multiplie facilement par marcottage et bouturage. Il faut pratiquer une taille en avril pour régulariser sa croissance. *H. canariensis* atteint 5 ou 7 m ; il porte des feuilles arrondies brillantes et foncées. Il a donné naissance à de nombreux cultivars : Variegata, par exemple, porte des feuilles à pétiole rouge et à limbe vert foncé, panaché de vert clair et de blanc. *H. colchica*, à feuilles minces et entières, est peu rustique. Citons quelques cultivars : Aurea striata, très vigoureux, porte des feuilles panachées de vert foncé et de jaune ; Dentato variegata, remarquable et vigoureux, présente de grandes feuilles vert foncé maculées de jaune. *H. helix* (lierre commun), à rameaux très longs (plus de 20 m), présente un tronc ligneux et des feuilles trilobées vert foncé à nervures plus claires. Il existe de très nombreux cultivars de cette espèce : Elegantissima, de 4 à 5 m, à feuilles vertes et jaunes ; Erecta, à forme arbustive, convenant aux rocailles ; Hibernica (6 ou 7 m), à feuillage sombre ; Pedata, aux feuilles à 5 lobes, vert foncé, à nervures blanches. Le lierre commun, bonne plante tapissante, convient parfaitement pour les bacs placés à l'ombre.
• Hauteur : 3 à 20 m. Feuillage : persistant, sombre. Floraison : blanche, en été ou automne. Croissance : rapide.

RENOUÉE (*Polygonum*, polygonacées). — Le genre regroupe des espèces herbacées et ligneuses. Parmi ces dernières, la plus cultivée reste *P. aubertii*, très vigoureuse. Ses tiges tortueuses atteignent 7 m et portent des feuilles caduques de couleur bronze. Les fleurs, blanches teintées de rose en longues panicules, abondantes, apparaissent en septembre. Il s'emploie pour décorer les parois et les treillages. Cet arbuste se cultive facilement en tout compost. Il se place indifféremment au soleil ou à mi-ombre, et se reproduit sans problème par boutures semi-ligneuses au mois d'août.
• Hauteur : 7 m. Feuillage : caduc, bronze. Floraison : blanche, en septembre. Croissance : rapide.

PARTHENOCISSUS (vitacées). — Ce grimpant très vigoureux, haut de 3 à 5 m, présente des rameaux munis de vrilles. Les feuilles, composées et caduques, ont des folioles elliptiques. La floraison estivale se produit en panicules. La culture se fait dans tous les composts frais et la multiplication par marcottage ne présente aucune difficulté. *P. quinquefolia* (vigne vierge vraie) a un feuillage grisâtre qui prend une splendide teinte rouge à l'automne. *P. tricuspidata*, très ramifié, porte lui aussi un feuillage rouge, décoratif, en automne ; c'est une espèce très vigoureuse.
• Hauteur : 3 à 5 m. Feuillage : caduc, gris puis rouge. Floraison : en été. Croissance : rapide.

PASSIFLORE (*Passiflora*, rosacées). — Voir Fleur de la passion.

Les arbustes couvre-sol

ATRIPLEX (chénopodiacées). — Ce petit arbuste qui peut atteindre 1 m de haut, à rameaux et à petites feuilles gris argenté, semi-persistantes, donne de très petites fleurs rouges en juillet. Rustique, il se cultive surtout sur le littoral de l'Ouest car il résiste bien aux embruns. Il convient pour la garniture des bacs placés en situation ensoleillée.

La variété de lierre Hedera helix cristata a de belles feuilles vert clair ; elle est très vigoureuse.

Très beau lierre panaché à cultiver sur treillage (Hedera helix elegantissima).

La fleur du lierre commun (Hedera helix) est disposée en hélix ; elle est curieuse mais passe souvent inaperçue dans le feuillage.

Grappes de fruits de cotoneaster salicifolia rugosa. Les feuilles et les fruits de cette espèce sont plus grands que ceux de C. horizontalis.

• Hauteur : 1 m. Feuillage : semi-persistant, gris. Floraison : rouge, en juillet. Croissance : moyenne.

BRUYÈRE (*Erica,* éricacées). — Les espèces rustiques, originaires d'Europe, sont généralement de petite taille ; mais il existe des bruyères arbustives, *E. arborea* par exemple. A feuillage persistant, ils ont une floraison souvent hivernale et de divers coloris. Ces plantes, bons couvre-sol, très employées par les jardiniers, conviennent particulièrement pour réaliser des décors colorés d'hiver. Elles se plantent en terre de bruyère et n'aiment pas le calcaire. La reproduction s'effectue assez facilement par bouturage.

E. carnea, sans doute l'espèce la plus cultivée, à port diffus, forme de larges touffes et porte un feuillage vert foncé. Les fleurs, roses, rouges ou blanches selon les cultivars, s'épanouissent de novembre (Winter Beauty) à janvier (Springwood) et mars (Ruby Glow).

E. cinerea (bruyère cendrée), à rameaux érigés de 30 cm, porte des feuilles gris-vert et des fleurs rouges ou blanches, épanouies en été.

E. darleyensis, hybride formant de très larges touffes, présente des tiges couchées et redressées à l'extrémité. Il donne des fleurs roses, en longues grappes, de novembre à mars. *E. vagans* atteint 50 cm et porte un feuillage vert foncé. Il épanouit en automne des fleurs rouges ou blanches.

• Hauteur : 20 à 80 cm. Feuillage : vert foncé ou gris, persistant. Floraison : divers coloris, toute l'année. Croissance : moyenne.

COTONEASTER (rosacées). — Plusieurs espèces s'emploient en couvre-sol : *C. dammeri* et cultivars ; *C. horizontalis* et cultivars ; *C. microphyllus* et cultivars ; *C. salicifolius.* Voir aussi page 149.

LIERRE *(Hedera).* — Voir page 153.

PACHYSANDRA (buxacées). — Cet arbuste stolonifère ne dépasse pas 20 cm. Ses rameaux dressés portent des feuilles persistantes alternes, obovales, dentées, vert foncé. Les fleurs blanchâtres s'épanouissent en avril. La culture se fait en terre de bruyère ou en sol humifère et aéré. Il s'emploie dans les grands bacs placés à l'ombre. Le cultivar Variegata présente des feuilles panachées de blanc.

• Hauteur : 20 cm. Feuillage : persistant, vert foncé. Floraison : blanche, en avril. Croissance : moyenne.

RIBES (saxifragacées). — Certaines variétés du groupe s'emploient en couvre-sol. *R. alpinum Schmidt,* haut de 1 m, de forme très buissonnante, porte des feuilles caduques lobées vert franc au-dessus, plus claires en dessous. Il prend en automne une belle teinte jaune. Les fleurs jaunâtres viennent en avril. Intéressant pour sa résistance et sa rusticité, il se plante en sol sec. Il convient pour garnir les récipients bas et en bordure de terrasses de plain-pied.

• Hauteur : 1 m. Feuillage : vert franc,

Cotoneaster horizontalis est un arbuste rampant qui ne dépasse pas 1 m de haut. Il se couvre de petits fruits rouges décoratifs à la fin de l'été.

Feuilles et fruits de Cotoneaster henryana ; cet arbuste présente un développement horizontal intéressant et déborde largement des bacs.

Ribes alpinum est un sujet très vigoureux qui prend une grande extension. Il est recommandé dans les grands bacs (fruits décoratifs).

caduc. Floraison : jaunâtre, en avril. Croissance : assez rapide.

RONCE (*Rubus,* rosacées). — Le genre comprend des espèces nombreuses, dont beaucoup sont très traçantes. Il faut les employer avec circonspection et les rabattre dès qu'elles s'étendent trop. *R. odoratus,* haut de 1,50 m, porte de grandes feuilles (20 cm) caduques, proches de celles de la vigne ; il épanouit des fleurs rouges, très odorantes, en petites panicules (juillet-août). La multiplication s'effectue facilement car la plante est très drageonnante. La culture se fait en terre humide et riche. Le cultivar Alba épanouit des fleurs blanches.
• Hauteur : 1,50 m. Feuillage : caduc, vert clair. Floraison : rouge, en juillet. Croissance : rapide.

ROSIERS (*Rosa,* rosacées). — De nombreux rosiers s'étendent horizontalement, en particulier les thés hybrides. Les variétés examinées ci-dessus se plaisent en général dans une terre plutôt argileuse, mais bien drainée. Elles n'aiment pas beaucoup le calcaire, qui leur donne la chlorose (feuilles jaunissantes), maladie traitée par des arrosages de Sequestrol. Il faut les planter en automne, en exposition ensoleillée, et faire des apports d'engrais en cours de végétation. Une taille annuelle effectuée en mars permet d'éliminer le vieux bois et de raccourcir les rameaux d'un tiers (coupez audessus d'un bouton). La multiplication se fait surtout par bouturage. Parmi les plus beaux hybrides cultivés, citons : Orangeade (floribunda), haut de 80 cm, à fleurs isolées, orange ; Piccadilly (hybride de thé), 80 cm, à fleurs bicolores apparaissant en grappes ; Red Queen (hybride de thé), à grosses fleurs rouges ; Iceberg (floribunda), de plus de 1 m de haut, très florifère, à fleurs blanches et parfumées ; Uncle Walter (hybride de thé), 1,50 m, à nombreuses fleurs rouges ; Allgold (floribunda), 80 cm, à fleurs jaunes en grappes, très parfumées ; City of Belfast, 80 cm, petit rosier à fleurs rose saumon très nombreuses ; Isis (floribunda), 60 cm, à jolies fleurs blanches ; Maria Callas (hybride de thé), 1 m, à grandes fleurs carmin, très vigoureux ; Virgo (hybride de thé), 1 m, à très nombreuses fleurs blanches, assez fragiles ; Pink Peace (hybride de thé), 1,50 m, à très grandes fleurs rose vif. Les cultivars mentionnés ici n'offrent qu'un bref aperçu du catalogue des rosiers, qui s'enrichit chaque année.

Rameau feuillé de Ribes aureum. L'arbuste à feuillage original porte des fruits décoratifs.

Les rosiers (ici « Maria Callas ») peuvent faire d'intéressants couvre-sol en terrasse.

Les larges feuilles de Ribes gordonianum sont décoratives, comme les fleurs jaunes (avril).

La très belle rose « Madeleine Rivoire » à installer dans un grand bac bien ensoleillé.

Les ronces traçantes permettent de créer rapidement des espaces tapissés de verdure à jolies floraisons (fleurs rouges ou blanches, odorantes).

Les hybrides de thé (ici « Virgo ») sont souvent des arbustes vigoureux permettant de créer des masses sur les terrasses (expositions ensoleillées).

SYMPHORINE (*Symphoricarpos,* caprifoliacées). — Le genre regroupe des arbustes d'Amérique du Nord à fructification décorative. Un hybride, Chenaultii Hancock, s'étend très largement en exposition à mi-ombre. Cette plante ne dépasse pas 50 cm ; elle porte de longs rameaux rougeâtres et des feuilles caduques vert foncé. Les petites fleurs blanches apparaissent en été et donnent des baies rouges tachées de blanc. L'arbuste se plaît dans tous les sols et se multiplie facilement par marcottage.
• Hauteur : 50 cm. Feuillage : caduc, vert foncé. Floraison : blanche, en été. Croissance : rapide.

TEUCRIUM (labiacées). — Cette plante semi-ligneuse forme des touffes d'environ 20 cm. Peu rustique à Paris, elle résiste bien en terrain calcaire. Les rameaux fins et dressés portent des feuilles ovales et persistantes, vert foncé au-dessus et grisâtres en dessous. Les jolies fleurs rouges s'épanouissent à la fin de l'été. Cette plante, basse et très large, colorée en automne, convient pour les endroits ensoleillés *(T. chanaedrys).*
Les espèces conviennent surtout pour les régions méditerranéennes. *T. fruticans,* très décoratif, demande une mise en serre dans la région parisienne. Il présente des rameaux étalés portant un feuillage persistant, des feuilles et des rameaux velus. Les fleurs en grappes bleues viennent en juin.
• Hauteur : 20 cm. Feuillage : caduc, vert foncé. Floraison : rouge, en août. Croissance : assez rapide.

Les symphorines sont des arbustes très vigoureux à placer en grands bacs (ici Symphoricarpos albus).

La symphorine ne dépasse pas 0,50 m, et est surtout appréciée pour ses petites fleurs blanches et ses fruits rouges tachés de blanc.

Rameau de Symphoricarpos albus avec sa fructification blanche décorative (de longue durée). Cet arbuste est appréciable pour sa floraison estivale à laquelle succède la fructification. La croissance de cet arbuste à port bas est néanmoins très rapide. Il est simple à mener et ne demande pas de soins particuliers.

CHOIX D'ARBUSTES

Arbustes	Mode de végétation	Intérêt décoratif			Utilisation
		Feuillage	Floraison	Fructification	
ABELIA (Abelia)	Persistant ou caduc		x		Isolé ou en groupe
ADENOCARPUS (Adenocarpus)	Caduc		x		Isolé
AGAPETES (Agapetes)	Persistant		x		Isolé
ALBIZZIA (Albizzia)	Caduc		x		Isolé
ARBRE À PERRU-QUES (Cotinus)	Caduc		x		Isolé
ARONIA (Aronia)	Caduc		x		Isolé
ARROCHE (Atriplex)	Persistant (sous climat doux)	x			Haie
AUCUBA (Aucuba)	Persistant	x			Isolé ou haie
AZALÉE (Azalea)	Persistant ou caduc		x		Isolé
BAGUENAUDIER (Colutea)	Caduc			x	Isolé
BERBERIS (Berberis)	Persistant ou caduc	x	x	x	Isolé ou haie
BRESSILET (Coesalpinia)	Caduc		x		Isolé
BUIS (Buxus)	Persistant	x			Haie
BUISSON ARDENT (Pyracantha coccinea)	Persistant			x	Isolé (palissé)
CALLICARPA (Callicarpa)	Caduc			x	Haie
CALLISTEMON (Callistemon)	Persistant		x		Isolé
CALYCANTHUS (Calycanthus)	Caduc		x		Isolé
CAMÉLIA (Camelia)	Persistant		x		Isolé
CÉANOTHE (Ceanothus	Persistant ou caduc		x		Isolé
COGNASSIER DU JAPON (Chaenomeles)	Caduc		x		Isolé ou haie
CORÈTE DU JAPON (Kerria japonica)	Caduc		x		Isolé ou palissé
CORNOUILLER (Cornus)	Persistant ou caduc	x	x		Isolé
COTONEASTER (Cotoneaster)	Persistant ou caduc	x		x	Isolé
CYTISE (Cytisus)	Caduc		x		Isolé
DAPHNÉ (Daphne)	Persistant ou caduc		x		Isolé
DEUTZIA (Deutzia)	Caduc		x		Isolé
ESCALLONIA (Escallonia)	Persistant		x		Isolé ou haie
FORSYTHIA (Forsythia)	Caduc		x		Isolé ou palissé
FUCHSIA (Fuchsia)	Caduc		x		Isolé
FUSAIN (Euonymus)	Persistant ou caduc	x			Isolé ou haie
GARRYA (Garrya)	Persistant		x		Isolé

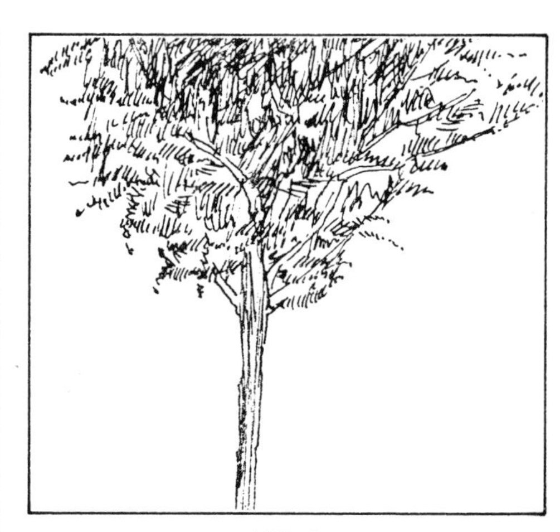

Albizzia

Camélia

Corète

Laurier-rose

Romarin

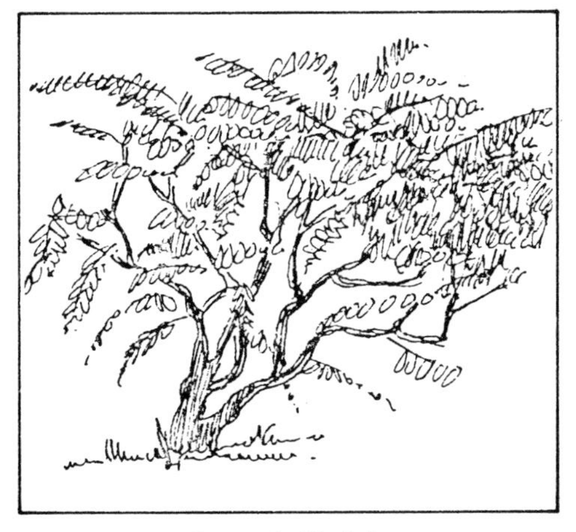
Sumac de Virginie

Arbustes	Mode de végétation	Intérêt décoratif			Utilisation
		Feuillage	Floraison	Fructification	
GENÊT (Genista et Sparticum)	Persistant		x		Isolé ou en groupe
GROSEILLIER A FLEURS (Ribes)	Caduc		x		Isolé ou haie
HAMAMELIS (Hamamelis)	Caduc		x		Isolé
HIBISCUS (Hibiscus)	Caduc		x		Isolé
HORTENSIA (Hydrangea)	Caduc		x		Isolé
JASMIN (Jasminum)	Persistant ou caduc		x		Isolé ou palissé
LAURIER-CERISE (Prunus laurocerasus)	Persistant	x			Haie
LAURIER-ROSE (Nerium oleander)	Persistant		x		Isolé
LAVANDE (Lavandula)	Persistant	x	x		Isolé ou en groupe
LESPEDEZA (Lespedeza)	Caduc		x		Isolé
MAHONIA (Mahonia)	Persistant	x	x		Isolé ou haie
MILLEPERTUIS (Hypericum)	Persistant		x		Isolé
MIMOSA (Acacia)	Persistant		x		Isolé
ORANGER DU MEXIQUE (Choisya ternata)	Persistant		x		Isolé
OSMANTHUS (Osmanthus)	Persistant	x			Haie
PERNETTYA (Pernettya)	Persistant			x	Isolé
PEROVSKIA (Perovskia)	Persistant		x		Isolé
PIVOINE EN ARBRE (Poenia)	Caduc		x		Isolé
POTENTILLE (Potentilla)	Caduc		x		Isolé
PTELEA (Ptelea)	Caduc			x	En groupe
PYRACANTHA - voir buisson ardent -					
RHAMNUS (Rhamnus)	Persistant ou caduc			x	En groupe ou haie
RHODODENDRON (Rhododendron)	Persistant		x		Isolé
ROMARIN (Rosmarinus officinalis)	Persistant	x	x		Isolé
SERINGA (Philadelphus)	Caduc		x		Isolé ou en groupe
SKIMMIA (Skimmia)	Persistant		x		Isolé ou en groupe
SPIRÉE (Spiraea)	Caduc		x		Isolé ou haie
STRANVAESIA (Stranvaesia)	Persistant	x			En groupe
SUMAC DE VIRGINIE (Rhus thphina)	Caduc	x			Isolé
SYMPHORINE (Symphoricarpos)	Caduc			x	Isolé
TROÈNE (Ligustrum)	Persistant ou caduc	x			Isolé ou haie
VIORNE (Viburnum)	Persistant ou caduc		x		Isolé
WEIGELIA (Weigelia)	Caduc		x		Isolé
YUCCA (Yucca)	Persistant	x	x		Isolé

LES TERRASSES ET BALCONS PRODUCTIFS

LES CULTURES FRUITIÈRES

Des fruits cultivés sur une terrasse ! C'est une idée qui peut sembler un peu originale, mais qui peut se révéler pleine de possibilités. La vigne est une plante décorative par son feuillage comme par ses fruits. Un beau poirier palissé a également son charme.

Il est fréquent de ne considérer que l'aspect décoratif des plantes que l'on peut faire pousser sur une terrasse ou un balcon. Pourtant, et bien que l'espace y soit souvent compté, il peut se révéler amusant et agréable d'y entreprendre des cultures productives, habituellement réservées aux jardins de pleine terre.

Tout ce qui vient d'être dit pour les arbustes ornementaux vaut, bien sûr, également pour les arbres et arbustes fruitiers, certains se développant parfaitement en bac et en caisse. La récolte sera certes limitée, mais les enfants apprécieront particulièrement ces fruits qu'ils auront vu apparaître, grossir et mûrir sous leurs yeux.

Il est, par exemple, très facile de cultiver de la sorte des groseilliers, des cassissiers et des framboisiers ; ils donneront d'excellents résultats, même dans un simple pot de terre cuite de bonnes dimensions. Les arbres fruitiers plus importants, à pépins ou à noyaux, peuvent également croître et fructifier pourvu qu'on les place en bonne exposition et que la quantité de terre du contenant soit suffisante (un bac de 50 x 50 cm convient tout à fait). Si vous disposez de jardinières maçonnées au pied d'un mur exposé au sud, pourquoi ne pas y installer quelques pommiers ou poiriers en espaliers ? Plus modestement, vous pourrez vous amuser, sur un simple balcon, à placer un arbre de plein vent (pommier, poirier, prunier, pêcher, abricotier ou cerisier) dans un bac d'eau utilisé habituellement pour des plantes d'appartement ! Ne vous attendez pas à une récolte abondante, mais vous pouvez compter sur quelques fruits dont la rareté accroîtra sans nul doute la saveur !

Sur un mur exposé plein sud ou pour habiller une pergola, vous pouvez également cultiver une vigne, conduite en treille, qui fructifiera sans problème, même au nord de la Loire. Il ne s'agit plus cette fois d'un jeu, mais d'une authentique culture productive, car vous pourrez obtenir un excellent raisin de table. Vous trouverez dans le commerce des plants sélectionnés (chasselas, muscat, par exemple) greffés, pour un prix très modique. Rien ne vous empêche non plus de cultiver en caisse certains fruitiers plus insolites tels que l'actinidia, l'amandier ou le figuier.

Ces deux derniers sont cependant peu rustiques, d'où la nécessité de disposer d'une serre ou d'une véranda.

Les groseilliers à fruits viennent facilement et se multiplient très aisément par boutures.

Les poiriers cultivés en bac peuvent fort bien être palissés contre un mur bien ensoleillé contre lequel les fruits mûriront rapidement.

Un petit cerisier cultivé en bac sur une terrasse ensoleillée vous donne le plaisir de récolter des fruits tout en profitant de la floraison.

LES CULTURES POTAGÈRES

Beaucoup de Parisiens cultivaient des légumes sur leur balcon... mais c'était pendant la guerre. Il n'est cependant pas absurde d'élever quelques pieds de tomates ou des fraisiers grimpants ; on a ainsi une bouffée d'air de la campagne sur sa fenêtre.

Remplissez la persillère avec un compost riche et repiquez de jeunes plants dans les trous. Arrosez abondamment la persillère par le sommet dès le moindre signe de flétrissement. Le persil peut être récolté brin à brin au fur et à mesure des besoins. Attention, il monte vite en graines.

Le romarin peut aisément être cultivé en pot à condition de lui réserver une exposition ensoleillée.

Les salades peuvent fort bien venir en jardinière placée au soleil dans un compost assez riche. Faites des apports d'engrais soluble en cours de culture.

La plupart des plantes cultivées au jardin potager peuvent l'être sur une terrasse. Rares sont celles qui demandent une quantité de terre importante, la richesse de celle-ci et l'exposition primant en général. Intermédiaire entre culture fruitière et culture potagère, celle des fraisiers peut être entreprise sur une terrasse, associée parfois à des cultures décoratives. Vous pouvez ainsi placer aisément quelques pieds de fraisiers au pied d'un arbre cultivé en caisse. Choisissez de préférence une variété qui n'émet pas de stolons. Mais vous pouvez aussi tout simplement utiliser une jardinière dans laquelle vous disposerez cinq ou six pieds. Veillez à la régularité des arrosages. Une autre technique, très répandue en Angleterre, consiste à disposer des gouttières en matière plastique les unes au-dessous des autres sur un support légèrement incliné, de les remplir de terre et d'y planter des fraisiers (émettant cette fois des stolons) de façon à obtenir un effet de cascade. Enfin, il existe aujourd'hui des variétés de fraisiers grimpants, d'un effet amusant (ils sont au demeurant très fructifères).
Mais terrasses et balcons peuvent accueillir également d'authentiques cultures potagères, qui « viennent » fort bien. Pourquoi ne pas consacrer une ou deux jardinières à la production de salades ? Pourquoi ne pas semer des radis au pied de tel ou tel arbuste ? Pourquoi ne pas cultiver thym, basilic, sarriette et autres plantes aromatiques dans des pots ou des jardinières ?
Les légumes du Midi pousseront bien sur les terrasses ou les balcons exposés au sud. Il en sera ainsi des tomates, que vous palisserez sur un mur de fond ou même sur le garde-corps, mais aussi des melons et des courgettes. Il faudra être ici attentif à leur croissance, une taille sévère devant être effectuée dès que la plante dépasse les limites que vous lui avez assignées. Là encore, et comme pour le fruitier, il n'est pas question d'envisager une production « économique », mais vous pourrez obtenir des résultats significatifs, qui étonneront vos amis. Quoi de plus amusant que d'aller cueillir les tomates ou chercher un melon bien mûr lors de leur arrivée ? Choisissez des variétés adaptées : les tomates-cerises (à nombreux petits fruits) sont tout à fait décoratives. Vous pouvez aussi associer la culture des melons à celle des coloquintes (qui ne se mangent pas !). Vous pouvez même mêler des espèces potagères (thym ou sarriette) aux variétés décoratives.

1. Les plantes aromatiques en jardinière doivent être installées en composts adaptés.

2. Séparez les différentes plantes par des tessons de terre cuite pour ne pas mélanger les composts.

3. Les plantes repiquées sont achetées en godets et transplantées avec la motte. Ne les serrez pas trop pour qu'elles puissent se développer normalement.

4. Remplissez ensuite avec le compost adapté et tassez fermement la terre autour des mottes.

5. Plantes à cultiver : thym, romarin, sauge, ciboule ou ciboulette, menthe.

6. La jardinière doit être placée dans un endroit bien ensoleillé du balcon. Il faut apporter de l'engrais soluble et arroser régulièrement.

L'AMÉNAGEMENT DES BALCONS ET DES TERRASSES

LES BALCONS

Sur la plupart des balcons, l'aménagement pose souvent un problème d'espace, car il n'est pas toujours simple de disposer de conteneurs suffisamment vastes pour cultiver tout en ménageant suffisamment d'espace pour s'asseoir ou même pour passer.

La notion de balcon recouvre des réalités bien différentes puisqu'elle désigne aussi bien une simple porte-fenêtre qu'une construction formant saillie en façade, sur laquelle il est possible de circuler, et qui peut, dans certains cas, « courir » tout autour de l'appartement.
Porte-fenêtre à garde-corps : les possibilités d'aménagement sont bien sûr faibles ; elles se limitent à l'accrochage de pots ou de jardinières sur le garde-corps et à la mise en place de suspensions sur les pans verticaux de l'embrasure de l'huisserie. Il faut ici tenir compte de la perte d'éclairement résultant de l'ombre que feront immanquablement les plantes. Les problèmes d'arrosage sont ici très aigus, car les débordements risquent de salir la façade, voire de ruisseler chez le voisin de l'étage inférieur. Le mieux est de décrocher les plantes et de les arroser par bassinage dans l'évier ou la baignoire.

Balcons en saillie

Ils s'apparentent davantage aux terrasses, surtout lorsque leur largeur dépasse 1 m. Au-dessous de cette cote, il s'agit plutôt de simples portes-fenêtres à garde-corps. En effet, il n'est alors pas possible de pratiquer des cultures en bac, la décoration florale se limitant à celle du garde-corps et des pans de l'embrasure de l'huisserie. Il est cependant possible de placer une ou plusieurs jardinières au pied du mur de façade, si le balcon se continue de part et d'autre de la porte-fenêtre, et d'y faire pousser des grimpantes. Dans tous les cas, il faut laisser au moins 80 cm pour le passage sur le balcon. Si la largeur de celui-ci dépasse nettement 1 m, vous pouvez envisager d'y installer des caisses et des bacs à réserve d'eau. Pour ne pas gêner l'accès au garde-corps, le mieux est de les placer en second plan (près du mur, donc), ou aux angles de celui-ci.
Les constructions modernes étant généralement dotées d'un balcon long et assez étroit à chaque étage, il faut tenir compte de l'ombre que projette, à chaque étage, le balcon supérieur. Vous devez donc être attentif au choix des plantes que vous cultiverez, qui sera directement conditionné par l'éclairement du balcon.

Le laurier-rose peut être placé en isolé dans un bac (ici avec quelques pétunias au pied).

Bac d'hiver composé de conifères et d'espèces à feuillage persistant (lierre panaché) ; il supporte une exposition à mi-ombre.

Les pélargoniums (géraniums) permettent de créer des décors à floraison très abondante et de longue durée pour les garde-corps des balcons.

LES TERRASSES

Quand on dispose d'une belle terrasse, il faut l'aménager avec soin pour en profiter pleinement. Cet aménagement comprend le gros œuvre (dallage, étanchéité), et la finition. Des problèmes juridiques et techniques se trouvent généralement posés pour adapter la terrasse à l'architecture du bâtiment.

Les terrasses de plain-pied peuvent être décorées par des plantes placées directement en bordure, qui atteignent un plus grand développement qu'en bac. Des fleurs placées en pot ou en jardinière sur les fenêtres ou sur la terrasse elle-même complètent le décor. Attention toutefois à l'harmonie des couleurs.

L'appellation recouvre ici des réalités très différentes, qui vont de l'espace paysager situé de plain-pied devant une maison jusqu'au toit-terrasse d'un immeuble, en passant par de nombreux intermédiaires tels que courettes en milieu urbain et balcons du dernier étage d'un immeuble collectif.

Les terrasses de plain-pied

Il s'agit souvent aujourd'hui de l'espace situé en demi-étage, et qui s'étend devant la ou les portes-fenêtres de la salle de séjour ; il surplombe le demi-sous-sol, où se trouvent le garage, le cellier et la cave. On retrouve cette disposition dans la plupart des maisons individuelles de construction récente. La terrasse ainsi aménagée est en principe dépourvue de garde-corps et se termine en pente douce qui plonge vers la pelouse entourant la maison.

Ce genre de terrasse est soit dallée, soit simplement gravillonnée. On peut l'entourer d'une haie ou d'une balustrade basse à colonnade en pierre reconstituée. Les plantes y sont cultivées en bac, en caisse ou en jardinière, mais, si la nature du sol le permet, certains arbustes peuvent y être cultivés en pleine terre. Il faut pour cela que la butte soit en terre végétale et non en remblai comme c'est souvent le cas. Les racines des plantes cultivées doivent avoir un développement limité afin de ne pas risquer de déplacer ou de pousser la maçonnerie. Les arbres ne peuvent donc y trouver place. Dans l'habitat traditionnel, la terrasse de

plain-pied est située devant l'entrée principale de la maison. Il est alors préférable de la daller pour qu'elle constitue un véritable prolongement de l'habitation. Cette disposition est très favorable à l'installation d'une serre formant véranda.
Toutes ces terrasses de plain-pied peuvent être agrémentées de vasques modernes en fibrociment ou traditionnelles en pierre reconstituée dans lesquelles seront cultivées les fleurs les plus variées.

Les terrasses en étage

L'habitat collectif associe très souvent balcons et terrasses, ces dernières étant situées soit au premier étage, soit au sommet de l'immeuble, la terrasse formant alors tout ou partie de la toiture.
Les terrasses de premier étage sont en fait des super-balcons dont l'essentiel correspond au toit de locaux situés au rez-de-chaussée, généralement à usage commercial, et qui forment saillie par rapport à la façade de l'immeuble. Souvent très vastes, ces terrasses ont pour inconvénient un manque évident d'intimité, tous les balcons des étages supérieurs ayant vue sur la terrasse. On peut y remédier en installant une pergola sur laquelle on laissera se développer des grimpantes.
Cela n'est possible qu'avec l'accord du propriétaire ou du syndic de copropriété. Si la construction est visible de l'extérieur ou d'un immeuble voisin, un permis de construire est nécessaire.
La terrasse située en sommet de construction ne présente pas cet inconvénient, sauf si elle est surplombée par des immeubles plus hauts.
Avant d'entreprendre l'aménagement d'une terrasse de ce type, il faut être sûr que la chose soit techniquement possible : étanchéité, évacuation des eaux, résistance du support, mais surtout capacité de charge au mètre carré sont autant d'éléments dont il faut tenir compte. Là encore, le propriétaire ou le syndic de copropriété devront être consultés.

Le sol

Il doit être bétonné ou, mieux encore, carrelé. Le gravillonnage signale souvent une terrasse non aménageable, car il recouvre généralement un matériau d'étanchéité tel que les feuilles d'aluminium goudronnées. Dans certains cas, le seul fait de marcher sur une terrasse couverte de la sorte peut détruire l'étanchéité, les graviers agissant comme autant de poinçons qui perforent le revêtement d'étanchéité.

Les évacuations

Il doit être possible de se raccorder facilement aux descentes d'évacuation des eaux de pluie. Si l'on transforme une ancienne toiture à pans inclinés en terrasse, celle-ci doit avoir une pente d'au moins 1 cm/m vers les évacuations.

L'entourage

Sa fonction est de garantir la sécurité en empêchant tout risque de chute. Bien que peu esthétique, le garde-corps reste le système le plus employé, car le plus sûr. Il

Le jardin d'hiver constitue une véritable pièce supplémentaire à l'appartement.

Une terrasse joliment aménagée et décorée de verdure constitue un lieu de repos et de détente et vous permet de vous adonner aux joies du jardinage. Un jardin privé en plein ciel, au cœur d'une grande ville, est un privilège précieux et rare et, de ce fait, malheureusement onéreux.

Construction d'un mur de claustra : vérifiez la verticalité pour chaque rangée d'éléments.

Chaque élément est fixé au mortier bâtard (mélange de chaux et de ciment).

Une grande jarre de terre cuite décorée d'une plante fleurie représente un bel ornement de terrasse. Attention au poids important du récipient et de son contenu qui, surtout après arrosage, peut entraîner une dangereuse surcharge sur un balcon ou une terrasse. Suspendez les arrosages à l'approche de l'hiver par crainte du gel.

se présente généralement sous la forme d'une balustrade métallique sur laquelle on peut accrocher des supports pour les pots et les jardinières. Dans certains cas, la terrasse n'est limitée que par des bacs maçonnés assez hauts permettant de cultiver des plantes formant une haie. La limite est ici beaucoup plus agréable, mais la sécurité est moins grande.

Les côtés latéraux d'une terrasse peuvent être faits de bacs (en fibrociment, par exemple), associés à un treillage permettant d'y faire pousser des grimpantes et donc de garantir l'intimité. Il est possible aussi d'installer un claustra fait d'éléments préfabriqués, en terre cuite, en béton ou même en matière plastique.

La charge

C'est l'un des problèmes majeurs concernant l'aménagement d'une terrasse ; il faut donc être particulièrement attentif aux risques de surcharge résultant de l'apport successif de pots, de caisses et de bacs, mais surtout de la terre qu'ils contiennent. La création de jardinières continues, en pied de mur de façade ou en périphérie, entraîne souvent une surcharge que l'on n'apprécie pas toujours à sa juste valeur. Il n'est pas possible de donner ici des normes précises, les constructions étant souvent très différentes suivant les matériaux utilisés et surtout les techniques retenues. Seul un architecte peut valablement vous informer. N'oubliez pas de le consulter, car votre responsabilité, en cas d'accident, peut être engagée.

L'étanchéité

C'est, là encore, l'un des grands problèmes qui se posent lorsqu'on décide d'aménager une terrasse, car votre responsabilité risque d'être engagée en cas de fuite. Dans tous les cas, veillez à être bien assuré.

L'isolation d'une toiture en terrasse est prévue pour un certain type d'utilisation ; la réalisation d'une terrasse sur laquelle on entend cultiver des plantes modifie ces conditions. Ainsi, les remontées de matériau isolant sur les murs ne dépassent-elles pas, en général, une vingtaine de centimètres, ce qui est très insuffisant compte tenu des risques d'éclaboussures lors de l'arrosage, mais plus encore lorsqu'on installe des jardinières maçonnées le long des murs ; il faut alors, au minimum, étanchéifier la maçonnerie avec un produit spécial que l'on applique à la brosse ou au rouleau.

LE MOBILIER ET LES ACCESSOIRES

Les meubles pour balcons et terrasses sont toujours très séduisants. Il faut sélectionner un mobilier qui soit tout à la fois décoratif et confortable — la terrasse étant avant tout un lieu de repos et de détente. Si vous êtes bricoleur, vous pouvez fabriquer vous-même des fauteuils ou des chaises longues en bois.

Dès que la dimension d'un balcon ou d'une terrasse le permet, il est tentant d'y installer des meubles qui permettent d'y séjourner plus agréablement : sièges, fauteuils de repos, chaises longues, tables, etc., mais aussi des accessoires : caillebotis pour le sol, treillage, pergola, stores.

Le bois constitue ici le matériau le plus utilisé. Sa présence en plein air, dans un milieu relativement humide (les projections d'eau, lors de l'arrosage sont fréquentes), impose qu'on le protège avec des produits de traitement ou avec de la peinture. Tout comme au jardin, traitez ou repeignez les meubles et accessoires au moins une fois par an. Évitez les accessoires de liaison (vis, clous et pièces de quincaillerie) en fer, pour leur préférer ceux en cuivre ou en acier inoxydable. Enfin, si vous souhaitez « électrifier » votre terrasse et, en particulier, y jouir d'un bon éclairage électrique, ne retenez que les matériels prévus pour une utilisation extérieure. Soyez attentif aux normes en vigueur (l'étanchéité des boîtiers, l'isolation des conducteurs, etc.), car votre sécurité en dépend directement.

Les meubles en métal sont également élégants et donnent souvent un cachet « ancien » à l'aménagement du balcon. Ils sont traités contre la rouille et revêtus d'une peinture capable de résister aux intempéries. Il faut les examiner après la saison et intervenir avec un produit stoppant la rouille à la moindre alerte (un point de rouille se développe rapidement). Les meubles en matière plastique sont solides, légers, et demandent peu d'entretien. Ils sont peut-être moins décoratifs que ceux en bois.

Les meubles de terrasse peuvent être fort élégants, qu'ils soient en bois, en fer forgé ou en plastique. Le jardin d'hiver est le plus souvent un salon décoré de meubles. Le bois est toujours décoratif, mais il faut l'entretenir s'il reste à l'extérieur (application d'un produit de traitement ou d'un vernis).

L'ÉLECTRICITÉ

L'éclairage d'une terrasse et l'alimentation des appareils électriques (câbles chauffants, appareils d'irrigation) posent un problème de sécurité. En respectant les normes, vous pouvez cependant réaliser assez facilement vous-même le montage de l'installation qui rendra votre terrasse plus agréable et plus belle.

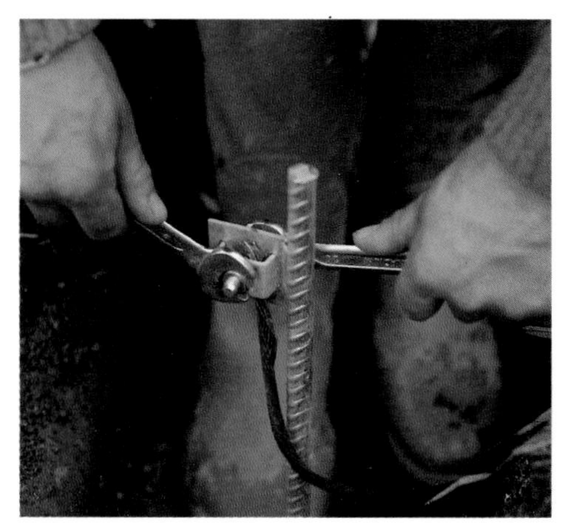

Une prise de terre est constituée par une barre métallique enfoncée dans le sol.

Une barrette permet de raccorder la prise au conducteur principal de protection.

SECTION DES CÂBLES

La longueur de la canalisation et l'intensité à livrer aux points d'utilisation étant connues, la section de base est déterminée suivant la chute de tension admissible dans le tableau ci-dessous, établi pour une installation biphasée 220 V.

Intensité en ampères	Section du câble en mm²			
	6	10	16	25
	Longueur maximale du câble en mètres			
10	38	64	102	159
15	25	42	68	106
20	19	32	51	80
25	15	25	41	63
30	13	21	34	53
40		16	25	40
45		14	23	35
50		13	20	32
60		11	17	26

L'alimentation de toute installation électrique située à l'extérieur, plus particulièrement sur une terrasse, impose un grand respect des normes de sécurité. En effet, le milieu humide favorise le retour accidentel du courant à la terre, ce qui multiplie les risques d'électrocution. Par ailleurs, l'ensemble des matériels (conduits, lignes, interrupteurs, prises, appareils d'éclairage, etc.) est soumis à une atmosphère favorable à la corrosion, d'où l'obligation d'utiliser des produits (la plupart du temps étanches) destinés spécialement à l'extérieur.
La prise de terre, qui constitue un élément de sécurité essentiel pour les installations intérieures, n'est paradoxalement pas indispensable à l'extérieur, dans la mesure où l'on utilise des matériels étanches et isolés. Dans le cas d'appareils à partie métallique accessible depuis le sol, un raccordement au conducteur de protection (terre) se révèle indispensable.

La pose des appareils

• **Les liaisons électriques.** A partir d'une ligne peuvent être raccordés différents appareils : prises, interrupteurs, commandant d'autres appareils (éclairage, pompe, etc.). Ce « partage » du courant se fait en parallèle à partir d'une boîte de dérivation étanche, qui constitue en quelque sorte le poste d'aiguillage du courant électrique. Il ne faut jamais brancher des appareils consommateurs d'énergie (lampe ou moteur) en série, c'est-à-dire les uns après les autres : le courant serait en quelque sorte divisé

dans son intensité entre ces différents appareils, empêchés donc de fonctionner au maximum de leur puissance.
La répartition du courant à l'intérieur d'une boîte se fait au moyen de bornes isolées, parties intégrantes de l'appareil, ou de barrettes de raccordement (dominos) mobiles. Les bornes s'adressent plutôt à des conducteurs de forte section (6 mm^2 par exemple), et les barrettes à des conducteurs de moyenne et faible section. Les épissures, tolérées seulement dans les baguettes d'installations intérieures, sont ici rigoureusement prohibées.

• **L'étanchéité des appareils.** La plupart des appareils actuels destinés à l'extérieur et proposés aux amateurs se présentent sous la forme de gros boîtiers gris (assez inesthétiques d'ailleurs). Leur étanchéité est assurée par un joint au niveau du boîtier et par des bourrelets aux entrées et sorties de conduits. Ces bourrelets doivent être tranchés au diamètre du conduit lors de l'installation. Il n'y a pas de véritable étanchéité au point de fixation du boîtier. Il s'agit donc d'une étanchéité ambiante, mais qui ne résiste pas à une aspersion, encore moins à une immersion. En revanche, l'isolation est parfaite, aucune pièce métallique n'étant apparente ou accessible de l'extérieur.
Seul un système de presse-étoupe (collier fileté associé à un joint d'étanchéité) assure une étanchéité totale. Tous les matériels professionnels, accessibles aux amateurs dans les magasins spécialisés, en comportent. Un tel dispositif, correctement installé, assure une étanchéité complète, résistant à l'immersion.

• **La fixation des conduits.** La fixation des conduits entre la boîte de dérivation et l'appareil doit être parfaite. Les accessoires de fixation dépendent à la fois de la nature du conduit et de celle du support. Il faut réserver les pontets clouables aux câbles multiconducteurs fixés sur des parois ou des éléments en bois. Les colliers vissables (collier Atlas) s'emploient avec les conduits rigides à l'intérieur desquels passent les conducteurs. Ils se fixent dans les supports durs, pierre ou béton. Dans la plupart des cas, il est nécessaire de cheviller le matériau pour permettre le vissage. Quel que soit le type des points d'attache, la distance maximale entre eux est de 40 centimètres. Les colliers peuvent être décalés du mur par l'utilisation de rosaces d'écartement.

• **La fixation des appareils.** Il s'agit de la fixation des boîtiers des appareils, qui doit toujours se faire sur un support sain et dur, garantissant le maximum de sécurité. Le vissage reste le moyen le plus traditionnel pour fixer un appareil, mais le chevillage se révèle souvent nécessaire.
La taille des vis doit être adaptée aussi bien à celle de l'appareil qu'aux possibilités de perçage du matériau. Inutile de choisir des vis aux dimensions trop importantes : s'il doit être bien fixé, un appareil n'a cependant à subir aucune forte traction. Les points de fixation à l'intérieur des boîtiers sont généralement préformés mais non percés, ce qui permet d'assurer un ajustage aussi précis que possible entre la vis et le matériau du boîtier. Il vaut mieux amorcer la vis au moment de la fixation du boîtier, après avoir pratiqué un petit avant-trou avec une vrille ou une pointe carrée.
L'étanchéité est alors presque parfaite. Il est désormais possible de coller le boîtier d'appareil sur la pierre ou le béton grâce à des colles de type mastic-mur, à la résistance considérable. Cette méthode présente l'avantage d'assurer une étanchéité parfaite du boîtier, non affaiblie par le perçage des trous de fixation. Il faut, dans tous les cas, s'efforcer de disposer les boîtiers d'interrupteurs ou de prises à une hauteur suffisante (1 mètre environ), pour éviter les projections d'eau depuis le sol, ou même les risques d'inondation. Pour assurer une sécurité maximale, placez les appareils dans des endroits abrités de la pluie. Cette précaution est inutile pour les boutons-poussoirs de télérupteurs (faible tension).

Fixez solidement des socles de prise extérieure au support, afin qu'ils résistent aux tractions fréquentes.

Connexions et dérivations doivent être réalisées dans des boîtes accessibles et parfaitement étanches.

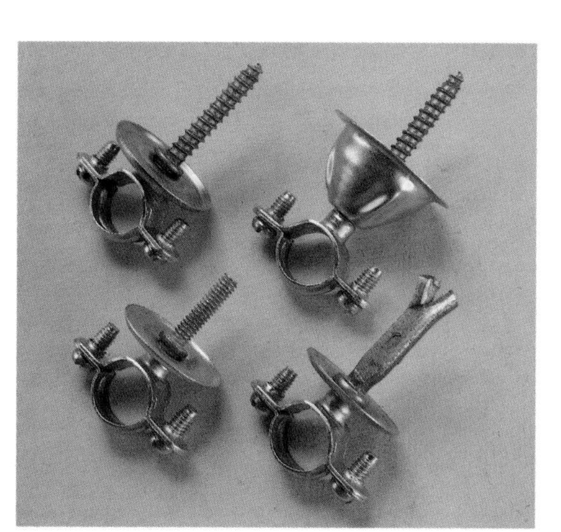

Les canalisations électriques apparentes doivent être fixées à l'aide de colliers atlas avec des rosettes d'écartement plus ou moins hautes.

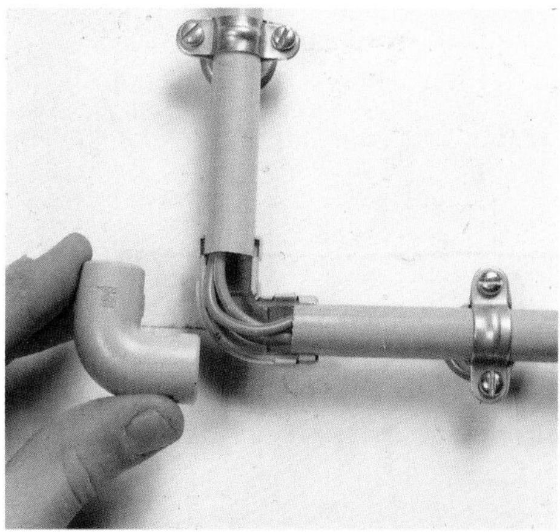

Les coudes (comme les dérivations en T) sont constitués par des éléments indépendants qui se fixent par simple pression.

L'éclairage

Les projecteurs

L'éclairage extérieur présente toujours certaines difficultés de réalisation : il s'agit d'allier esthétique et efficacité. Les projecteurs à platine étanche (un joint serré sur l'embase de l'ampoule, au-dessus du culot) constituent une solution très efficace, à condition que leur disposition ne rende pas le faisceau lumineux éblouissant. Sans parler d'esthétique, il faut signaler la discrétion du système, puisqu'ils peuvent être placés dans les arbres, sur les faîtages de mur, ou encore le pignon d'une maison. Leur installation ne pose aucun problème : il suffit de faire courir un câble multiconducteur, fixé par pontets clouables et raccordé directement à la boîte de dérivation. Choisissez toujours un matériel étanche, doté de presse-étoupe, et efforcez-vous d'abriter les projecteurs le mieux possible. Installez des ampoules dégageant peu de chaleur, car la réaction du chaud et du froid peut les faire éclater (lorsqu'il pleut, par exemple). Des ampoules de 60 à 100 watts suffisent en général.

Les mêmes projecteurs utilisés au sol, le faisceau dirigé vers le haut, peuvent servir à la mise en valeur d'un objet (statue, vasque, balustrade). S'il s'agit d'éclairer une façade entière, il faut recourir à des projecteurs spéciaux de forte puissance (jusqu'à 500 watts), et les fixer sur un socle. Le faisceau doit être dirigé de manière à ne pas écraser les volumes mais, au contraire, à produire des décrochements et des ombres portées, afin de mettre en valeur les reliefs.

Les suspensions

Pour éclairer seulement les quelques marches d'un perron, d'une porte d'entrée ou d'un simple balcon, un lampadaire suspendu, fixé au mur, convient tout à fait. Une simple potence en tube est associée à un luminaire protégé par un abat-jour. Pour éviter les raccordements extérieurs, vous pouvez prolonger le câble multiconducteur jusqu'à la douille, en l'enfilant dans le tube de la potence. La jonction se trouve ainsi protégée de l'humidité, bien qu'on ne puisse considérer que ce genre de matériel présente une étanchéité totale. Si un tel lampadaire suspendu se trouve à la portée de la main, il est indispensable de raccorder sa structure métallique au conducteur de protection (terre). La fixation à la potence se fait sans problème, par vissage et chevillage. Quant à son emplacement, veillez à le choisir à bonne distance d'une ouverture, porte ou fenêtre : en effet, toute lampe située à l'extérieur attire les insectes en été.

Les bornes lumineuses et les lampadaires

Bornes et lampadaires ne concernent que les grandes terrasses. Vous trouverez dans le commerce des matériels de différentes hauteurs, associés à une embase métallique, qui se scelle au sol. Une ligne enterrée est ici indispensable, les raccordements d'alimentation se faisant par boîtes de dérivation, situées généralement dans des regards en béton sous-jacents aux luminaires. Là encore, compte tenu des parties métalliques apparentes et directement accessibles, le raccordement à la terre s'avère indispensable.

Pour une terrasse de plain-pied, vous pouvez acheter des regards en béton tout faits, destinés par exemple aux postes d'eau. Il suffit dans ce cas de creuser leur logement en même temps que la tranchée nécessaire pour la ligne. Le scellement des appareils se fait en fonction de la taille du luminaire, par exemple en enterrant un parpaing et en vissant le luminaire sur ce dernier. Pour mémoire, citons les bornes lumineuses en forme de rocher, qui peuvent se placer directement sur le regard et ainsi le dissimuler ; on peut émettre quelques réserves à leur sujet : la première concerne leur esthétique, la seconde leur efficacité. En effet, la lumière se trouve concentrée dans un faible

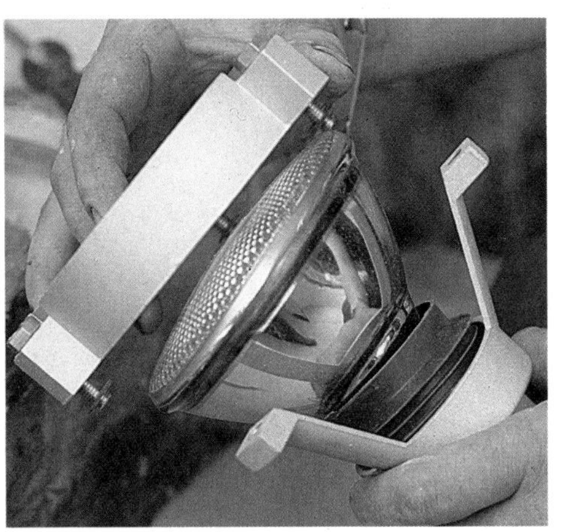

Les lampes installées à l'extérieur doivent être protégées ; projecteur avec joint en caoutchouc étanche.

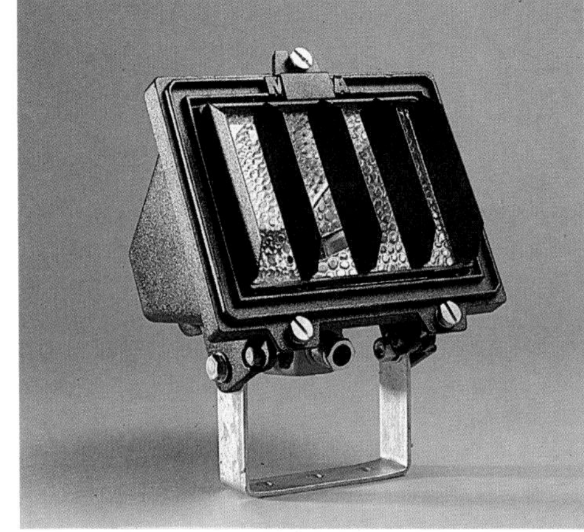

Ce projecteur étanche fixé au sol ou sur un mur est pourvu d'un volet réglable anti-éblouissement.

Les lampes en applique conçues pour être placées à l'extérieur doivent être adaptées à l'architecture de la maison et au mobilier de la terrasse.

Ce sigle permet d'identifier les appareils électriques d'éclairage extérieurs répondant aux normes de sécurité (normes françaises).

rayon autour du luminaire et, de plus, au ras du sol.
Hormis les hauts lampadaires, lourds, les lanternes, fixées à demeure sur les bâtiments, le matériel précédemment cité présente l'avantage de la mobilité.
Pour les installations fixes, le mieux est d'enterrer les canalisations électriques dans le jardin.

La commande des circuits

L'alimentation générale d'une ou plusieurs lignes électriques doit être commandée par un interrupteur central protégé par fusibles. Chaque circuit associé à des appareils doit pouvoir être lui-même commandé soit de l'intérieur de la maison, soit de l'extérieur, soit des deux.
Commençons par le cas le plus simple : une ou plusieurs lampes fonctionnent, commandées d'un seul point par un interrupteur ordinaire, qui agit par coupures sur l'un des fils du circuit (la phase).
Pour commander une ou plusieurs lampes depuis deux points (par exemple la grille d'entrée du jardin et l'intérieur de la maison), il faut recourir au système du va-et-vient. Dans ce cas, des commutateurs possédant trois plots, et non deux, remplacent l'interrupteur classique. Le commutateur comporte une bascule reliée, à la base, à la phase ou au neutre. Chacun des deux plots d'un commutateur est relié à son homologue. Ainsi, on peut éteindre et allumer alternativement de l'un ou de l'autre des commutateurs.
Le va-et-vient ne peut servir que pour une installation relativement simple, comportant peu de points d'éclairage. Or, il s'avère souvent très utile, sur une grande terrasse, de jalonner l'installation de points d'allumage ou d'extinction. Mais dès qu'on veut commander une ou plusieurs lampes depuis plus de deux points, le principe du va-et-vient ne convient plus. Il faut alors recourir au télérupteur, sorte d'interrupteur fonctionnant par électro-aimant, actionné par simple impulsion donnée à distance par autant de boutons qu'on le souhaite. A la place de la bascule des interrupteurs et commutateurs, il y a des boutons poussoirs de type sonnette. Pour une installation extérieure, il faut utiliser des boutons poussoirs lumineux à petites lampes au néon. Ce genre d'installation présente un grand intérêt dans un milieu

Cette lanterne de style, accrochée à une potence, s'harmonise bien à l'architecture.

Le télérupteur commandant un circuit d'éclairage de la terrasse doit être fixé à l'intérieur.

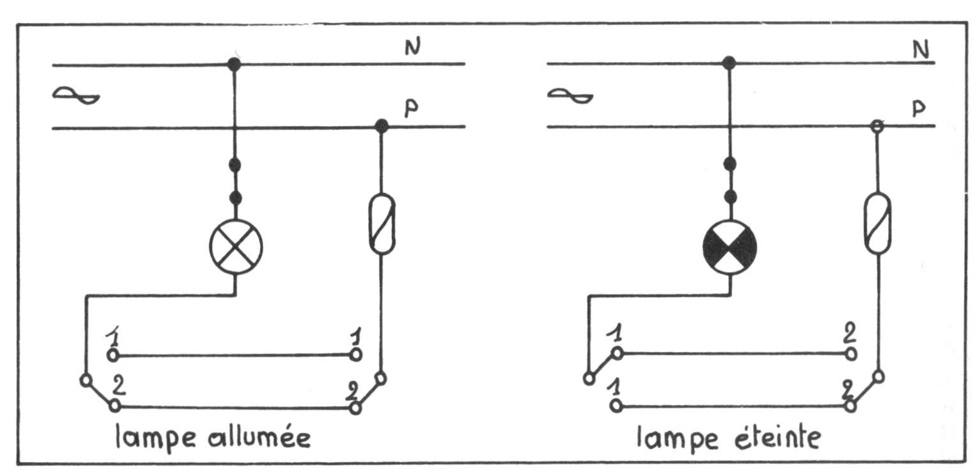

Circuit de montage du va-et-vient : les deux commutateurs sont reliés par deux conducteurs. Le courant passe par l'un des deux, selon la position des commutateurs. A gauche, le courant passe et la lampe est allumée ; à droite, le circuit est interrompu et la lampe est éteinte.

CONDUITS POUR CANALISATIONS ÉLECTRIQUES				
Caractéristiques • Chaque type de conduit est désigné par un groupe de trois lettres suivi d'un chiffre.				
1re lettre degré d'isolement		**I** isolant		**M** métallique
2e lettre degré de rigidité	**R** rigide	**C** flexible cintrable		**S** flexible souple
3e lettre degré de solidité	**B** blindé	**O** ordinaire		**D** déformable
chiffre degré de résistance mécanique	**5**	**6**	**7**	**9**

Types usuels : ICO5 - IRO5 - ICD6 - MSB7 - MRB9
Les différents types de conduits portent la marque NF - USE.

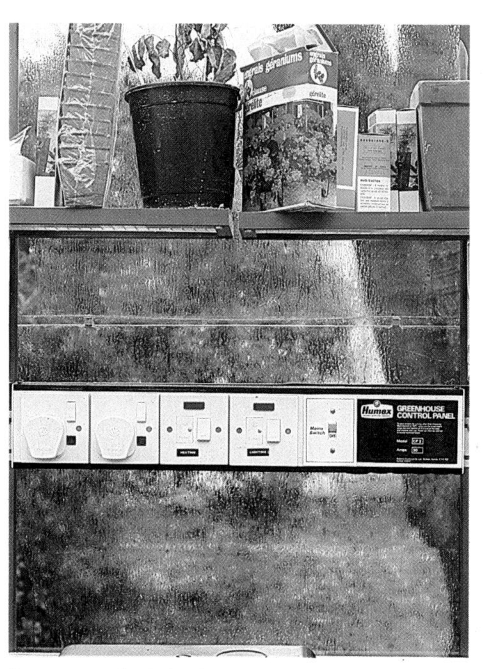

La serre est équipée d'un petit tableau de répartition comprenant les disjoncteurs divisionnaires.

Un thermostat avec sonde est indispensable dans une serre chaude pour maintenir la température ; il se fixe à mi-hauteur du volume de la serre.

L'interrupteur horaire est le moyen le plus simple de programmer un radiateur électrique.

Le ventilateur d'air chaud est un appareil fiable et présentant une garantie de sécurité.

Les tubes d'éclairage fluorescent doivent bénéficier d'une protection étanche. Ils restituent assez fidèlement la lumière du jour.

relativement humide : en effet, l'impulsion à donner au télérupteur peut être à très basse tension (12 volts par exemple), d'où un surcroît de sécurité (un transformateur permet d'utiliser de tels boutons poussoirs).
Les progrès techniques actuels ont permis la mise au point d'un type d'interrupteurs particulier, capables de commander un circuit en fonction de la luminosité ambiante, ceci grâce à une cellule photo-électrique. Disposé à l'extérieur, en bonne exposition, l'interrupteur crépusculaire (tel est le nom officiel) ferme le circuit (et donc allume les lampes), dès que l'obscurité tombe. Le circuit ne s'ouvre à nouveau que lorsque le jour se lève, à moins qu'on associe l'interrupteur à un programmateur horaire, susceptible de limiter le temps de fermeture du circuit.
L'interrupteur crépusculaire est plus précis que l'interrupteur horaire car les conditions de lumière varient d'un jour à l'autre.

L'électricité dans la serre

La serre est l'un des endroits de la terrasse où l'alimentation électrique a la plus grande utilité. Compte tenu des conditions d'humidité propres à un espace clos, à l'atmosphère souvent proche de la saturation hygrométrique, il convient d'observer avec la plus grande rigueur les règles de sécurité touchant au matériel et aux installations. L'alimentation électrique s'apparente à celle d'une habitation, puisqu'elle se compose d'un ou de plusieurs circuits éclairage, d'un ou de plusieurs circuits prise, et d'un ou de plusieurs circuits chauffage. Un véritable petit tableau de répartition propre à la serre, possédant ses fusibles de protection (ou ses disjoncteurs divisionnaires pour une installation très récente), doit se situer dans la maison ou dans la serre, dans un coffret isolé. Les circuits lumière servent à alimenter des dispositifs d'éclairage permettant de travailler dans de bonnes conditions pendant les courtes journées d'hiver ; de plus, en prolongeant la durée d'éclairement, ils favorisent la levée et la croissance des plantes. Les circuits prise servent à l'alimentation des appareils mobiles, parfois utilisés dans une serre. Les circuits chauffage auront une importance toute particulière, puisqu'ils alimentent non seulement les convecteurs, mais aussi les tablettes et câbles chauffants indispensables.

TERRASSE ET BALCON DES QUATRE SAISONS

L'HIVER

Les bacs, les jardinières vides, quelques arbres dénudés et sinistres, le spectacle de trop nombreuses terrasses pendant la mauvaise saison n'est guère réjouissant. Il est pourtant tout à fait possible de créer un décor coloré et agréable devant les baies vitrées.

L'hiver est, bien sûr, la période la plus pauvre en ce qui concerne les fleurs. Le gel, la neige, la faible durée d'ensoleillement et même d'éclairement limitent l'activité des végétaux et donc leur floraison. Pourtant, une bonne sélection et une préparation automnale appropriée permettront d'obtenir des fleurs très tôt en saison, dès le mois de décembre dans les meilleures conditions.

La première des fleurs qui vient égayer la terrasse de ses couleurs blanches ou roses porte bien son nom : la rose de Noël qui n'a de rose que le coloris. L'hellébore, puisque tel est son vrai nom, appartient en fait à la famille des renonculacées et se présente sous la forme de plantes touffues, serrées les unes contre les autres, au feuillage persistant d'un beau vert sombre, d'où jaillissent des hampes florales d'une trentaine de centimètres de haut, portant chacune plusieurs fleurs. Plante vivace, l'hellébore ne demande pratiquement aucun soin, et il suffit, pour la multiplier, de diviser les touffes à la fin du printemps ou de l'été, et de repiquer à une trentaine de centimètres.

Autre plante, de reprise parfois capricieuse, qui fleurit au cœur de l'hiver, la bruyère est capable, par la flamboyance de ses couleurs, d'animer la terrasse endormie. Plante de pleine terre, la bruyère accepte parfaitement la culture en bac et en pot. Certaines espèces, si elles trouvent les conditions favorables à leur développement, fleuriront dès décembre, parfois même avant les hellébores. Parmi les arbustes buissonnants, rappelons que le laurier-tin, s'il est placé à bonne exposition, peut fleurir dès novembre. Il en est de même de l'hamamélis, qui illumine de sa floraison dorée les heures les plus sombres de l'hiver.

Ces plantes, associées à quelques autres encore (jasmin, chimonanthe), permettront d'attendre et accompagneront ces premières « vraies » fleurs que sont les bulbeuses précoces.

Crocus, perce-neige et scilles ne demanderont aucun autre soin qu'une plantation en septembre, pour refleurir chaque année pendant très longtemps, pourvu que l'on prenne soin de laisser se dessécher les feuilles après floraison, avant de les couper.

Les bulbes du narcisse, en revanche, gagnent à ne pas rester en terre d'une année à l'autre, car ils risquent de pourrir. Arrachés chaque printemps après flétrissement des feuilles, ils sont conservés au sec et replantés en septembre-octobre. Véritables plantes cultivées (à la différence des jonquilles), les différentes variétés de narcisses entrent donc dans l'organisation florale de la terrasse. Ils y trouveront une place privilégiée, en association avec d'autres plantes (vivaces et bisannuelles) qui fleuriront plus tard. On veillera à serrer les bulbes, car chacun d'eux ne donne qu'une ou, au mieux, deux fleurs, dont la durée est assez éphémère. Certains iris (de Tanger, réticulé), l'éranthe d'hiver, la ficaire — bulbeuses il est vrai beaucoup plus rares — apporteront une note originale dans la terrasse de premières fleurs. En effet, les feuilles participent à la croissance du bulbe, qui emmagasine alors les réserves nécessaires à la floraison du printemps suivant.

La rose de Noël (hellébore) est une des plus remarquables espèces d'hiver au feuillage persistant et aux fleurs rosées, rouges ou blanches.

Les perce-neige sont des bulbes faciles à cultiver ; les petites fleurs en clochette apparaissent en janvier ou février.

LE PRINTEMPS

Le renouveau de la végétation donne la fièvre au jardinier. Les semis, les repiquages, les traitements des végétaux valent des week-ends souvent laborieux. Il faut savoir sélectionner les espèces annuelles ou vivaces qui vous donneront rapidement de belles fleurs.

Il est impossible ici d'indiquer toutes les espèces et toutes les variétés qui pourront fleurir votre terrasse ou votre balcon. Il est cependant nécessaire d'évoquer la méthode de sélection et de travail qui vous permettra de « faire la soudure ».
Tout se prépare en fait au cours de l'été précédent, voire au printemps, époques auxquelles vous aurez entrepris les semis de vivaces et de bisannuelles. La réalisation d'un véritable plan de décoration florale résulte donc d'une réflexion qui se fait d'une année sur l'autre, et découle du résultat obtenu précédemment.
C'est dès avril que vous commencerez la production des vivaces, qui auront ainsi trois saisons pour croître, prendre de la vigueur, et accumuler les réserves propices à un épanouissement précoce. Violette odorante, bergenia cordiforme (ou saxifrage à feuille en cœur), mais surtout primevère des jardins seront retenues. Leur mise en place devra se faire simultanément avec celle des crocus, qui fleuriront à peine plus tôt.
Ces vivaces à floraison précoce (et très durable, puisque, pour certaines, elle se poursuivra jusqu'au cœur de l'été) permettront d'attendre les bisannuelles, elles aussi produites l'année précédente (généralement au cours de l'été) et mises en place à l'automne. Rares sont celles, en effet, qui, dans des conditions normales de culture (c'est-à-dire sans serre ou châssis chaud), fleurissent avant mars-avril. Cependant, sous climat doux, certaines se conduiront comme des vivaces et, à ce titre, pourront fleurir plus précocement (elles sont mises en place en automne ou en fin d'hiver).

Pour obtenir une jardinière fleurie, utilisez un compost riche à base de terreau.

Tassez fermement la terre autour de la motte et arrosez immédiatement.

Plantez des plants d'espèces printanières déjà fleuris ou prêts à fleurir (élevés en serre et achetés en godets, ou récupérés en pépinière).

Placez la jardinière dans une exposition convenant aux espèces. Apportez un engrais avec l'arrosage une quinzaine de jours après la plantation.

Myosotis, pensées et pâquerettes constitueront des fleurs de premier plan (aux deux sens du terme). La campanule à grandes fleurs, en revanche, pourra être choisie comme plante de fond.
La génération suivante sera celle des bulbeuses de printemps, qui auront été mises en place à la fin de l'automne ou aux premiers jours de l'hiver. Elles couvriront ainsi la période avril-mai, accompagnées de nombreuses vivaces et de la plupart des bisannuelles.
Tulipes et jacinthes sont ici les fleurs reines, mais elles ne doivent pas faire oublier certaines bulbeuses moins connues, telles qu'anémone des fleuristes, fritillaire, renoncule des fleuristes, muscaris et aulx décoratifs. La jonquille, plus tardive que le narcisse, fleurira également pendant cette période. A l'inverse de certaines des bulbeuses très précoces, les bulbes de ces plantes doivent tous être relevés après floraison, ce qui interdit leur association avec les vivaces, qui, pour une floraison optimale, doivent rester en place d'une année sur l'autre.
Pendant toute cette première partie du printemps, de nombreux arbustes floraux auront participé à la coloration de la terrasse. Dans les régions à climat doux, certains d'entre eux seront même en fleur dès avant l'arrivée officielle du printemps. Les deux arbustes « vedettes » sont ici le forsythia et le groseillier à fleurs, pour leurs magnifiques floraisons jaunes et rouges. Très rustiques, ils ne demandent d'autres soins qu'une taille précoce, qui doit suivre immédiatement la floraison. Moins connus, le cornouiller et certaines variétés de magnolias conféreront une originalité plus grande à la terrasse.
Le cœur du printemps voit l'éclosion de très nombreuses vivaces que vous aurez donc associées à d'autres plantes plus précoces, dont elles prendront la relève.
Les reines sont ici les corbeilles-d'or (alysse saxatile) et d'argent (arabis du Caucase), dont la débauche de fleurs laissera place, après rabattage des hampes fanées, à une bordure herbacée au vert plus ou moins argenté. Là aussi, bien sûr, la mise en place aura précédé l'hiver. Elles seront accompagnées, dans leur vocation, par l'aubrietia, quelques variétés de campanules, l'œillet mignardise, la pervenche, mais surtout le traditionnel muguet qui gagnera à être placé en exposition ombragée.
Par leur port élevé, de nombreuses autres vivaces demanderont un emplacement isolé, en pied de mur. Ainsi en est-il du très décoratif lupin, de l'astilbe du Japon, de l'ancolie, de la grande campanule, du pavot, de la pivoine et de l'iris.
Le cœur du printemps sera marqué par l'abondante floraison d'arbres et d'arbustes floraux. Azalée et rhododendron, cerisier à fleurs, cognassier du Japon, aubépine, pommier du Japon et prunier d'ornement, mais aussi lilas, fleuriront dès le mois d'avril, de même que les grimpantes telles que le chèvrefeuille, la clématite et la glycine. Les rosiers commenceront à fleurir au mois de mai si la taille a été précoce et bien conduite.

Fritillaire

Muscari

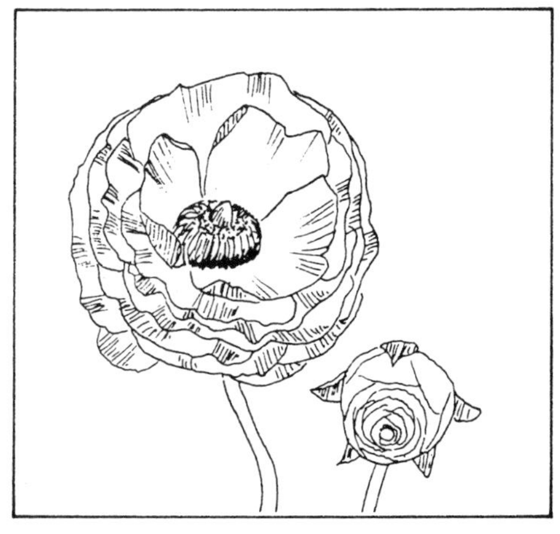
Renoncule

Muguet

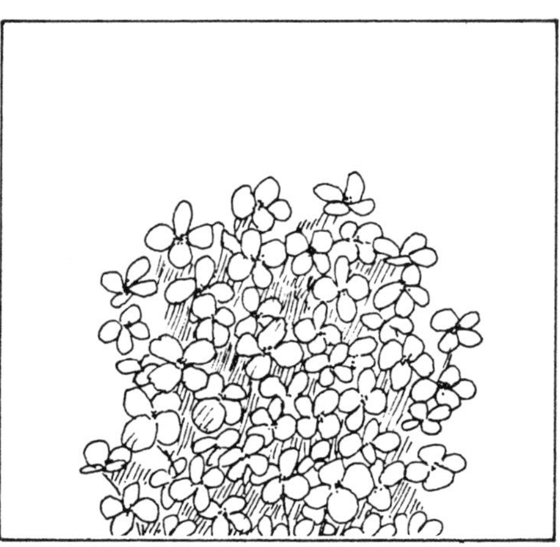
Aubriette

L'ÉTÉ

Les espèces à floraison estivale sont nombreuses et florifères ; elles doivent vous permettre d'avoir une terrasse débordant de fleurs de juin à septembre. Associez annuelles, vivaces et arbustes pour obtenir un décor dense et n'oubliez pas les grimpantes qui couvrent de verdure les parois et les pergolas.

Semés dès la fin de l'hiver sous abri, ou à l'extérieur à partir d'avril, les annuelles constituent des fleurs d'été par excellence. C'est en effet pendant tout le printemps qu'elles se sont développées, ne trouvant leur maturité qu'une fois repiquées en place.

La liste est ici impressionnante, aussi votre choix devra-t-il se porter sur les espèces et les variétés les plus colorées, en évitant, pour les amateurs, celles qui sont difficiles à produire par semis (bégonias par exemple). Dès le mois d'avril, on trouve sur les marchés ou dans les établissements spécialisés un choix de plants beaucoup plus étendu que pour les vivaces et bisannuelles. Pétunia, sauge, reine-marguerite, capucine, gaillarde, souci, zinnia sont les plus classiques. On veillera à associer les fleurs annuelles en fonction de leurs coloris, de leur taille (des plus petites aux plus grandes), mais aussi en fonction de leurs exigences en matière d'éclairement, de terre et d'arrosage.

Quelques bisannuelles, comme la digitale ou le muflier, trouveront leur place dans ce règne des annuelles qu'elles domineront souvent de leur grande taille. L'été est également l'époque des bulbeuses, avec le triomphe des dahlias, cannas ou glaïeuls réservés cependant aux très grandes terrasses.

A ces bulbeuses traditionnelles s'ajouteront le lis, l'acidanthera et le montbretia.

Un certain nombre de vivaces fleuriront encore pendant l'été ; ainsi le millepertuis, très décoratif, l'orpin et l'aster, la rudbeckia et la verge d'or, et, dans les régions chaudes, la très belle agapanthe en ombelle.

De nombreux arbustes floraux contribueront au décor estival de la terrasse, entre autres ces magnifiques grimpantes que sont la bignone, le chèvrefeuille et la clématite.

L'hortensia occupe une place à part. Produit par bouturage pendant l'hiver, il trouvera sa place dans les lieux frais, bien arrosés et ombragés. Pour maintenir sa coloration, vous pilerez régulièrement à son pied de l'ardoise naturelle.

Les rosiers seront en pleine floraison et vous pourrez jouir aussi des belles grappes violettes du buddleia, qui attirent les papillons, des cascades d'or du genêt d'Espagne et, dans les régions clémentes, des extraordinaires cornets écarlates, blancs ou jaunes de l'hibiscus de Syrie, et des énormes fleurs du magnolia en arbre. Assez rustique pour quitter le rivage méditerranéen, le yucca étonnera toujours par sa belle hampe à fleurs blanches en clochettes.

L'été est hélas la saison de la sécheresse et celle des vacances ! Si vous devez vous absenter durablement, prévoyez l'installation d'un système d'arrosage automatique.

Reine-marguerite

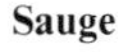
Sauge

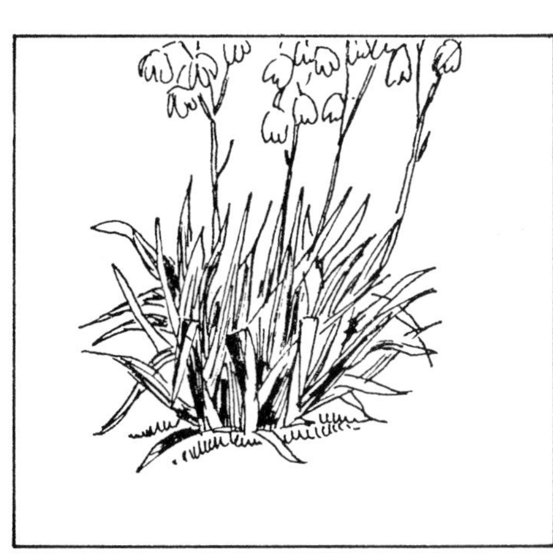
Yucca

CULTURE DES ANNUELLES

Plante	Semis	Repiquage en place	Floraison	Exposition*
Adonide d'été	avril	sans	15 mai/fin août	○
Ageratum	février (couche)	mai	15 juin/fin septembre	○
Alysse odorant	avril	sans	15 juin/15 octobre	○ ●
Balsamine	mars (pépinière)	mai	15 juin/fin septembre	○
Bégonia	janvier (couche)	mai	15 juin/fin septembre	○
Belle-de-jour	avril	sans	juin/15 septembre	○
Belle-de-nuit	avril	sans	juin/15 septembre	○
Brachycome	mars (pépinière)	mai	15 juin/fin août	○
Capucine	avril	sans	15 juin/fin octobre	○ ●
Célosie	mars (couche)	mai	juillet/fin septembre	○
Centaurée	mars	sans	juin/fin septembre	○
Chrysanthème à carène	avril	sans	15 juin/fin septembre	○ ●
Clarkia	avril	sans	juin/fin septembre	○
Coquelicot	avril	sans	juin/fin août	○ ●
Coréopsis	avril	sans	15 juin/fin septembre	○ ●
Cosmos	mars (pépinière)	mai	juillet/fin septembre	○ ●
Dimorphoteca	mars (pépinière)	mai	juillet/fin septembre	○
Gaillarde	mars (pépinière)	mai	15 juin/fin septembre	○
Giroflée	février (couche)	mai	15 juin/15 août	○
Godétia	avril	sans	15 juin/fin septembre	○ ●
Gypsophile	avril	sans	15 juin/fin septembre	○ ●
Immortelle	mars (pépinière)	mai	15 juin/fin septembre	○
Impatiens	mars (pépinière)	mai	15 juin/fin août	●
Lavatère	avril	sans	15 juin/fin septembre	○ ●
Lin	avril	sans	juin/fin septembre	○
Linaire	avril	sans	15 juin/fin septembre	○ ●
Lobelia	février (couche)	mai	juillet/fin septembre	○ ●
Malope	avril	sans	15 juin/fin septembre	○ ●
Mimulus	mars (couche)	mai	juillet/fin septembre	○
Muflier	mars (couche)	mai	juillet/fin septembre	○ ●
Nemesia	mars (couche)	mai	juillet/fin octobre	○ ●
Némophile	avril	sans	juin/fin août	○
Œillet de Chine	février (couche)	mai	juillet/fin août	○
Œillet d'Inde	mars (couche)	mai	15 juin/fin octobre	○ ●
Pavot annuel	avril	sans	juin/fin septembre	○
Pétunia	mars (pépinière)	mai	juin/fin octobre	○
Pied-d'alouette	avril	sans	15 juin/fin octobre	○ ●
Pois de senteur	février	sans	juin/fin septembre	○
Pourpier	mars (couche)	mai	juillet/fin septembre	○
Reine-marguerite	mars (pépinière)	mai	juillet/fin octobre	○
Rose d'Inde	mars (pépinière)	mai	15 juin/fin septembre	○ ●
Sauge	février (couche)	mai	juillet/fin octobre	○
Soleil	avril	sans	juillet/fin octobre	○
Souci	avril	sans	15 juin/fin octobre	○
Tagète	mars (pépinière)	mai	juillet/fin octobre	○ ●
Thlaspi iberis	avril	sans	15 juin/fin septembre	○ ●
Verveine	février (couche)	mai	juillet/15 octobre	○
Zinnia	mars (pépinière)	mai	juillet/fin octobre	○

* ○ Exposition ensoleillée. ○ ● Toutes expositions. ● Mi-ombre.

Dimorphoteca

Godétia

Linaire

Ancolie

Benoîte

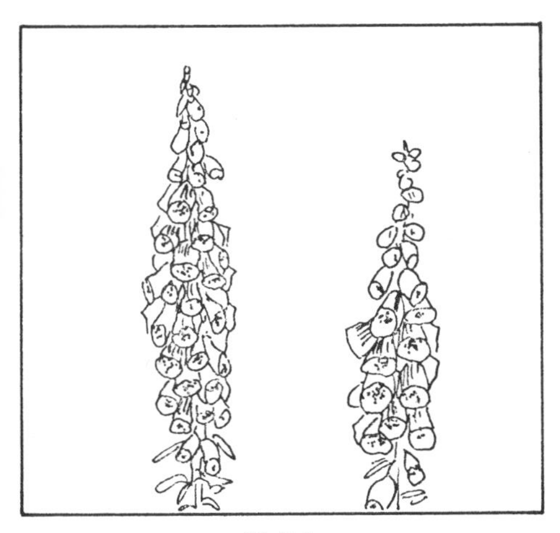

Digitale

CULTURE DES VIVACES

Plante	Semis	Repiquage en place	Floraison	Exposition*
Aconit	mai	octobre	15 mai/fin août	○ ●
Alysse corbeille-d'or	mai	octobre	15 avril/fin mai	○ ●
Ancolie	mai	octobre	15 mai/fin juillet	○ ●
Arabis	mai	octobre	mars/fin mai	○
Aster	mai	octobre	15 juin/fin octobre	○ ●
Aubrietia	mai	octobre	15 avril/septembre	○ ●
Benoîte	mai	octobre	mai/fin juillet	○ ●
Campanule	mai	octobre	15 juin/fin août	○ ●
Chrysanthème	mai	octobre	août/novembre	○ ●
Cinéraire	mai	octobre	avril/fin octobre	○ ●
Coquelourde	mai	octobre	juin/fin septembre	○
Coréopsis	mai	octobre	juin/fin août	○ ●
Delphinium	mai	octobre	juin/fin septembre	○ ●
Digitale	mai	octobre	juin/fin août	○ ●
Gaillarde	mai	octobre	juin/fin août	○ ●
Hellébore	mai	octobre	décembre/fin mars	●
Lin	mai	octobre	mai/fin août	○
Lupin	mai	octobre	15 mai/fin juillet	○ ●
Pavot	mai	octobre	mai/fin juillet	○ ●
Pélargonium	août (bouturage)	mai	juin/octobre	○
Pentstemon	mai	octobre	juin/octobre	○ ●
Pervenche	mai	octobre	15 juin/fin octobre	●
Phlox	mai	octobre	juillet/fin octobre	○ ●
Primevère des jardins	mars (pépinière)	octobre	mars/fin mai	○ ●
Pyrèthre	mai	octobre	15 mai/fin octobre	○ ●
Rose trémière	mai	octobre	juillet/fin septembre	○
Rudbeckia	mai	octobre	juin/fin octobre	○ ●
Statice	mai	octobre	juin/fin septembre	○ ●
Thlaspi sempervirens	mai	octobre	avril/mai	○ ●
Verge d'or	mai	octobre	juillet/fin septembre	○ ●
Véronique	mai	octobre	mai/fin juillet	○ ●

CULTURE DES BISANNUELLES

Plante	Semis	Repiquage en place	Floraison	Exposition*
Giroflée d'hiver	juin	octobre	15 mars/fin mai	○
Giroflée ravenelle	mai	octobre	avril/fin juin	○
Myosotis	juillet	octobre	avril/15 juin	○
Némophile	août	octobre	15 avril/fin juin	○
Œillet de poète	mai	octobre	mai/fin juillet	○
Œillet des fleuristes	avril	octobre	juin/fin août	○
Pâquerette	juillet	octobre	mars/fin juin	○
Pensée	juillet	octobre	15 mars/fin juillet	○ ●
Pied-d'alouette	septembre (en place)	sans	mai/fin juillet	○ ●
Pois de senteur	septembre (en place)	sans	mai/fin août	○
Scabieuse	août	octobre	juin/fin août	○
Silène	juin	octobre	avril-mai	○
Viola cornuta	juillet	octobre	15 mars/fin octobre	○ ●

* ○ Exposition ensoleillée. ○ ● Toutes expositions.

Œillet de poète

Viola cornuta

PLANTATION DES PRINCIPAUX BULBES À FLEURS

Plante	Profondeur	Espacement
Bégonia tubéreux	10/12 cm	20/25 cm
Canna	10/15 cm	20/25 cm
Crocus	5/6 cm	5/6 cm (ou en groupe)
Dahlia	12/15 cm	70/80 cm
Dahlia nain	12/15 cm	30/40 cm
Fritillaire	30/35 cm	20/25 cm
Glaïeul	10/12 cm	15/20 cm
Jacinthe	10/12 cm	15/20 cm
Lis	15/20 cm	20/25 cm
Narcisse	10/15 cm	6/8 cm
Perce-neige	5/6 cm	5/6 cm (ou en groupe)
Tulipe	8/10 cm	15/20 cm

Jacinthe

Dahlia « Hispar »

Crocus

Tulipe « Emperor »

BULBES À FLEURS (TUBERCULES)

Plante	Plantation	Floraison	Hauteur	Exposition*
Dahlia nain	avril/juin	juillet/octobre	40/60 cm	○
Dahlia cactus	avril/juin	juillet/octobre	120/140	○
Dahlia pompon	avril/juin	juillet/octobre	110/120	○
Dahlia topmix	avril/juin	juillet/octobre	30/40	○
Dahlia décoratif	avril	juillet/octobre	130/140	○
Glaïeul	mars/juin	juin/septembre	100/120	○
Bégonia tubéreux	avril/juin	juillet/octobre	30/40	●
Canna	avril/juin	août/octobre	120/150	○
Canna nain	avril/juin	juillet/septembre	50/60	○
Lis	mars/avril	juin/août	80/150	○

* ○ Exposition ensoleillée. ● Ombre.

BULBES À FLEURS (OIGNONS)

Plante	Grosseur du bulbe	Hauteur de tige	Floraison
Crocus	7/8 cm	10/15 cm	mars
Fritillaire	20/25 cm	80/120 cm	mai
Jacinthe	14/18 cm	20/25 cm	avril/mai
Narcisse	—	30/50 cm	avril
Perce-neige	4/5 cm	10/15 cm	janvier/février
Tulipe botanique	10/12 cm	15/40 cm	mars/avril
Tulipe à longue tige	11/13 cm	60/70 cm	mai
Tulipe perroquet	11/12 cm	40/50 cm	avril/mai
Tulipe hybride Darwin	10/12 cm	70/80 cm	avril/mai
Tulipe fleur de lis	11/12 cm	50/60 cm	mai
Tulipe hâtive	10/11 cm	20/40 cm	mars/avril

L'AUTOMNE

« C'est pas vilain, les fleurs d'automne », dit la chanson de Brassens, et lorsque les jours raccourcissent, que les premiers froids se font sentir, les chaudes couleurs de fleurs semblent plus précieuses. De nombreuses espèces permettent d'égayer les derniers beaux jours.

Amaryllis

Cyclamen

Crocosmia

Soleil

Le déclin de la floraison à l'automne doit être endigué dès l'été. Car il faut ici lutter contre cette fatalité de la nature : la disparition progressive des fleurs.

Les annuelles pourront être prolongées fort tard dans l'automne si on a pris soin d'échelonner leur production et surtout leur repiquage en place. Pourvu que l'arrière-saison soit belle, la floraison se poursuivra jusqu'en octobre.

Là encore, bulbeuses et vivaces constitueront vos meilleures alliées : amaryllis, dahlias, narcisses, bégonias tubéreux, cyclamens de Naples, crocosmias et certains cannas, pourvu qu'ils soient plantés en bonne exposition, animeront l'automne de leur floraison, inattendue pour certains jardiniers amateurs. Vous les aurez placés en terre vers le 15 août.

Quant aux vivaces, les asters d'automne aux coloris variés égaieront talus et rocailles, tandis que les marguerites d'automne (en fait des chrysanthèmes) et les rudbeckies poursuivront leur floraison. Il en sera de même du spectaculaire soleil.

Il faut considérer que bien souvent, les jardiniers des terrasses et balcons négligent l'arrière-saison et que les jardinières ont triste mine en octobre. Avec un peu de prévoyance, vous pouvez entretenir des taches colorées dans vos bacs jusqu'au cœur de l'hiver. C'est en août qu'il faut placer en végétation la plupart des bulbes qui fleuriront en arrière-saison. Il existe de précieuses variétés de crocus qui s'épanouissent en octobre-novembre (mois généralement les plus « creux »). Pensez aussi aux merveilleux colchiques des prés, que l'on peut mettre en végétation en août également.

INDEX

A

B

C

H

I

J, K

L

M

N

O

P

R

S

T

V

W, Y, Z